内功八法

李光昭◎著

华龄出版社
HUALING PRESS

图书在版编目（CIP）数据

内功八法 / 李光昭著. --北京：华龄出版社，
2025. 8. --ISBN 978-7-5169-3051-9
Ⅰ. G852.11
中国国家版本馆CIP数据核字第2025C5H291号

策划编辑 南川一滴　　**责任印制** 李未圻
责任编辑 杨久璋　郑建军　　**装帧设计** 华彩瑞视

书　名	内功八法	作　者	李光昭
出　版 发　行	华龄出版社 HUALING PRESS		
社　址	北京市东城区安定门外大街甲 57 号	邮　编	100011
发　行	（010）58122255	传　真	（010）84049572
承　印	运河（唐山）印务有限公司		
版　次	2025 年 8 月第 1 版	印　次	2025 年 8 月第 1 次印刷
规　格	710mm × 1000mm	开　本	1/16
印　张	26.75	字　数	250 千字
书　号	ISBN 978-7-5169-3051-9		
定　价	80.00 元		

总序

我的父亲李树田先后师从京城太极拳名家白旭华和徐岱山。白旭华得到杨健侯和杨少侯两代宗师的亲传；徐岱山乃杨少侯、杨澄甫（杨氏太极拳第三代传人）的入室弟子。

在杨氏太极拳这一脉传承体系里，我先后得到两位师父的传授：一位是父亲李树田，另一位是父亲的师兄张策（徐岱山的入室弟子）。现今唯一存世的《杨氏徐门手抄太极拳谱》，就是张策亲手交给我，并由我保存下来的。《杨氏徐门手抄太极拳谱》记载着徐岱山受业于杨少侯门下的时间、地点，并盖有徐岱山的印章。这份不可多得的珍贵史料，说明这一脉的杨氏太极拳属于正宗正门的杨家传承体系。

我在继承杨氏太极拳衣钵、吸收先辈们的拳修精华、结合自身六十余载修为实践的基础上，传承发展了传统太极拳的理法、心法等理论体系及功法体系，形成了具有鲜明特点的“光昭太极拳道”修为体系，这是我从“以拳证道”的角度提出来的反映传统太极拳修为本质特征的新概念。

记得父亲曾讲过，杨健侯传授太极拳的特点是先站桩后练拳。当年，父亲李树田先后拜白旭华和徐岱山为师学习太极拳，都是先学习站桩功，后练拳架。我跟随父亲习拳，也是先从桩功开始。

现在，我对外传授太极拳，一直遵守本传承体系的老规矩，先教桩功，后授拳架。我认为，桩功是基础，是直奔主题的内功修为。桩与拳，分为二，合为一。桩为拳之体，拳为桩之用；桩为拳之主宰，拳为桩之外显；拳静即桩，桩动成拳；桩无拳无用，拳无桩无拳。可以说，在传承、传授传统太极拳的实践中，“光昭太极拳道”沿袭了杨氏太极拳先辈创立的先桩后拳之路，成为这一脉杨氏太极拳传承体系的一大特点。

“光昭太极拳道”忠实地继承杨氏太极拳先辈们传承下来的理法、心法和功法，在传承、传授太极拳的实践中，坚持以明理为主导，将理法讲透彻，将心法讲明白，将功法讲具体，并且突出了理法、心法、功法三法合一。三法合一的特点是以心法统领理法和功法，以理法体现心法、指导功法，以功法贯穿理法和心法，使理法、心法、功法相互依存、互为一体。

我将自己研修理法、心法和功法的体悟心得，以及近十几年的授课资料整编成书，完善了“光昭太极拳道”之理法体系、心法体系和功法体系。

第一，理法体系。在太极拳领域首次提出了“拳知八纲”理论，对阴、阳、动、静、虚、实、刚、柔等八纲的内涵真义及相互关系做了辩证阐释，高度概括了“一须三要”这一理法纲领。一须：须知阴阳；三要：要明动静、要辨刚柔、要分虚实。我还对十七个拳修核心要素进行了系统化、理论化的解说，使玄妙深奥、晦涩难懂的拳经拳论变得通俗易懂。

理法体系强调以拳证道、以拳修道、拳炼自我、重塑新我为修为目标，以建立太极思维模式为拳修重点，继承发展了太极内功修为理论。

第二，心法体系。由“一个中心、三个基本点”“一求三修”等心法纲领构成。

“一个中心、三个基本点”，一个中心：中正安舒；三个基本点：静心凝神、呼吸自然、周身松通。

“一求三修”，一求：处处求中。中即道，道即中，故而求中乃合道之举。三修：反向修义、借假修真、层层修分。

“凡此皆是意”，既体现了内功心法的本质特征，又是内功修习的根本所在。

第三，功法体系。由静桩功、动桩功、太极摸手、太极拳架、太极散手和太极器械等组成。

修习主旨是“一拨三能”。一拨：四两拨千斤；三能：以静制动、以柔克刚、后发先至。

功法体系的修习路径是先静后动，先桩后拳，先摸手，后散手，再器械，循序渐进，遵道而为。

我们特别强调“明理就是练功”“练功先要明理”“明理是核心功夫”。

综上所述，“光昭太极拳道”修为体系的特征是以武演文、以拳入道、由拳悟道。拳修的主旨是以拳炼我、改造自我、返璞归真。

“光昭太极拳道”修为体系的特点是始于桩功，先桩后拳。桩即拳，拳即桩，拳桩为一。

“光昭太极拳道”修为体系的特质是创立了独具特色的理法、心法、功法三法合一的实修实证的教学模式。

这套“太极拳道系列丛书”各自独立成册，而理一以贯之，乃太极拳道修为不可多得的宝贵资料。希望能为传承传播太极内功、丰富发展太极文化做出应有的贡献。

李光昭

2024 年 5 月 26 日

目录

上篇　理法篇

古云:“三思而后行。”一、思危;二、思退;三、思变。

师曰:“三思而后行。”一、思为什么;二、思练什么;三、思怎么练。

我说:“三思而后行。”一、思明理;二、思诚心;三、思笃行。明理就是练功,练功就是明理的过程!

为什么在我的传承体系中练太极拳必练太极内功，练太极内功必练太极桩功，练太极桩功必练内功八法？我将从下面三个方面进行分析和阐释:（1）什么是我所传承的内功八法;（2）从太极桩功完整修为体系，阐述内功八法修炼的重要意义;（3）太极内功修为的目标即“能四两拨千斤”，内功八法是“能四两拨千斤”的核心功法。

一个人如果悟到了空的真意，悟到了能的真实体现，悟到了净这个最高的境界和结果的话，就取到了真经。

引言

内功八法是我所传承的太极桩功的终极桩功。在我的传承体系里太极拳是以修内功为主旨的内家拳术，修内功就要修炼太极桩功，修炼太极桩功就要习练内功八法。

首先我想说：太极拳、太极内功没有对错、好坏，只有不同。对于学员而言，哪个适合哪个就好。因此，要知道各家传承的太极拳适合不适合自己，主要应从以下三点甄别：

第一，学练太极拳是注重练拳式，还是注重修太极。太极拳既然叫“太极拳”，最终修什么？修的是太极。是用拳这种有为的形式来修太极这个大道。这才是真正传统的太极拳。

杨氏太极拳前辈杨班侯的《阴阳诀》开篇第一句就非常尖锐地指出“太极阴阳少人修”，因为他看到练招式的多，修太极的少。这种现象可以说从杨班侯，甚至杨班侯之前，就已经出现了。他告诉我们，太极拳修什么？修太极！但是真正修太极的凤毛麟角，多是就拳练拳。王宗岳在《太极拳论》最后也告诉我们："差之毫厘，谬之千里。"本来是应该用拳来修太极，但是就拳修拳，离开了太极，就"差之毫厘，谬之千里"了——方向错了，功夫下得很大，最终没有修到太极拳真正的功夫。

第二，学练太极拳是注重练外形，还是注重修内功。许多太极拳习练者都是在练外形，强化有形的身体。太极拳是内家拳。内家拳是修内功的拳，是以修内功为核心主旨的，是透过外在的表象直达本质。本质是什么？是内在的功夫！

所以前人告诫我们，"练拳不练功，到老一场空"。练拳容易练功难，练外容易练内难，这就是"太极十年不出门"的原因。

第三，学练太极拳是注重练用，还是注重修体。很多时候，太极拳爱好者颠倒了因果关系，这就是王宗岳说的"差之毫厘，谬之千里"。用是结果，拿着结果去练，最终得不到自己想要的结果、得不到真实的应用。从哪儿入手？不是不要用，应该先从体入手，体是本钱——是应用的本钱。

我在 1984 年辞去公职，下海做生意，做生意靠的是什么？首先得有本钱。做生意不能没有本钱，它是做生意的基础。做大生意就要大本钱，做小生意也要小本钱，总之，先得有本钱。本钱不只是金钱，还包括各种准备——物的准备、人的准备，市场的准确，都要打好基础，同时要寻求适合的项目，才具备了用本钱去做生意的前提条件。现在缺的是什么？不是缺用，缺的是体——缺的是本钱。经常有朋友问我：“太极拳能不能打？”我的回答很坚定，太极拳一定能“打”，不能“打”的太极拳就不是真太极，因为它是武术，武术就一定能打。但是，打是用，能是体。要想打，先练能。怎样练打的能力，是练各种打的招数、练速度、练力量吗？从太极能打的角度说，我们是把“能”先要找到，能做到王宗岳说的“动之则分，静之则合”。分则阴阳，合即太极。不具备能的体，打就是无体之用、无根之木、无源之水。所以我们是练体不练用，练的是能。“打”是能的结果，我所说的“打”是在能的基础上进一步的实践演练，如部队战士，平时都在练能。参军入伍，一辈子没上过战场，但是一直在练能，直到一声令下才上战场真刀真枪地投入实战。

一个人小学学六年，中学学六年，大学学四年，学这么长时间在干吗？在练能、在打基础。就算上了大学，前两年是基础课，后两年才是专业课，专业课也还是专业的基础。大学毕业了，是不是就可以“打”了呢？还不能打。只是说具备了“打”的能力。工作以后，能不能把学校学的知识运用到实际的工作当中去，还要有一个实践过程。我们现在还处于练能阶段，还没有到实战的战场去，不要着急，没有基础，到战场也打不了胜仗。

因此，现在的问题是练打的多，练用的多，而以体为主，体用合一的少。

内功八法就是有体有用的有为功法！内功八法作为太极桩功的终极桩功，始终以王宗岳《太极拳论》为理论基础，严格贯彻拳修太极的修炼主旨，通过八个外形动作变化，由表及里，由形求意，以内主外，内外兼修；有体有用。是迈入我所传承的太极内功中门径的核心要法！

上篇

理法篇

第一章　内功八法首要明理

古云:“三思而后行。”一、思危；二、思退；三、思变。

师曰:“三思而后行。”一、思为什么；二、思练什么；三、思怎么练。

我说:“三思而后行。”一、思明理；二、思诚心；三、思笃行。明理就是练功，练功就是明理的过程！

此次内功八法课程，分作上篇、下篇两个部分。第一部分讲内功八法的理法；第二部分讲内功八法的功法。其实，理法、功法是不可分的只是为了讲课方便，才进行了划分。后面讲功法的时候照样会讲理法，同时，在这两部分之中始终贯串着内功心法。

一、内功八法修炼的三个法要

内功八法是太极桩功的核心功法，在习练的过程中，要牢记以下三个核心法要：

1. 以式成势

练的是拳势，修的是太极。练什么、修什么，目标很明确。我们是以式修势，以势修太极。“势”跟“式”两者之间有没有关系？有。我们要修“势”，就要通过“式”来修，因为“式”是表象的形式，“势”是存在于形式之内的、主宰着外在形式变化的内在的大势。所以我所传承的太极内功的修为主旨非常明确，练拳势，修太极。这不是我定的，是太极前辈定的。原来没叫太极拳，自打叫太极拳以后，有的时候就变了味。并不是说太极拳不好，是很多人把拳当中这个“势”给“式”没了——只知有式，不知有势。

在张三丰时代，太极拳叫“太极十三势”，这个名称告诉我们，通过外在变化要修出内里的大势、趋势——主宰着外在变化的、内在的根本动力。只有修出这个势来，才能够大势所趋、势不可挡。势是存在于形式之中的内在的主宰，我们要牢牢地把握它。势和式，它们有根本的区别，外在的式可挡，力大就打力小，手快就打手慢。得了这个势就能够“四两拨千斤”，就能以小打大、以弱胜强，这两者的根本区别就在这里。我所传承的内功八法修炼的主旨即是：以形求意，以意主形，以式成势，以势主式，以内主外，内外兼修。

试手体验

下面我们把势和式具体表现出来的作用给大家展示一下，看看两者到底有什么不同。

我和这位学员两个人，学员攥住我的手。此时，我没有内在的势的主宰，只有外在的形式、外在身体的力量和速度的变化。这时，我们两个就是在比力的大小、比有形的、外在的速度快慢。学员和我都是外在形式，所以可摸可触、可看可量。他可以根据我的力量大小，用比我更大的力来阻挡我。

下面再看，由这个式，我找到里面的势，用势主宰式的话，结果不一样了。他还用大力堵住我，这个式是力大打力小。如果我是里边的势在主宰的话，他想再用外边的力来阻挡我，就做不到了。里面的势是大势所趋，是不可阻挡之势。他摸得着外面的式，摸不到里面的势。

刚才做了一个简单的对比，主要是演示外在的式跟内在的势，势和式表现完全不同，结果也不同。所以王宗岳在《太极拳论》当中说:“察‘四两拨千斤’之句，显非力胜；观耄耋能御众之形，快何能为？”太极拳是内家拳，是有内功的。如果只是练了一个形式化的东西，没有练出内功，怎么能够做到“四两拨千斤”，怎么能够做到“耄耋能御众”——老人能打小伙子，怎么能够做到以少胜多、以弱胜强呢？所以说要想“四两拨千斤”，要想能够以小博大、以弱胜强，非得“势”不可。这是我们修为的主旨，也是这次太极内功八法修为的主旨。

2. 凡此皆是意

要练内功，内功的“内”体现在哪里？体现在势。势的内在组成因素是什么？离不开三个字：神、意、气。这是内功修炼的核心。离开神、意、气的修为，就不是我们修的太极内功，也就不是真正的太极拳。

神、意、气表现在什么地方？表现在外形上、身体上，神是主宰——神主、意领、气催，形才随。前人很明确地告诉我们，要练形求意。杨氏太极拳的太极内功修为归纳为“凡此皆是意”。

神要是能够主宰的话，气就能产生一个强大的动力。气怎么得？用意。我们修炼的核心内容就是“意”。所以在修炼过程中，要牢牢地把握住“意”的修炼。

内功八法修为也是“凡此皆是意”。离开了意的修炼，就不可能最后真的进入“练的是拳势，修的是太极”。

3. 抓因结果

不少太极拳习练者追求练用而轻视修体，这是只求果不管因。我们必须明确，体是因，用是果。怎么结“用”的果呢？通过体才能结出可用之果。因此，我们是修“体”而得“用”，抓因以结果。果不是求来的。因此我们经常说，要有一个思想认知，只问耕耘，不求收获。

经常有人问我：“李老师，我练了半天太极拳，我到底有什么收获？”收获是自然的结果，不是离开了具体的修炼过程就能结出果来。种下种子，最后怎么能结出一个丰硕的果实呢？功夫必须下在日常修炼——该浇水浇水、该除草除草、该施肥施肥，这样结出果实是自然的结果。如果不认真选种、浇水、除草、施肥，最后肯定结不出丰硕的果实来。所以说，抓的是因，结的是果，最后达到的一个结果是体用合一。

我所传承的内功八法是太极内功当中极为重要的功法。过去有“传拳不传桩”之说，桩功是门里入室弟子，甚至是家里人才能够传的，桩功当然也包括内功八法。所以希望大家能把这个宝贵的功法真的学有所成、功夫上身。

二、内功八法学习的三个关键：听、做、恒

抓因结果，达到体用合一，这是我们要结出的果。怎么做才能够结出这个果？根据我自己的体悟，以及当年我父亲对我的要求，我一步一步走出误区，尽管走了不少弯路，最终迈进了太极桩功的大门。要想迈进这个真功的门，我告诉大家，这三个字很关键，抓住了这三个字，就保证十年不出门的太极——太极真的功夫，你一定能够修有所得、学有所悟。

这三个字很简单：听、做、恒。

抓住这三个字，不仅太极功夫能上身，而且是人生走向圆满的三个关键。

首先说听。听什么？有些同学虽然没有在现场，但是通过直播能够听我讲，能听到我的声音、我所讲的内容，所以第一个听是听老师讲、认真地听老师讲的声音。大家注意，光听声还不行，要听老师讲的“声音”。大家别忽略，我讲的是两个字“声音”，不是光听声，还要听音，要透过声听出音。声、音这两个字，大家经常挂在口边，其实声是声、音是音。声是外在能听得到的，音可不是，音是声里面的那个内在的心声。你不用心去听，只用耳朵是听不出音来的，或者是听不准音。

俗语说“听话听音”，为什么前人不说听话听声呢？锣鼓听声，听话听音。因为锣鼓一敲就是声，里面没有音。音是什么？音是声所代表的内在的意。所以大家要注意，我说的是听我的“声音”，我所讲的每一句话、每一段话，其实既有声又有音，我是用声把里面包含的内涵真义表达出来。所以大家要用心听，光用耳朵听不行，要“默识揣摩”，这是杨澄甫大师在他的太极拳著作中很清楚地告诉我们的。这听里面还有一个重要的要求，不只是听音，还要听话。从跟我父亲开始学习到现在，我已经修炼太极六十余年，可以算是一个“老太极”了，但是我前面走了很多弯路，为什么会这样？就是不听话，总是自以为是，总是把我父亲说的话，用自己的想法去理解。当年我父亲跟我讲：“你要想学，必须听话”，什么叫听话？有些老学员都知道，我父亲在二十多岁的时候得了肺痨（肺结核），大口吐血，无药可医。最后有朋友介绍：“有一位白老师教太极拳，虽然脾气古怪，但是功夫非常好，你跟他去练太极试试。”我父亲就找到了白老师，把情况一说，白老师跟父亲说的第一句话就是：“你想活命吗？”父亲说：“白老师，我找您就是想活命，我现在是别人抬着来的，真是命在旦夕了。”母亲后来跟我说，那时候父亲因病瘦成皮包骨，面无血色，一吐血就是一碗一碗的。白老师说：“好，要想活命，我就收你，但是有一条你能做到吗？”父亲说：“您说吧，甭说一条，多少条我都做到。”白师爷接过话茬说：“就一条，必须听话，必须我怎么说你怎么做。”父亲当时为了活命，连连点头答应白师爷，从此以后他真正做到了我白师爷怎么说他就怎么做，一点不走样。所以三个月以后不吐血了，半年以后面有血色，一年以后身体开始恢复。

白师爷的功夫让我父亲能够起死回生，是不是所有的人跟白师爷学功夫都能够起死回生呢？未必。其中很重要的一条，我父亲对白师爷所说的话坚信不疑。父亲曾多次说：“你要不相信老师不听他的话，还跟他学什么呢？”所以现在我要求，大家先要做一个“听话”的好学生，因为这几十年的修炼中有过酸甜苦辣，走过不少弯路，我不但会告诉你应该向什么方向走、用什么路走，还会告诉你，旁门外道不能走。所以大家应该相信我，应该首先从听话入手。

听话不等于没有自己的思考，但是你先得要放弃自以为是，先要认真地听。我并不是说我是最好的，比我好的、比我高的老师肯定多的是，但是如果连我这个一般的老师的要求都做不到，就算投奔了张老师、王老师，恐怕也一事无成。所以说，第一个要求是听话。

其次是做。在听话的基础上要照着做，照着老师的话做。我曾经要求一些老学员，太极起势每天做五十遍。我父亲当年就是这么要求我的，他从我身上的变化就知道我是不是在照着做。有时我问学员："你是按照每天五十遍做的吗？"他一笑说："有时候来不及，没时间，可是一有空我就做了。"我说有时候做了，这很好，但是你得听话，我说的是每天五十遍。每天五十遍和有时候做五十遍，这两个结出的果完全不一样。我一开始也是这样，我父亲说每天五十遍，我有时候不做，有时候比画个十遍，有时候有好电影就不做了，看电影去了，因此走了相当多的弯路。大家要想真的功夫上身，要听话，照着做。如果做到这一点，还不行的话那不是你的责任，是我的问题。在照着做的基础上，还要认真做、反复做。你能够照着做了，那个时候就知道什么是"着熟而渐悟懂劲"了。把"做"落实，这是修炼的一个核心内容。

最后是恒。要持之以恒，千万不要半途而废。我的很多学生，下了很大的功夫，但是由于某种原因，眼看就要爬到山顶了，自己放弃了。所以"恒"这个字是恒定、恒心。坚定不移，不急于求成，自然水到渠成。你只要下了功夫，功到自然成，要坚信这一点。所以听、做、恒三个字是我几十年太极拳内功修为的体悟和总结，今天讲给同学们，希望大家少走弯路！

三、内功八法明理的三个要素

内功八法课程，我会围绕三个要素进行展开。

第一个要素是“为什么，是什么”。我们做任何事情都要问一个为什么，就是要先明理，我为什么要做这件事，我为什么要学习内功八法？包括许多太极拳爱好者也要问一下，为什么要练太极拳？实际上，我们所有修炼的过程——所谓的功夫，功夫就下在一个一个的“为什么、是什么”上，然后求得一个一个完整的答案。从“为什么，是什么”到找到答案的过程，就是修炼功夫的过程。所以第一个要素是“为什么，是什么”！

第二个要素就是问“练什么”。

明确了“为什么”也知道了“是什么”，就理解了内功八法修为的主体是什么，同时要清楚地知道了内功八法练什么。在知道“为什么”，又知道“是什么”及“练什么”以后，大家就会问：“李老师，你得告诉我怎么练，通过什么样的练法、什么样的功法，我就能够功夫上身了。”

第三个要素是“怎么练”。

我们内功心法课程就要紧紧围绕着为什么、是什么；练什么；怎么练展开。也就是在讲授具体功法中，始终贯串着太极内功的理法和心法，始终运用看、听、摸、悟四个方法。从而把内功八法的核心要领看明白、听明白、悟明白，最后能做明白。

第二章　为什么要练太极内功八法

为什么在我的传承体系中练太极拳必练太极内功，练太极内功必练太极桩功，练太极桩功必练内功八法？我将从下面三个方面进行分析和阐释：（1）什么是我所传承的内功八法；（2）从太极桩功完整修为体系，阐述内功八法修炼的重要意义；（3）太极内功修为的目标即“能四两拨千斤”，内功八法是“能四两拨千斤”的核心功法。

在课程学习过程中，大家要善于提出问题，要针对问题去寻求答案。这一章针对第一个要素，为什么要练内功八法进行讲解。

一、什么是我所传承的内功八法

在回答“为什么”之前，先讲述内功八法是什么。内功八法是我的传承体系中一个独门的、具体的内功功法。这个内功功法，我管它叫“终极桩功”。在此之前我没有公开系统讲过，只在学生内部个别讲过一些。有的同学通过线上线下查了一下，查的结果是这个功法确实是独门的。到目前为止，在太极拳的其他门派，也包括杨氏太极拳的各个传承体系当中，都没有同样的内功八法传授的记录。所以，暂且管它叫作我们这个传承体系的独门功法，这个功法过去是不外传的。现在，确确实实应该把前辈留下来的这一太极瑰宝发扬光大，把它普惠给所有的有缘人、有需要的人。

有听过这个课的同学讲：“李老师，这个功法真是太好了，可以说是无价宝。”是不是无价宝？他认为是无价宝，因为他需要。有需要又在别处找不着，他就认为这个是无价宝、难得之货。但是对于不需要的人，他认为一钱不值，因为他不需要。到底是不是无价宝，不在于这个东西本身，在于你需不需要它。

我所传承的内功八法，从表现形式上说，有八个方面。分别是：抻、搓、转、抖、拍、荡、提、揉。这是功法修炼当中的八个具体动作。

为什么是这样八个具体的动作？因为太极拳所有动作的变化，无非这八个最基本的动作。在具体修炼过程中，我们是通过这样的八法——八个动作来修内功，所以叫作“内功八法”。如何通过这八个动作修出内功来，这是我们本书要讲的具体内容。

在具体讲解内功八法之前，有必要先对什么是我所传承的太极拳内功，以及如何修炼太极内功做一个简要说明。

太极拳是内家拳，是以修内功为主，是以拳来修太极。拳修太极，就要修内功。具体说就是“练拳不练功，到老一场空”，这个功，作为我的传承来说，就是内功。在具体修炼当中，用什么样的功法来修内功呢？很明确，就是太极桩功，也就是站桩。

练太极拳，要修内功，修内功就要站桩。我所传承的太极拳道体系，一定是从站桩、从太极桩功入手来修内功。

我所传承的太极桩功分为静桩功和动桩功。无极桩、浑圆桩是静桩功。也就是说，我们在静态的情况下修出内动。什么是内动？所谓内动就是要修出一个内动之势，所以静桩功修为的主旨是静出动势。

无极桩功、浑圆桩功一个很重要的形的特点是身体不动，要静下来。是不是我们的身体不动、静下来，就是一动不动呢？在修静桩功的时候，有形身体一定不动，但是一定要静出一个内动之势。如果在静桩功的修炼过程当中，不能修出内动之势，就不是我们要修炼的静桩功。如果不能修炼出内动之势，这个桩就是一个枯木桩——看着是一棵树，但是是一棵枯木、死树。

势是什么？势是内在的生命力——内动。静桩功是形要静，但要静出动势。静出动势，指在身心俱静当中要静出一个内动，这个动不是有形的身体动，是内在的、看不见摸不着的意动、气动——是意气动。如果没有修炼静桩功，没有修炼太极内功，你对意气的内动并不把握，就不能够真正地运用它，通过修炼以后，你就能够以意气为主宰。所以前人告诉我们，“意气君，骨肉臣”，太极内功修为就是以修意气为君王、主宰下的有为功法！

修炼静桩功不是为了身体一直不动，我们最终需要一个要动、要走、要跑、要跳，要完成各种各样的动作变化的随机而动，随势而为的灵动之身。是不是一动起来就不是桩了呢？不是，动起来以后还是桩，不管形动还是不动，永远不离桩，这一点大家要牢牢记住。

在动起来的时候，依然不离开桩，这时我们就进入了动桩功的修炼。前面讲过的开合动桩功中的开合桩、抱三关、四动功，都是让有形的身体动起来。有形身体的动，“动”的是什么？身体虽然动了，但不是它自己动，而是在修静桩功的时候练出来的那个内动之势主宰下的“以心行意，以意导气，以气运身”。所以它是静出来的内动。动起来以后，并没有离开静。

如果静桩功修为的主旨是静出动势的话，那动桩功修为的主旨就是虽动犹静。有形身体看似动起来了，但形并不自动，是里面那个势主宰下的动。无论是静出动势，还是虽动犹静，桩功修炼的是什么？一个动、一个静。所谓内功、桩功，修为的就是一动一静。需要强调的是在站太极桩功时要遵循“虚实变转、有无相生”的内功法则。

有形的身形是看得见、摸得着的实体，就必须用意“实而虚之”！无形的意和气是虚的，是看不见摸不着的，我们要把它“虚而实之、无而有之”。当我们从静出动势之静到了虽动犹静之动，动起来以后，有形的身体依然是“静”的，看似是动的、动起来了，它还是静的，它是被动的，被意气所领动、催动，所以它是犹如不动，虽动犹静。

太极内功修为——以修内功为主体的太极拳，有形身体永远是处在静当中的。所有身体的外在的动作和变化，都是静出来的动。动不动？动，但是它的本体是静，动是静出来的动。这是我们修炼过程中很重要的一个要求。

曾有朋友问我：“李老师，你传承的太极拳内功，跟其他派别的区别是什么？你简单用几个字跟我说说。”我说：“好，他们是练动，我们是练‘不动’——他们都练身体的动，我们练身体的不自动。”朋友说：“你这个盘拳走架，与人搭手，不也都是动吗？”我说：“是啊，这是你看得见的动，不是它自己动，我们不练它自己动，而是练它自己不动，让它整装待命，让它去随意气动而动。因此，你看到的我动起来的这个动，都是静而寓动，是不动之动。”

我经常用风吹柳树枝举例，树枝自然摆动起来，我们说树枝动了。看见的动是不是动？是动，但它的本质不是动，因为风吹，枝才动，风不吹，枝就不动。对于树枝来说，永远是自己不动，永远是随风而动，因此它才能够动得自然、动得自由。树枝没有自己的想法，风怎么吹，它就怎么动。正因为树枝被动，才能够随风而摆，能够随风摇曳、千姿百态。透过这个现象，大家要明确地知道，树枝永远自己不动，永远随风摆动。真正的动是风，树枝是不动的，但是它永远能动。这就是我们太极内功修为的主旨。

本来我们没有意识到意气的内在流动，现在通过桩功要有意识地把意气的流动变成一种真实。静和动——一个是静出动势、一个是虽动犹静，所有的静都是动的主宰，所有的动都是静出来的动，所以动和静这两个就互为其根，谁也离不开谁了。分着一个是静、一个是动；一个看似是不动，一个是看似是动，但是从它们的本质来说是“一”。本是有静有动，这是完全对立的两个状态，当合到一，合到一个合适的状况的时候，这个“有”——

有动有静，最后就是有而回无。有没有？有，但是两个完全相反的“有”合二为一以后就是“无”。

正因如此，我们说太极内功八法是终极桩功！就是因为静桩功、动桩功修炼的无而生有，进入内功八法修炼以后，就要有而回无了。

不管是陈氏、杨氏、武氏太极拳，不管哪一派的太极拳，动之前从哪儿动？从无极预备势动，无极——身体没动，从起势是开始动了。从无到有，从无动到有动，下面不管是24式、48式，或者是108式，最后合太极，收势，又回到了起始状态，回到了无极态。所以不管哪一个门派的太极拳，都是无而生有、有而回无。这就是太极的宗旨，一个无、一个有。

太极修为就是练无中生有。十三势的“势”怎么出来的？就是无而有。什么是势呢？它为什么是无而生有呢？

大家旅游都去过三山五岳，我们去看山，是不是看山？是看山，但是我们要做到看山不是山。有同学说：“李老师，明明我看是山，为什么你说看山不是山？”因为肉眼所能看到的是山的表象，但是山所产生的、肉眼看不见的磅礴之势，能看见吗？能感受出来吗？为什么登了泰山以后，一览众山小？因为你与山的磅礴之势产生了共鸣，可是这种气势抓得着吗？山形看得见，是有形的，山势是肉眼看不见、抓不住的。但是我们要无中生有，势是什么生出来的？意。当看一首好诗，你看到的是诗的文字吗？是，但是绝不只是看到文字，而是看到了文字里面的真意，你与这个真意产生了真实的共鸣。

为什么好的作品能感人？因为它存在着内在的、能够让你感动的、能够让你产生共鸣的这种气势。齐白石几笔画了一只虾，这只虾是死的，但是能让人看出来它在水里游，因为他能够把虾的内在生命活力画出来。如果只是为了画虾而画虾，还不如买几只虾贴在纸上。艺术就在于它是假的，但它的内在包含着“真”、包含着大势，可以使人产生共鸣。所以，太极拳要练什么？就是要练出这个势。

二、从太极桩功整体的修为体系，阐释内功八法的重要作用

1. 身心合一

修炼太极拳，修的是太极，太极是道。《易经》说：“一阴一阳之谓道。”分是阴阳，合就是太极。所以分阴阳、合太极，就体现了阴阳之间的关系和变化。

修太极不是就理说理，而是要真实地把握它，并将它融入生活、生命中。要达成这个目的，就得要有一个有为的方法，用有

形的身体和无形的心来体悟。这个有为的修炼方法就是拳。修为的目标是把自己渡到太极的彼岸，而渡河的方法就是练拳。修为的目标是笔直的，要坚定不移、不可更改，但是练的过程是反反复复、曲曲折折的，是艰苦的。

《西游记》中，唐僧历经了九九八十一难，才取回了真经。可是“真经”在哪儿？就在这九九八十一难的历练过程当中。每一次历练都是对“真经”的一个真实把握，而不是取回来一本文字的经。真经就在自己的身上，在自己的心里。我们要从这个角度对修太极有一个真实的体悟。

人们经常说“体悟”，但是进一步要问什么是体，什么是悟？体什么？悟什么？怎么才算真正的体悟？很多修炼的人和练太极拳的人，未必清楚这两个字的真义。体指有形的身体，悟要用无形的心。一个身的体、一个心的悟，合起来才是体悟，才是把心的感应与觉知在身体上得以应用。所以，归结起来就是内外、身心合一。

前人将太极拳运动叫作知觉运动。所谓知觉，知是心知，知用心；觉是感觉，是身体的感觉。心的知是虚的身体的感觉是真实的，知觉就是把心里面的“知”在身体上找到真实的作用和感觉。因此，太极拳修为，修的是太极，用什么修太极？练拳。通过练拳，在身体上找到太极的真实知觉。

杨氏太极拳老谱《人身太极解》文中第一句话：“人之周身，心为一身之主宰。”这是说人的生活中，一切作用和变化——喜怒哀乐、行动坐卧走，都在心的主宰下表现出来。修炼太极，最后合出一个合太极的我就要身心合一，心为主宰。修太极的目标，其法为拳，而拳要用内功来炼所谓内功之“内”，广义而言，指看不见摸不着，存在于宇宙万物内在的一种原动力、一种能量。对个人而言，这种力量——内动力，不在于身体的力量，而在于人的“心”。所以太极内功的“内”，主要指的是内修心。

修的是太极，练的是拳。这个拳是用内功来修，而不是练一个肢体的拳。当年我父亲一再强调，我们所传承的太极拳是知觉运动，它是内外合一的，绝非单纯的有形身体的运动。因此，身心合一即是太极桩功的修为要法，也是内功八法习练的基本法则。

2. 静桩功就是打基础、搭架子

太极内功要用太极桩功来修。桩功是修太极内功的一个有为之法，也是唯一法门。内功八法作为太极桩功的核心功法，就要从太极桩功整体的修炼过程去体悟内功八法的重要作用。

首先要明确地知道桩功修什么？当年我父亲把太极桩功形象地比喻为打基础、搭架子。拳就像房子，房子要能住人、要能生活，这个房子才有用。想把房子盖起来，要做两件事。首先，打地基。地基要打得非常牢固，如果没有牢固的基础，就像俗话说的“地基不牢，地动山摇”。

第二，在打地基的基础上，要搭架子——房架、架构。以前的房子没有钢筋水泥，全是木头，斗拱结构、七梁八柱——横为梁、竖为柱。架构非常重要，只有架构沉稳，房子才能够平准、平稳。过去中国的房子就是运用了太极之理。比如故宫的建筑没有一颗钉子，而是榫卯结构。一个榫一个卯、一个凹一个凸、一个阴一个阳，把它们合在了一起，合二而一阴阳相济，形成了《太极拳经》所说的“三无”——无缺陷、无凸凹、无断续。榫卯有凹有凸，当它们合一以后，合出来一个无凸无凹，合出来一个“总须完整一气”。榫卯是二，是两个部分，但合起来以后，合二而一，这就是太极。榫卯结构之所以稳固，因为虽然它是一，但它们还是二。榫卯之间的连接是弹性的连接，不像现在，为了牢固，直接焊死，没有了余地。所以太极思维告诉我们，做任何事、说任何话都要留有余地，要给人留缝儿。生意做满了，这个生意做不长远，一定要给人家留缝儿，给同行留缝儿，有钱大家赚。所以榫卯结构是太极阴阳学说的体现。

前面讲过，太极桩功分为静桩功和动桩功。实际上静桩功、动桩功都是打基础、搭架子的过程。静桩功当中的无极桩功，解决了地基问题，解决了脚下的问题。房子要建在大地上，人往那儿一站，站在了大地上，这就需要解决人和大地的关系问题。大地不是静止不动的，它随时都在动，如何平衡、稳定地跟大地合二而一，这是无极桩功首先要解决的问题。要解决这个问题，就要无、无我，只有没有了“我”，才把我合到大地的“有”上。无了我，生出来一个有，这个“有”是我和大地合二而一的“有”，这个有是无出来的有。所以无极桩功是打地基。打好了地基，还要做好搭架子的准备。梁、柱、各种各样的材料要准备好，而且榫卯也要提前加工好。无极桩功是备料，下面要搭架子。

浑圆桩功就是搭架子。浑圆桩功要把梁柱檩椽等材料在地基之上组装成一个完整的构架。浑圆状态就是整个架子的平稳状态，也就是《十三势行工心解》文中所说的“立身须中正安舒”的状态。中正安舒状态，用现代科学知识、用力学来解释，就是静态平衡、静平衡。架子现在是不动的、是静态的，但它不是绝对的不动，它一直受到大地、外在的作用。也就是说，榫卯结构——一横一竖、一阴一阳由分开的状态合到了一个完整的状态，当受到任何外力作用的时候，它所受到的内力是平衡的——内应力是平衡的。之所以能够中正安舒，能够静态平衡，是因为合力为零，榫卯内在相互作用，合出一个平衡的状态。这个状态，从拳上来说，就是中正安舒，从力的角度说，是静平衡。所以桩功就是打基础、搭架子。

3. 内功八法是检验太极桩功的“试验场”

现在用造汽车为例，告诉大家什么是太极桩功。为什么内功八法如同是检验新车的“试验场”？

任何品牌的汽车，不管是小轿车、大卡车，是坐人的，还是运货的，只要是汽车，首先要设计汽车的结构。汽车根据用途，要设计出它在静态的时候能平衡，能够始终保持中正安舒这样一个结构。汽车的架构和底盘是汽车能不能平衡、稳固、正常运行的基础。

汽车一定要有一个稳固的结构，因为发动机、变速箱、水路、油路，以及所有零部件要固定在这个架子上。就像头、脚、手、肩、胯等十八个部位要合在有形身体这个架子上一样。

同时，每个部位都有自己的重量，运动起来都会受到力的不同作用，当它们合到一起后，如何保持架子的平衡，这就需要进行结构设计。设计不好，受力以后，这个架子就散了。

下一步开始总装，将所有部件装配在一起。总装以后的汽车，就像浑圆桩功把所有的部件合成了浑然一体，形成了一个完整的、能够静平衡的状态。

总装完成的汽车不能直接出厂。汽车从总装车间出来以后，要上试验台。在试验台上把汽车发动起来，测试汽车在动态情况下，各项指标是不是能够保证汽车依然是完整的平衡状态。太极桩功里的开合动桩功就是试验台，其具体功法开合桩、抱三关、四动功，如同汽车出厂前的重要的检测。检测包括运转是否正常，是否还能保持结构的完整性，是否始终如一的中正安舒。汽车各项数据指标全部合格，汽车还是不能出厂销售。下了试验台的汽车还要进试验场。试验场要模拟汽车在路上可能会遇到的各种各样环境的变化，各种各样外在客观的变化——爬坡、下坡、急速转弯、变速、加速等，还要测试防撞能力，以能保证乘车人的安全。当这一切测试完成且合格，汽车就能出厂了。太极内功八法就是试验场，依据外在可能出现的变化，提炼出八种状况，在这八种状况下依然可以保持立如平准、始终如一，就可以出门进行实际应用了。

前人讲“太极十年不出门”，很多人不理解这句话。没有一个牢固的基础之势、基础功夫，汽车不经过“试验场地”各种复杂变化的检测，是不能出厂的。同理太极内功不经过太极桩功的修炼，不通过内功八法的检验，根本出不了门。白师爷当年讲，不管有什么样的变化，不管风吹浪打，最后靠的是基本功赢人。

三、内功八法是“能四两拨千斤”的核心功法

太极内功修为的目标“因敌变化示神奇”，神奇之处在于“能四两拨千斤”。习练我所传承的内功八法是“能四两拨千斤”的重要法门。

1. 因敌变化示神奇

太极内功八法修炼的结果就是“能四两拨千斤”，从而做到“因敌变化”。《十三势歌诀》明确指出：“十三总势莫轻视，命意源头在腰隙。变转虚实须留意，气遍身躯不稍滞。静中触动动犹静，因敌变化示神奇。”修为太极拳最终要做到“因敌变化”。因敌变化的“敌”，许多人理解为对手。其实从广义来讲，人们所面对的各种各样的客观变化现象都是“敌”。人能够因它而变化了，它就成了“友”。不能因它变化，它就是敌人。是“敌”是“友”，在于“变转虚实须留意”。还以开车为例。开车上路，红灯停、绿灯行，该加速就加速，该减挡就减挡，非常规矩。突然间横着出来一辆车，就需要司机的反应落实到车的反应，零点零几秒就要踩住刹车，这就是“因敌变化”。如果踩了刹车，刹车不灵，或者不能够迅速反应，就会车毁人亡，这就是不能“因敌

变化”。

人的一生变化莫测，有顺利有曲折、有愉悦有痛苦。《西游记》写唐僧去西天取经，许多人认为唐僧取回来的是文字的经，不是的。唐僧有三个徒弟，一个叫悟空，一个叫悟能，一个叫悟净，只要做到了空、能、净，就取到了人生的“真经”。“因敌变化”就是做到因客观变化，需要怎么变就能怎么变。要想能，就得“因敌变化”，不是不管客观，自以为是地变。要把自己空掉——没有自己的主观想法、自以为是，才有了“能”——能因敌变化。在这个过程当中，空要空得干净、纯粹一丝不染。太极内功八法的修为，就是要能够做到“因敌变化”。面对提炼出的八种动作变化，都能够始终保持立如平准。无极桩功、浑圆桩功是准备材料、搭架子、总装，它的主旨是中正安舒，这是静态平衡。现在，面对八种动作变化的时候，依然要保持住平衡，这是动态平衡。前人讲太极拳的修为，练的是拳，修的是太极，证的是道。

最后修出来的不是一个拳脚功夫，而是把握生命真谛的金钥匙，合道的人生大智慧。如果把修炼太极拳简单理解为拳脚功夫，只是怎么对付一个对手，这是对前人的贬低。总之，修炼内功八法的结果是“能四两拨千斤”，能“因敌变化示神奇”！

2. 内功八法以《走架打手行工要言》为理论指导

李亦畬的《走架打手行工要言》（以下简称行工要言）是太极内功修炼的重要基础理论，更是内功八法习练的理论指导，在内功八法习练的过程中，必须牢牢把握遵循《行工要言》所阐释的修炼过程中具体步骤和原则方法！

现在许多同学不重视经典，不读拳谱。当年我父亲对我的一个重点要求就是读拳谱。不但要读，还要读懂。所谓读懂，就是要把拳谱上所说的，在身体上做出来。不读、不懂就去做，做的是什么呢？根本就没谱、不靠谱。修炼不是靠“我以为”，前辈已经把谱定下来了，按着谱做就行。歌有歌谱，乐有乐谱，不能想怎么唱就怎么唱，得照着谱走。不读谱，不重视谱，那根据什么来做呢。我父亲当时说我：“你整个是没头苍蝇，没有准谱儿。”因为“准谱儿”就是前人的智慧、经验总结，不用怀疑，只是要去实践和理解的问题。所以一定要读谱。

在我印象中，我父亲一有空闲，就一手端茶杯，一手拿拳谱。他说他最大的遗憾就是读书太少。他读谱读了一辈子。我在没有正式学拳的时候，父亲就让我抄谱。要读懂，要解谱，要遵谱，修炼就是要把谱修到身上，永远要做一个靠谱的人。一个人不靠谱，根本不要再跟他打交道，他连谱都没有。

现在修太极内功八法就要靠谱，《行工要言》就是谱。《行工要言》一开始就说:“昔人云,‘能引进落空,能四两拨千斤;不能引进落空,不能四两拨千斤’。语甚概括。初学未由领悟,予加数语以解之。俾有志斯技者,得所从入,庶日进有功矣。”

首先,所谓要言,是对“能引进落空,能四两拨千斤;不能引进落空,不能四两拨千斤”这句话进行一个简要概括。因为根据李亦畬看到的情况,“初学未由领悟”,初学的时候大家都对这句话没有真正地理解。所以“予加数语以解之”,李亦畬用自己的理解、用很简单的语言,解释一下为什么“不能引进落空”,就“不能四两拨千斤”。“俾有志斯技者,得所从入”,只要是真正有志要这样做的,就从这个要言当中有所领悟,从这儿就可以入进去了。《行工要言》整篇没有一字一句虚言,不但说了应该往哪儿去,还说了怎么去。

《行工要言》是“行工”要言。读懂《行工要言》首要对“行工”的“工”与成功的“功”加以区别。现在大部分都用成功的“功”。“工”与“功”是有区别的,而且区别巨大。之所以不能用成功的“功”,是因为成功的“功”是对李亦畬《走架打手行工要言》的误解、违背。有同学问:“李老师,应该是这个‘功’,咱们不是练太极内功吗?咱们不是要功夫上身吗?”内功、功夫上身都是成功的功,这个“功”表示通过修炼以后达到了一个功效,取得了一个结果。古人在创造“功”字的时候,用的是

"工"加"力",

没有了"力"就是"工"。从力学角度，一个力作用在物体上，物体在这个力的方向上移动了一段距离，就说明这个力做了功。"功"是结果，所以功的结果是力 × 距离，也就是焦耳。

"行工"的"工"是工作，是要取得这个"功"的过程当中要下功夫，工夫是时间的过程。现在许多人把工作叫打工，必须要用这个"工"打工，努力"工"作后才能够有成"功"。所以"功"与"工"完全不一样，千万不要混淆。

古人说："工欲善其事，必先利其器。"房子要想盖好，必须把工具、材料备好，准备工作要做好，然后打地基、搭架子，直至房子盖好。这一切工作都叫"工"。太极内功修为也是如此。

如果不能明白"功"与"工"的区别，就无法理解李亦畬这篇拳论到底是要讲什么。最后，《走架打手行工要言》围绕着两个内容，一个是走架、一个是打手。先说走架。前面讲过，无极桩功是打基础，浑圆桩功是搭架子。开合动桩功是盘架子，也就是动起来了。到内功八法是既盘又走，开始柔弱胜刚强，也就是人们经常说的盘拳走架。

走架子就像汽车在面对上山下坡、左转右转等各种变化的情况下，还依然保持车的立如平准、平稳坚固。而不是车看着挺漂亮，一上坡、一下坡，再一拐弯，结果散架了。不管是 24 式，还是 108 式，就是检验在各种变化过程当中，架子是不是还能够中正安舒、立如平准，是不是还能保证因敌变化。

再谈谈打手。一说打手，大家一般理解为保镖、看家护院的。有同学说："我练了半天，怎么把自己练成打手呢？"这是大家的一个误解。当然练了一定的功夫，是可以看家护院，当保镖，但我们的修炼绝不是为了当保镖，绝不是只能当保镖。

打手是当有了对手，有了外在的各种变化——大力、小力、快慢的变化的时候，还能够做到始终如一，"因敌变化"，做到虽动犹静，动急则急应、动缓则缓随，做到无过不及，始终保持稳定平衡的状态。所以不管拳有多少式，都是在检验架子在变化过程是否能始终立如平准。

打手要通过太极推手来体悟。太极推手也叫太极打手、太极揉手和太极擖手。所谓推手，不是用我的手推对方，而是把自己的手推没有了，也就是太极无手。

《十三势歌诀》明言"因敌变化示神奇"。通过内功八法的修为，能够进入"因敌变化"，神奇的地方就表现出来了。

神奇在哪儿？有没有具体的体现？有。前人明确告诉我们，神奇的地方就两条，是不是真的太极，是不是真的太极内功，检验标准就是能不能够体现这两点，它是分水岭。这两点标准是"四两拨千斤"和"耄耋能御众"。做不到这两点，就不是真的太极内功的修为。

3. 李亦畬“因敌变化示神奇”

“因敌变化”这四个字在李亦畬的身上体现得尤为明显。在这里也给大家介绍一下，对于因敌变化，李亦畬是怎么认知的，又是怎么做到的。

首先介绍一下李亦畬，他是太极拳前辈当中的一个重要的大师级人物。本名叫李经纶，字亦畬，河北永年人，与杨露禅是老乡。他的母舅是武禹襄，也是一位太极名家。李亦畬年轻的时候，由于身体多病，跟他母舅习练了太极拳。

《永年县志》当中对李亦畬有一个介绍：“亦畬躯干短小，目近视，而数十年纯功，始于守中，中于行气，归于凝神致虚。以虚灵为体，以因循为用，比手时变脸变色，静以待动，当之者辄腾空而出。”

李亦畬是一位太极拳前辈，永年这个地方又是太极拳的核心基地，所以李亦畬也是当地一位很有名的人物。《县志》对他进行了介绍，说他身材短小，还高度近视。从这个角度上看，他怎么可能是练武的呢。可是恰恰在现实当中，他是一位太极高手。对李亦畬的功夫还有一个传说。相传有镖师路过永年。过去武功高强的人能够做镖师，一些商贾在运钱粮的过程当中，会请他们，起到一个保护的作用。

“闻其名，请人介见，谈次，欲一观其长”，这个镖师路过永年，听说李亦畬功夫很高，请人介绍引见。二人见面后，交谈起来，镖师就想“观其长”，想要知道李亦畬功夫有多高。亦畬曰：“太极拳无硬功可见”，就是我这个拳不能劈砖，也不是硬功。“其奇妙在因敌变化”，李亦畬把太极内功奇妙的地方讲了出来，就是“因敌变化”。“君徜击我，则我长立见”，你想看我的功夫到底有多高，那么好，请你来打我。你只要来打我，我的“因敌变化”的功夫马上就可以见到。“立见”，立即能够看见。“镖师初不肯，亦畬曰：然则君终不能识太极拳之长矣”，一开始听了这个话，镖师不想这样做。李亦畬说，你得来打我。这个镖师不肯，他一看李亦畬又短又小，眼睛还近视，不堪一击啊。我还打你，不打可能都要倒。亦畬说，那就算了，你见不着太极拳奇妙的地方了。“镖师曰：如是，则吾宜一识，幸恕不逊”，镖师说，如果是这样，请原谅我的不尊重，我要见一见你的长处了。

“亦畬说：甚善。时亦畬立屋中，镖师鼓勇奋击，亦畬不闪避而以胸臂承之，镖师忽飞起离地，斜上四尺许，身掷于壁，下扑于床”，这个镖师奋力朝李亦畬击打过来，李亦畬也不躲闪，而是用胸和胳臂挡了一下，这个镖师就飞起四尺多高，一下撞到墙壁上，掉到床上。

"镖师晕眩不能动者久之，及起，拱手谢曰：吾今乃知太极拳另有神妙处也，遂订交而去。"镖师给摔晕了，半天没缓过劲儿来。等清醒以后，拱手称谢，说：我今天才算知道太极拳别有玄妙所在。于是一番结交后离去。这个故事高度概括了太极拳内功的神妙之处，就是四个字"因敌变化"。所以我们的修为，特别是通过终极桩功——内功八法的修为，所达到的目标就是能够让自己做到"因敌变化"。从李亦畬大师本身就体现了柔胜强、慢打快、小打大。镖师身大力不亏，亦畬身材短小，如果大打小、快打慢的话，挨打的肯定是李亦畬。但是正因为能做到"因敌变化示神奇"，才能够做到"四两拨千斤"，弱胜强、小博大，能够做到"耄耋能御众"，八九十岁的老人在小伙子的攻击面前能够立于不败，能够保护自己，这就是我们要修炼的核心目标。

试手体验

这种"因敌变化"到底是不是这样，下面咱们就按李亦畬大师跟镖师所展现出来的"因敌变化"，也展示一下。当然我没有亦畬大师的功夫，但是我们以他为目标，向他看齐，我们也要努力做到小能博大、以弱胜强。虽然我还没到耄耋，但也78岁了，下面咱们请一个相对来说的小伙子，咱们也看一看，这"因敌变化示神奇"是不是像亦畬大师所说的。不论从年龄、体力，从各方面来看，这位学员都优于我，我虽然不像亦畬身材短小，但我也近视。我们就展现一下，为什么小能博大、弱能胜强。当他来击我的时候，我要做到“因敌变化”，我这个弱和他这个强就发生了一个转化。他在击的时候，我的变化并不是我自己要变，而是他的来势触动了我，我是因他的变而变。这个时候，我没有自己的主观意识，没有自己的想法，当他来了以后，触到我了我因他的变化，来调整自己，保持住虽动犹静、犹如不动的状态。

如果不是这样，他来一个大力，我们两个人力碰力，较量手快手慢，这个时候我无论如何比不了他。如果我因他的变化，他一变，我根据他的变来调整自己的不变，就发生了一个“因敌变化”的变转。“因敌变化”是太极内功奇妙的地方。我们为什么要习练太极拳内功八法？就是要让自己能够做到“因敌变化”，从而能够实现四两拨千斤、耄耋能御众。“因敌变化”神奇的地方就在于弱胜强、慢能胜快、少能打多，这也是真内功唯一的检验标准，是分水岭。

关于李亦畬的功夫，还有一则故事。一次亦畬之表弟，姓苗名兰圃，此人膀大腰圆，力大如牛，来李家做客。席间问亦畬：“兄真能打人乎？”一些爱好者经常问我同样的问题：“你这个太极拳能打人吗？”李亦畬的表弟也问他了，为什么问他？都说李亦畬功夫很高，但是他表弟觉得自己力大如牛，身强力壮，亦畬又矮又小，身体很瘦弱，你这个能打人吗？但是他问得很客气，“兄长你所习练的太极拳能否打人？”实际上是看不起他。亦畬笑着回答：“弟如乐试，请来打我。”到底能不能打，我说了不算，你要感兴趣的话，咱们今天可以试一下。

当时亦畬正坐于椅上，兰圃使双手用力推按亦畬的双肩，欲把亦畬推出椅外，亦畬外形丝毫未动，口中说到你坐到凳子上去吧，话未说完，兰圃已被发到对面的凳子上去。兰圃惊讶地说道：“兄双手未动，竟能置我于八尺之外神乎技矣。”他最后服了，本来是看不起、不服。因为亦畬坐在椅子上，这个身强力壮、力大如牛的表弟，上来就摁住他的双肩，心想就你这个，我连人带椅子一下就给你推出去了。但是不成想，当他摁住亦畬的时候，一下子，他自己反而倒被发出八尺之外。这是关于李亦畬的一个记载，是我从资料上看到的，说明李亦畬的功夫是真的。说到这段的时候，有同学问我：他怎么坐着能往外发人，他用的是什么手段？我说是“因敌变化”。怎么做到因敌变化？我说他每天都做起势，他靠什么把他表弟发出去的？起势。前面讲过，太极拳不管有多少势，就一势，就是太极势，太极势就体现在起势当中。起势贯穿整个太极内功的修炼，一个起势尽显太极内功之妙。有学生问我："李老师，我不练那么多势，就练一个起势行不行？"我告诉你，没问题，一个起势就涵盖了24式、48式、108式，所有的式都是一个起势的变化。

起势不是都要站着起吗？不在于形，在于起内在之势，在于意，在于能不能得机得势。

试手体验

下面咱们也按照亦畲大师跟他表弟所表现出来的功夫，演示一下。

比如我是李亦畲，但是跟李亦畲的功夫差的不是一点半点，我们只是演示一下它的内在真义。这位学员犹如身强力壮的兰圃表弟。现在他摁住了我。如果不是"因敌变化"，不能够运用太极内在的变转的话，他摁住我，我就起不来。现在我通过起内在的势，他就出去了。这是什么？起势。有同学说："李老师，你刚才是怎么做到的？"如果比力大力小，我永远比不过学员，这位学员原来是运动场上的健将，我跟他没法比。但从太极内功的角度上，但从太极内功的角度上，我就能够做到因敌变化，能够做到"四两拨千斤"，小能博大、弱能胜强。所以说，通过内功八法的修炼，最后就是要进入"因敌变化"，它的神奇之处就在于"四两拨千斤”，在于“毫耋能御众”。也就是说，能够像老子所说的柔弱胜刚强。

综上所述，修炼内功八法首要重在明理。明理首要问己“为什么”。" 凡事先问“为什么”，这是前人总结出来地做人处事的至理名言！孔子《论语·为政》告诫后人，“学而不思则罔，思而不学则殆”。强调不思考、不提问的人是无法真正理解和掌握事物内在的本质和规律的。

世界著名的作家及演说家西蒙·斯涅克在《从“为什么”开始》一书中强调：凡是成功的领导者或品牌首先会从“为什么做”开始思考，然后再思考“怎么做”和“做什么”。他提出了一个“先问为什么”的思维模式。

既然如此，就让我们从“先问为什么”开始进入内功八法的学习和习练。

为什么要练习太极内功八法？因为我们这部“汽车”要进入最后检验测试的过程当中，内功八法是太极内功、太极桩功的最后修炼阶段，是太极桩功的终极桩功。

为什么内功八法叫终极桩功？判断太极桩功的修炼合格不合格，是不是完满达到预想的结果，唯一的标准就是四个字，“因敌变化”。太极桩功的修炼进入最后阶段，就实现了“因敌变化”

这个修为的核心目标。

为什么太极内功的修炼要把“因敌变化”这四个字作为核心的目标？因为太极内功“神奇”的两个具体体现：能“四两拨千斤”“耄耋能御众”。我们习练的太极拳内功真假的分水岭也在于能不能做到“四两拨千斤”、做到“耄耋能御众”。

而只有进入“因敌变化”，才能够实现“四两拨千斤”，才能够实现“耄耋能御众”。

因此，太极内功要实现的目标，就是“因敌变化”。

让自己能做到“因敌变化”，这不仅是太极武学的一个根本要求，也是人生真正能力的体现。在人的一生当中，会遇到各种各样的困扰、挫折、失败，它们都是你的对手，你不能做到让困难不来、挫折消失，它们都不归你管，该来就来，但是你要能够做到因它的变化，把自己调整到永远平静、平衡、平稳——立如平准的状态，你就能从容面对。在你这里永远没有过不去的坎儿，没有克服不了的困难，没有解决不开的难题。我们是通过修拳，修出一个如何为人处世，如何圆满地把握自己生命运行轨迹，这样一种强大的能力和智慧！

第三章　太极内功八法练什么

一个人如果悟到了空的真意，悟到了能的真实体现，悟到了净这个最高的境界和结果的话，就取到了真经。

明理阶段要解决三个问题，为什么练、练什么、怎么练。这一章我们要进入练什么——太极内功八法到底要练什么。

一、修空与舍我

1. 空、能、净

明白了“为什么”，有同学就会进一步问：“李老师，在太极内功八法当中练什么，我就能做到‘因敌变化’，做到‘四两拨千斤’？”“练什么”是接下来要讲的一个重要内容。

内功八法练什么就能够做到“因敌变化”？就能够达到“四两拨千斤”“耄耋能御众”？根据我几十年的修为，我总结为三个字，抓住这三个字，通过有为的功法进行修炼的话，就能够进入“因敌变化示神奇”，实现“四两拨千斤”、以弱胜强。哪三个字？就是空、能、净。

看到这三个字，有同学会问：“李老师，这三个字怎么这么熟悉啊？”对。前面讲过，《西游记》写的是什么？写的是唐僧取经，实际上，经就在三个徒弟身上，经就写了三件事：空、能、净——大徒弟悟空、二徒弟悟能、三徒弟悟净。真经在哪儿？就在悟到了空的真意、悟到了能的真实体现、悟到了净的最高的境界，真经就是这三个字。

实际上，太极修炼就是要通过有为的功法，把自己打造、重塑成空、能、净这样一个合乎宇宙万物根本规律的、合乎太极阴阳之道的“我”。

唐僧的三个徒弟的名字叫悟空、悟能、悟净，前面都有一个“悟”字。整个取经过程、修行过程，就是要悟出来空、能、净的内涵真义。为什么要修炼空、能、净？因为世人都不空、不能、不净。我本身就是不空、不能和不净，所以才要修炼，才要完善自己。

所有的修炼、所有的修行，实际上佛经告诉你，就是修空、能、净。道家讲虚空之性体，也是讲空、能、净。太极内功的修为核心也是空、能、净这三个字。因为不空、不能、不净，所以要修、要悟，让自己能够通过修炼趋于空、能、净。

有同学问我："李老师，到底是修空、修能，还是修净？书里是三个人，我就一个人呀？"《西游记》写了三个徒弟，是三个人，但是它用这三个人说的是一个人，因为每个人身上都是不空、不能、不净，它是分别去说。实际上，每个人都存在这三个"不"，因此我们就要通过有为的功法，让自己能够由不空、不能、不净，修炼成能够接近空、接近能、接近净。所以"练什么"？三个字：空、能、净。

2. 引进落空

李亦畬大师的《走架打手行工要言》第一句讲："昔人云，能引进落空，能四两拨千斤；不能引进落空，不能四两拨千斤。"刚才说了，修炼太极内功，神妙之处就在于"因敌变化"，能够"四两拨千斤"。可是"四两拨千斤"是结果。有人说，我就练"四两拨千斤"，天天拿着四两在那儿拨千斤，那样他永远也拨不了千斤，四两本来就拨不了千斤。为什么四两能拨千斤？拨千斤是果，我们要抓因结果。练什么？练因，因什么才能够达到"四两拨千斤"，以弱胜强、小能博大。

“能引进落空”才“能四两拨千斤”，因此引进落空是“四两拨千斤”这个果的前因。我们的修炼永远是抓因结果，绝不会就结果去练结果。凡是就结果练结果的，都是王宗岳在《太极拳论》当中所说的：“本是‘舍己从人’，多误‘舍近求远’。所谓差之毫厘，谬之千里也。”

只有抓因才能够结果。因在哪儿？能引进落空。最后落在哪儿？落空。不能够“四两拨千斤”，因为不空。落在了不空当中，就永远不会“四两拨千斤”。要想“四两拨千斤”，就得能落在空处。空谁？空自己、空我。我空了，对手才能够落入我的空，这是很明确的。所以杨澄甫大师很明确地告诉我们，“不要惧牛力”。

李亦畲大师的表弟，身强力壮，力大如牛，李亦畲身材短小又近视，但他并不惧怕。经常有同学跟我说：“李老师，我碰到力小的还行，一碰上一个力大的，我就使不出来了。”什么原因呢？就是惧怕了牛力。为什么不惧怕牛力呢？杨澄甫大师很清楚地告诉我们：“巧内功不能胜大力者，何必练拳。”练太极拳练的就是巧内功，离开了内功就不是我们要练的太极拳。如果练了太极拳，还惧怕牛力，不能够“四两拨千斤”，不能够以小博大、以弱胜强，你练的是什么呢？为什么要练这个拳呢？练习太极拳就是要达到“四两拨千斤”，以小能博大。所以杨澄甫才说“巧内功不能胜大力者，何必练拳”。为什么巧内功能胜大力？他后面说“千斤落空，无所用矣”，对手力很大，比如可以力举千斤力，这个千斤如果落在实处，可有用了。如果落到空处，不要说一千斤，一万斤也没用，落在空处都要归零。

所以，巧内功胜大力的关键是什么？就在于能够落空。要想落空，很关键的问题，必须得让自己能空。也就是说，自己要练空。什么是空？我经常说，空为什么有用？一只杯子空了才能倒茶、装水；一张白纸才好做文章、画画，因为它是空的。空的水库才能蓄水，才能蓄而后发，这个水一泻千里，灌溉也好，发电也好，它才有用。“四两拨千斤”是用，体是空体。道家讲虚空之性体。所以练什么？首先要练空。

3. 无我就是舍我

以前讲的所有功法——静桩、动桩，就是为了空体而一步步地进行练习，到了内功八法，就要能够体会出如何运用空的体——由体进入用这样一个修为阶段。当然这个用还不是到实战当中去用。

体是空，用是不空。比如说，杯子空可以装水，空与不空杯子说了不算，谁说了算？水，水能装进去就证明这个杯子是空的。看似是一个杯子，可装不进水，它就是假杯子。同样，修炼太极拳，如果不能空我，就是假太极拳。不能空的杯是没有用的杯子，不能空我的太极拳是无用的太极拳。

用其空，就要能由空到不空，也就是空出一个真有。“真有”才能以小博大，才能以弱胜强，才能“因敌变化”。前提是能够空体，后面的“用”是结果。只要把自己练成一个虚空之性体，就能够空出一个真有——真空生妙有。所有的“有”都是空出来的。空是什么？空是无，虚空之性体是无，这个“无”不是没有。也就是说，我们修的是真空，真空不是大家理解的什么都没有，怎样才算真空呢？真空是真的有用。就像杯子得能装水，水说了算。

老子在《道德经》中告诉我们，“无而生有”。所有的“有”是从“无”当中生出来的，是真空生妙有。有是用，空是体。离开了空、离开了无，就没有“有”。离开了“无”所生出来的“有”，“有”就是“假有”，不是真有，不是真的、有用的“有”。

为什么许多人练了一辈子太极拳，当遇上对手的时候，还是非丢即顶，还是不能“四两拨千斤”，还是靠招数、靠变化的速度和力量？招式、力量、速度是有，但不是空出来的有，不是无出来的有，不是真有，不是太极内功所说的“有”。所以我们要从这个角度去理解，修空是要空体、空自己。

具体修炼过程当中，怎么体现空？空体现在无我上。什么是无我？就是无了我自己心中的杂念，无了我自己心中的贪欲，无了“我以为”的那个“以为”，所以首先是自己的心要空，要虚其心，要把自己所有的杂乱的想法、念头，般般舍去，损之又损，要让自己回空。

不要总拿着“我”不放。你现在的“有”是不空的，是死膛的，所以我们要从无我来修空。只有没有了“自以为是”的想法，才真的能够进入无为而治、无为而真有。正因为无了自以为是、自己的贪欲，“我”才能够做到“因敌变化”“无过不及”。

通过太极内功的修炼要修出一个无我，通过无我才能够有出一个真我，一个合乎宇宙万物自然规律的新我。这个“我”能够因敌变化。实际上，无我在修炼过程当中，从太极内功，特别是内功八法的角度来说，有一个重要的标准，就是要舍我。王宗岳在《太极拳论》明确指出，不管是哪一门派的太极拳，本是“舍己从人”，要舍己，舍己才能无我。舍不得把现在的自己放下，不愿意把现在的我舍弃，只想拿住“我”练出一个神奇的功夫，无异痴人说梦。“每见数年纯功，不能运化者”，就是因为拿住“我”不放，还想在这个“我”上再去找我，王宗岳说“率皆自为人制，双重之病未悟耳”。放不下这个我，就进入不到那个新我。所以要舍、舍我。

要修“空”，先练舍己。让自己像一个虚空的性体，像一只腾出所有杂物的空杯子。现在，自己有形的身体不觉得有杂物，因为不知道这个身体不空，身体里面像结了冰，死膛的，杂物全纠结在一起，分不开。这么一个身体，不经过修炼，不把冰化掉、把它腾空的话，就会越堆越乱，越堆越给自己一个沉重的压力。

要把自己内心当中所有的杂物腾空、损去。我们的修为要做减法，要像老子说的“损之又损，以至无为”。当修到无的状态，损到无的状态，你会发现，一个真有就应运而生了。在无的过程当中，那个有、那个果就自然而然地结出来了。

很多跟我多年的学生还是停留在“有”上——我得有，我得有力量、有速度、有反应，还是拿住有去练有。错了，方向反了。不要管有，那是结果。只要不断地无，就会不断地生出真有，当无到非常彻底的时候，就有了一个非常完整的真有。所以不要管有形的有，那是假有，不要在假有上下功夫。

不知道从无上练，总是练假有。有的时候我对个别学生很无奈，也很惋惜，他很下功夫，就是转不过这个弯儿，就是拿着有不放，认为自己有的还不够，就是不从无、不从空入手修出一个真有。我们第一个练什么？就是要练空。

二、“能”与“能”的转化

1. 练能不练打

怎么空？怎么练这个空？练什么就能够练空？李亦畬大师讲：“昔人云，能引进落空，能四两拨千斤。”引进落空和四两拨千斤，一个是因，一个是果——“四两拨千斤”是果，因是引进落空，这是一对因果关系。可是就拿因来说，引进落空是因，因也还是果。“能引进落空，能四两拨千斤”，前面都加了一个“能”字。也就是说，引进落空又是果，练什么？练能。所以第二个很重要的修为是练能。

刚才讲到，李亦畬的表弟问：“你练的太极拳能打人吗？”这也是我经常遇到的，许多同学问：“李老师，你这个太极拳能打人吗？”我的回答是“能”。如果不能的话，何必练太极拳，何必练太极内功。但是有一点要清楚，打是结果，练能不练打。我这一辈子没打过，我父亲一辈子也没打过、没真打过。就跟战士一样，有的人当兵几十年，没真正上战场打过仗。我们都知道，只有在打仗当中才能练打仗，没有打仗的实战机会，那怎么办呢？只能在平时不打仗的时候，进行各种战术演习，这是在练“能”，而在实战当中就用这个能。所以我们通过太极内功八法练的是能。再强调一次，练能不练打。能才是打，打是最后实战当中的具体应用，用的就是能，这是修为的核心。

有同学问“太极拳能不能打”，这个话问的，答案已经说出来了，打前面加了一个能不能，就是把“不能”转化成“能”就能了。怎么能？把不空通过修为悟到空的真谛，它就真空了，真空就真能了。所以刚才这个问题本身就是答案——能不能。太极内功修的是什么？一个能一个不能、一个松一个不松，一个空一个不空，总之，一个阴一个阳。

在空当中空出一个不空，把不空修为出一个真空，这就是我们修炼的核心。我们不是离开不空去练空，不可能。为什么要练空？因为我们不空，我们得承认和知道自己哪儿不空，为什么不空。解决了这个“为什么”，就得出来一个果——空了。这就是修为的因果关系。“能”也是如此，要通过内功八法以及太极内功修出一个真能。

2. 本能与真能

有同学问：“李老师，你说真能，还有假能吗？”我说有真能，没说有假能，因为还有一种能不是我们要修炼的真能——不属于真能，那个能是什么？那个能是本能。本能不用修，人人具有。人的本能是什么？人的本能比如贪，比如欲，比如不愿意舍，只想得。这是人的本能。本能就是不“舍己从人”，这是世人的真实。

我们要解决的问题，是损去本能，这样才能损出一个真能。在太极内功修为当中，我们怎么体会这两个能的区别？什么才是我要舍弃的本能，最后才有了真能？我们要对这个问题有一个清楚地认知。

本能是什么？王宗岳在《太极拳论》中讲得很清楚，他说：“斯技旁门甚多，虽势有区别，概不外壮欺弱、快欺慢耳。有力打无力，手慢让手快，是皆先天自然之能。”什么是本能？不是后天修炼的，是先天自然之能。先天自然之能就是本能。所以他一开始就说，习练太极拳的爱好者比比皆是，跟今天一样，但是仔细一看，虽然练的人多，但是“斯技旁门甚多”，练旁门外道的甚多，这是王宗岳讲到的。

王宗岳为什么要写这篇《太极拳论》，就是因为他看到了“本是‘舍己从人’，多误‘舍近求远’”，这么多练太极拳的人都练反了，所以他写这篇《太极拳论》就是针对“多误”，告诉我们什么是“本是”。

王宗岳告诉我们“虽势有区别”，就是门派很多、方法很多，但无外乎“壮欺弱”，身强力壮就打弱小的，像李亦畲，他表弟就应该打他。手慢让手快，手快就打手慢，力大就要打力小，他说这是“先天自然之能”，是本能。本能一定是壮欺弱、快打慢，这是符合自然规律的。对不对？对，永远是壮欺弱、快打慢、大打小。如果这么说，我们就不用修炼了。我们的修为就是要反其道，“反者道之动”，既然是大打小、多打少、快打慢、壮欺弱，我现在的状态就是弱、就是小、就是少，我永远就挨打吗？不是。因为我们是人，我们通过修为不但把握了壮欺弱、快打慢、大打小这个规律，还能运用这个规律，让我们由弱变强、由小变大、由少变多。可是这不是先天自然之能，不是本能，这是要通过修为得到的一个结果。

四两和千斤哪个多？很明显，千斤就打四两，可是我要用“四两拨千斤”，太极拳修为的神奇之处就是能够反其道而行之，就是告诉大家，“壮欺弱”不是绝对的。通过修炼以后，我们就能够进入“四两拨千斤”这个层面。所以说，我们在认识到本能的基础上，通过理法、心法、功法的修为，能够修出来一个真能。真能就是真能“因敌变化”，真能小博大、真能弱胜强。真能引进落空，就真能“四两拨千斤”。

3. 后天返先天

我们的本原、本体、本真是空和净，这才是我们“复命归根”、返璞归真的目标。我们的根是什么？是空；我们的真是什么？是净。既然我们的本原、本体、本真是空和净，为什么现在要通过内功八法、通过具体的修为让自己悟这个空和净呢？关键问题是，空、净是先天之本性、本原、本体。我们后天的真实情况是不空也不净。本来是全体透空、晶莹剔透、一尘不染，非常纯净的一个我。由于后天的污染，后天各种各样的习惯，已经离我们先天的本原越来越远了，所以我们才要“复命归根”，要返璞归真，因此，我们的修为就要后天返先天。

后天的状况是不空，也不净。我们现在就要通过具体的修为，不断地从后天向先天的空和净去进军，“反者道之动”。因为人的后天是越来越不空、越来越不净，我们就得要往回返，返到先天。先天是什么？空和净。我们整个修为归根结底修的是本体、本性，是空和净。怎么修为呢？怎么才能“复命归根”、返璞归真呢？我们要牢牢地把握住修为的核心，就是“反者道之动”。我们现在是不能空，不能净，通过具体的心法、理法、行之有效的有为功法，可以让我们体悟到真正的空和净是一种什么样的状态和滋味。

通过具体的心法、理法、功法的修炼，由不能变成能，让自己能够不断地趋于空、净，最终回归本原。这样说来，空、能、净这三个字，空和净是本体、本性、本真，我们现在要修的是能。要想回到本体，能够“复命归根”，能够返璞归真，我们就得在“能”上下功夫，把“不能”修为成“能”。所以修为的核心是空、净，修为的具体功法是牢牢地把握住“能”。抓住了“能”，就抓住了修为的核心，就能让自己趋于“复命归根”、返璞归真。因此，我们修炼的具体内容就要从“能”字入手。太极内功和马上要给大家讲授的太极内功八法，修为什么？核心主旨一个字，“能”——在“能”字上下功夫。

我经常以空杯子举例，我们的本性、本体、本真就像一只全体透空、纯净的杯子。杯子只有空才有用，可以用来装茶、装水、装酒，能够应万变。能盛东西，这是杯子有用的体现。人的先天就应该是这样，有用。但是由于后天的习惯，我们这个杯子错误地装入了一些不干净、不纯净的东西，这个杯子被污染了。

污染后的杯子，我们只有把所有装在里面的、不能够尽其用的脏物，给倒出来——腾空，回到它本原的状态，这个杯子才能重新有用。但是我们现在发现，这个杯子里面，不但装了不干净的污水，而且这个水还常年结了冰。如果是脏水，它能够流动，只要把它倒出去、把杯子洗干净，它就重新有用了。可是现在倒不出去了，怎么办呢？首先要把杯子里脏的冰化开——化冰为水。化冰为水不是目的，而是通过化冰，把脏水倒掉，让杯子回到空的状态。

由于杯子装了脏物，已经不纯净了，我们在化冰以后还得让它纯净，这就要用到修为的心法、理法、功法，不但腾空，还要让它纯净。所以我们修为的层次非常清楚。

我们现在的真实情况是本性、本真被后天污物充满了又倒不出去。我们要“复命归根”，回到空、净的本体、本原，唯一的办法，就是通过具体的心法、理法、功法的修炼，让我们能够把脏水倒出去，让杯子回到空、净的本原状态，这样杯子就又有用了。所以修为不是修为别的，就是把自己这个杯子要进行“复命归根”、返璞归真，回到空、净的本性、本真的状态。

刚才说过，修为的关键就是抓住“能”字。也就是说，你“能不能”把杯子里面的脏污化掉、损弃掉，然后把杯子重新清理干净，回到空、净的本原状况，这个“能不能”是关键。因此，我们的修为是围绕着一个“能”字来进行的。

4. 能与不能的合一

很多人说，既然我们牢牢把握住一个“能”来修，是不是我们只修这个“能”呢？从太极阴阳学说的角度，从太极内功修为的角度来说，我们不是只修“能”，我们修为的核心是修炼“能不能”。这就需要我们进入太极思维，我们不是只要“能”，“不能”对于我们同样重要。大家一定要知道，所有的“能”都是因为“不能”而“能”，离开了“不能”就没有“能”。这样修为的主旨就很明确了，要想“能”就得“不能”，改变“不能”的结果就是“能”。

而且“能不能”的修为，此两者互为其根，要想“能”就得转变“不能”。我们把“不能”一转变，结果就是“能”；把“能”一转变，结果就是“不能”。到底要“能”还是要“不能”？太极思维告诉我们，我们要的不是“能”，也不是“不能”，要的是“能”和“不能”之间的内在的相互变转“关系”。

很多同学会觉得不好理解，怎么我们修“能”还要修“不能”呢？有同学曾问过这个问题，我给他举了一个例子，在生活当中，我跟我小孙女说：你看，你们现在在课堂上，老师要求你“不能”，你不能在上课的时候不遵守课堂纪律，不能在上课的时候随便说话，不能在上课的时候玩手机，正因为遵守这些“不能”，你才能够专心听讲，才能够主动举手发言。所以，到底修的是“能”还是“不能”？解决了“不能”、抓住了“不能”，就得到了“能”。我们的修为一定要从这个角度去理解。

我们修为的核心是“能”“不能”，而且此两者谁也离不开谁，它们是对立的，又是相济而合的，不能要一个不要另一个，这是不可能的。所以我们永远在这种思维的指导下，去修炼我们的“能”。抓住一个“能”字，这个“能”既是能，又是不能。所以看似是一个“能”字，里面包含了两个动态的内涵，它们是在“能”“不能”当中不断发生着相互变转的作用。因此，杨氏太极拳修为告诉我们，“此为动功非站定”，“能”与“不能”不是一成不变的，它总是变的。“能”和“不能”总是发生着相互的变转，因此它是一种动态合一的状态，它的合一是在动态当中产生了相互不离不弃、相济而合的一种处于动平衡的静态。所以太极内功，包括内功八法，修为的就是它们相互之间内在的关系。

5. 能力与能量

内功八法的修为，说到底就是练“能”“不能”。具体来说，我所传承的内功八法关于“能”“不能”的修为，是从两个方面来进行的，下面我将进行一个明确的剖析。

内功八法是从哪两个方面修为一个真能——其实也修为一个真不能？这两个方面，一个是能力，一个是能量。通过运用我们独特的心法、理法和具体有为的功法，抓住“能力”和“能量”这两个核心的内容，真正做到功法修身、功夫上身——能了。当然，我们是既能了，也不能了。该能我们就要能，不该能的时候一定不能，这样就有了一个能够“因敌变化示神奇”的能力。我们就围绕着这两个方面跟大家交流和讲解。

首先是能力。“能”包含两个方面，一个是本能，一个是真能。我们要修的是真能。实际上，本能也好，真能也好，都是一种能力的体现——真能力和本能力。每一个人都有先天的能力，我们管它叫先天自然之能，或者叫本能——本身就具有的能力，每个人都有，这个不需要从后天无而生有。

先天的能力、自然之能也包括两个方面，一个是生存能力。一个人的能力就体现在能够生存。人得活着，所以从人诞生那天，就在为自己的生存不遗余力，甚至不择手段地努力着，这是人的本性、本能。不只是人，所有的动物，比如猫、狗，都要为生存发挥它的能力，这个能力是本原的，本身就具有的。

我们现在对孩子生存能力的教育存在缺失。我们要教育孩子在任何环境下、任何艰苦的情况下，得能活着。就算放到一个孤岛上，也能够生存下去，这是人最基本的能力。现在的教育没有把生存能力提到一定的高度上。所以我们对孩子从小要培养他的生存能力，培养他在面对各种困难、挫折的时候，能够迎难而上，能够为自己的生存争取最大的结果和收获。现在我经常看到一些报道，孩子在蜜罐里长大，受不得一点挫折，听不得一点不同的意见，甚至因为一句话就不活了，他们没有意识到一个人的基本能力应该是为了活着、为了生存而奋斗。

同时，作为人来说，除了生存能力，还有一个生育能力。人类要想繁衍下去，就要生育。这个能力也是先天自然的本能。当然，个别人由于先天的原因没有生育能力，这是个例。但是作为人来说，本身就应该具有这两种能力。

为了生存、为了生育，从远古时代，人就开始奋斗、斗争，争取最大的生存空间。在这种先天自然能力的主宰下，人始终遵循着自然的本原规律。本原的规律是什么？人为了生存，就要弱肉强食，就要掠夺。不把这块资源夺回来，就得饿死。所以一切的战争、一切的杀戮，都是为了更好地生存。

同样，人为了争取生育的能力，就要让自己更强大，能够战胜一切对手，保证他的后代的繁衍。所以这两种能力是先天自然之能。这两种能力需不需要修炼呢？当然也需要，人们一直在努力提升自己的先天能力，让自己的生存能力更强，让自己的生育能力更强，这是出于人们的本能、本性。

6. 能的转化

先天自然之能必然要遵循着一个法则，就是强胜弱、大胜小、快打慢——弱肉强食，这个法则是不以人的意志为转移的，因此称之为“丛林法则”。这是自然的规律，是自然的法则。

为了遵守这个法则，人类就会让自己变得更强，让自己变得更有力，这是错误吗？不错。但是我们经常说，尽管每个人都有能力，但是每个人的能力大小不同，每个人在具体能力上所展示出来的作用也不尽相同，这是现实情况。有人先天生下来就弱，前面讲过，李亦畬身材矮小，还高度近视，如果按照丛林法则来说，他永远要被比他强大的人欺负，只能被动挨打。但是我们说本能是这样的，可是人类的聪明智慧就在于能够在遵守本能的规律和法则不变的情况下，通过后天的修为，发生一个变转、一个转化。

什么转化呢？不是你强我弱、你多我少、你大我小吗，这是先天自然的，你就是比我大、比我强，这个我改变不了，但是通过修为、通过修炼，我有了一种能力，这个能力就是转化能力。我能够把不利转化成有利，把被动转化为主动。你不是比我强吗？你不是比我多吗？我能够通过转化能力，把你变得比我弱，把你变得比我少，把你的大变得比我小。

我的能力不是要违背先天自然的本能，我一定是牢牢地遵循这个法则，这是不变的。我的能力体现在能够转化。所以，太极内功神奇的功夫绝不体现在力大打力小、手慢让手快。

前面讲了，王宗岳看到世上这么多练太极拳的爱好者，他们都练反了。“斯技旁门甚多”，“斯技”甚多的“旁门”，过去就有，现在依然有，而且还不是少数。所以他才说“斯技旁门甚多，虽势有区别”，无非是力大打力小、手慢让手快，是不是这样呢？是，但是这是“是皆先天自然之能，非关学力而有为也”。

我们现在不是要违背先天自然之能，而是要后天返先天，要通过我们的修炼，通过“关学力”而达到一个真的能力，当面对比我小的、比我少的，我当然能立于不败之地；当面对比我大的、比我强的，我也一定能够以弱胜强、以小博大、以慢胜快。这后者才是我们要修炼的。因为王宗岳已经看到，强胜弱、大打小、快打慢，“是皆先天自然之能，非关学力而有为也”。他说：“察‘四两拨千斤’之句，显非力胜。”太极神奇的内功讲“因敌变化示神奇”，体现在哪儿？就体现在王宗岳所说的“察‘四两拨千斤’之句，显非力胜”，就是用四两就能够去解决对方的千斤——本能是千斤一定打四两，现在我们是四两打千斤，就是以少胜多、以小博大、以弱胜强。

王宗岳后面又说：“观耄耋能御众之形，快何能为？”八九十岁的老人面对年轻小伙子，不但力量比不了，身体的动作和速度也远远比不上，那就只能被动挨打吗？不是，通过修炼以后，我们就具备了“四两拨千斤”“耄耋能御众”的能力，从而能够以弱胜强、以小博大、以慢制快。离开了这个修为就不是真太极的修为。如果你还停留在练速度、力量、有形招式的层面，我不是说那个不对、不好，但那个不是“关学力而有为”的太极内功的能力。我们修为的关键在“能”，这个能就体现在能转化，把你的大化得比我小。

古人智慧历来是这样的，你大我小，你有十个，我不是用十个或者是十一个跟你对抗，我只有两个，我要用这两个把你分化，一个一个地把你的十个吃掉——我是用两个先吃掉你一个，吃掉以后我还是两个，你剩九个；我又吃你一个，你还剩八个，我一个一个地吃，老是两个吃一个，最后你还剩一个，我还是两个，还是比你多。当我把最后一个也吃掉，你就化为乌有了。神奇内功妙就妙在这儿——化。

《太极下乘武事解》很清楚地告诉我们："功不及化境，将何以能？"四两拨千斤关键就在于"功及化境"。我所传承的太极内功，包括内功八法，修的是这样一个境界、这样一个目标，这个目标是能化。

其实这个能力不只体现在太极内功的防身技击上，人一生最大的能力就是能够转化，能够把不利转化为有利，把被动转化成主动。一个人每天所面对的有矛就有盾、有成功就有失败、有顺利就有曲折，这是不可改变的客观真实。你能够在顺境当中成功了，当你面对困难的时候怎么办？你就只能够接受失败吗？有的人是这样，但是当我们进入化境，不管面对的是成功还是失败、顺利还是曲折，总是能够站在它们互为其根、相互转化、相互变转的角度去从容应对。成功和失败，在我这儿是一回事，当面对成功时不为它喜，因为它是一个必然的结果；当面对失败时，我把它作为成功之母。所以，当有人说一个人的能力体现在他能不断地取得成功，我说这只是一个方面，通过太极内功修为以后，我们会改变思维认识，会看到一个人的真正能力，是既能够面对成功，也能接受失败。一个不能接受失败的人，一定是一个不能成功的人。

这世上没有随随便便的成功。唐僧西天取经，经历了九九八十一难，渡过这么多难关，最后孙大圣真正悟空以后才成佛，八戒和沙僧还到不了悟空成佛的境界。所以说，我们只有不断地失败，然后不断地成功，每次失败都是成功又一个新的开始。“功成弗居”，哪有成功啊，因此也就没有失败了。

我们如果不建立这样一个思维的话，就没办法把不利转化成有利，就不能够进入化境，也不可能“因敌变化示神奇”，不可能做到“四两拨千斤”。我们就要让自己既接受“能”，也要接受“不能”，要把“不能”转化成“能”，把“能”也要转化成“不能”，通过不断转化，我们就得到了一个真能。

真实的能力体现在“能”“不能”这两者之间，而这两者是“此两者同出而异名”——一个叫能、一个叫不能，它们两个是永远同时、同出、同在的。这样说来，大家会发现，通过“能”的修为——修为“能不能”，最后修为出一个什么来呢？如果把“能”看作是正、“不能”看作是负，把“能”看作是阳、“不能”看作是阴，它们是对立的，完全相反，这两个又不可取舍，谁也离不开谁，“能”离不开“不能”，“不能”离不开“能”，就是阴不离阳，阳不离阴，阴阳相济，方为懂劲。

通过内功八法的修为，就是要在“能”和“不能”之间修为一个“能不能”，修为出一个能不离不能、不能不离能，能不能的相济而合一。也就是阴不离阳、阳不离阴，最后修为的是一个真的懂劲。所以懂劲不是练力量、练速度，而是通过修为，得到一个真的能力。当遇上“不能”的时候，你要由“不能”转化成“能”；遇上该“不能”的时候，你就要把“能”能够转化成“不能”。“由着熟而渐悟懂劲，由懂劲而阶及神明”，只有这样，在面对所有外在变化的时候，才能从容面对，才能立于不败之地。“察‘四两拨千斤’之句，显非力胜”，是说不是力大打力小，是要把它转化了，这才体现出来我们的真实能力。

试手体验

下面咱们就演示一下，看看能是怎么转化的，是怎么能够由小转化成大，由少转化成多的。

大家看，我与这位学员比力，谁力大，谁就能把对方推出去，这是先天自然之能。我无法跟他比力，如果比力的话，我只能是被他的力所征服，只能是他的大力打我的小力。在这种情况下，我只能接受失败。

我们太极修为恰恰是要把这种状况发生一个根本的转化。我比对方力小、力少，我不跟他比大小，我比的是我有一种能力把他的大化得比我小。再看，这时候他来了，怎么办？他被我“四两拨千斤”了。怎么出现的呢？化了。通过化，就把对方的来力化没有了，这时我就比他大，比他多了。

所以，关键问题不在于比力、比速度、比大小，是比转化。我现在用很大的力，可对方能够用比我还大的力把我推出去，这是先天自然之能，不是太极内功“关学力而有为”的功夫。必须得能够转化。这个时候你看看，是不是能用很小的力就能够打大了？这个过程在很多人看来很神奇，实际上不神奇，只看你能不能“化”。

为什么要练内功八法？就是为了能够达到“因敌变化”。通过习练内功八法，有了转化的能力，我就能够把大化小——把他的大化得比我还小，我依然还是遵守着先天法则，转化后我永远比他大、永远比他多，功夫在于“化境”。也就是说，关键在“化”。

7. 外变与内化

在讲开合动桩功时，说到过“变化”这两个字。内功八法是在原来功法的基础上，更进一步的细化，这就有必要对“变”和“化”的真义内涵有一个真实的、更明确的理解。

大家经常会说“变化”，但什么是变、什么是化呢？变和化到底是什么关系呢？“变”和“化”是一外一内的关系。所谓的变，大家都看得见，黑的变白了，大的变小了。变是视之可见、触之可得、听之可闻的一种外在的变，是一种形变。看得见摸得着的、有形有象，我们管它叫“外变”。我们所求的“变”是由化而产生的变。化在所有事物的内部、内在，是视之不见、闻之不得、无色无味、无形无象的一种内变——内里的变化。我们管它叫“内化”。

内功八法的修为对于变化有一个明确的要求，大家一定要记住，跟常人的理解完全不同，就是在化不在变，在内不在外。关于变化，杨氏太极拳的前辈杨健侯在《太极拳约言》中，用简洁的几个字进行了说明：“轻则灵，灵则动，动则变，变则化。”也就是说，变化的关键在于动，有了灵动以后，才有了变和化，能变了才能化。什么是能变就能化？跟常人对于“变化”的理解不一样，太极内功修为要求所有外在的变是因内而变，是因化而变——自己不变，是内变。

所有的外变——外面的变、外在的变，都是看得见摸得着的。外的变是随内化而变的话，这个变就犹如不变，是自己不变。动犹如不动，自己不动，是内动。太极内功八法抻、搓、转、抖、拍、荡、提、揉，每一个功法都会有外在的变，但是所有外在的变都不是它自己变。这个变是随内而变、随化而变，因此我们说外要静、内才动。静不是静止不动，是自己不主动，静下来等待着内在主宰的化，随化而动。因此，我们不练外变，练的是能内化，这是修为的核心。

我们修为静桩功就是让形不变，让它保持一种相对静止的状态，去体悟内在的变，内在的变是化。我们一定要把内外虚实分清，让外不变而内变，做到所有的变化都在内。变是内变的话，对手无法通过你的外在而把握住你的内变，因为对手不知道，你就能够做到转化。王宗岳所讲“人不知我，我独知人”“英雄所向无敌，盖皆由此而及也”，这就是太极内功神奇的地方。桩功一定是从这个角度开始入手，一定是外要静、内要动。

试手体验

现在这位学员用很大的力攥住我了，我要想解决的话，就得要把这个外在被他攥住的，变成让他攥不住，怎么解决呢？我要从外变上去解决它，我一变他就知道。现在我外不变，里边变了。我里边变的过程他不知道。再体会，我若用任何一个外变他都知道，现在怎么办？现在外不变，里边变了，外面由实的变虚，由紧的变松了，由有力变成无力，可是我转化出来一个里面的真有，他攥住了皮，却拿不住我里面的瓤。看上去我是通过外在解决了问题，可是这个外在是通过里面的动，外在是随之而动的。

我的这个内化对方知道吗？“人不知我，我独知人”，对方攥住我以后，我里面变化的那种觉知，我是心知肚明的，对手是不知道的，他攥到的好像还是这只手，但是它内变了。我们对于化境的理解的关键就在这里，这种内化是视之不见、听之不闻的，是无形无象、无声无色的，是无生出来的有。正因为是内变、内化，才能够发生一个转化。本来他有很大的力，现在我不是用更大的力去打他，也不是用非丢即顶，顶不了。有的人说我就练化，想把他闪掉，可对手都知道。现在我要做到，我所有的化他不知道，对手比我大、比我多，而当我内化后，他就被化小了、也变少了。所以全在于内变。

什么是内功的“内”？内就是内在，在内不在外，在化不在变。你能不能做到“因敌变化”，能不能做到内化，这是我们修为很重要的一个内容。

内功的修为——“化境极矣”，就在于内在的虚实变转。《十三势歌诀》很明确地告诉我们“因敌变化示神奇”，“变转虚实须留意”，就是虚实的一个变转。把实的化虚，把有的化无，这就是你的能力，这就是修为内功的主旨。

正因为我们修为的是这样一个变化的过程，杨氏太极拳前人大智慧地把太极内功称之为“知觉运动”。为什么叫知觉运动？因为它是内运动，不是外运动，不是练外面的力量、速度，练外在的变化。反而我们所有看得到的外变，犹如不动，自己根本就不动，是被内化所驱动，这才是内劲。所有的变化一定是在对手不知不觉当中所发生的一个转化，但是这个不知不觉一定又是在自己又知又觉的情况下修为出来的。我查过很多资料，只有杨氏太极拳传承把太极拳称为知觉运动，这一点很了不起。

关于能不能的修为，通过内功八法要抓住两件事，一个是能力。我们要不断地提升自己的能力，把自己的能力放在能够发生“能”和“不能”的转化上，能够让自己进入化境。因为生活当中，每时每刻都会遇上各种各样的不顺心、矛盾，能不能转化，在自己不在他。有人说我要转化外界的变化，你转不了，也管不了，但是你可以管到自己的“心”——在你自己的内心，你能不能承认任何一个事物有长就有短，长短是相形的；有高就有低，高下是相倾的；有前就有后，前后是相随的。任何事物都有它的两重性，你不可要一个不要另一个，你要成功就得接受失败。如果你的内心能够从“一”的角度上去接纳“二”的话，你就把自己放在了宇宙万物的本原规律上，就能够复命归根，就找到了能够解决一切矛盾、困难、痛苦的金钥匙。因为在你这里，成功和失败是相互为根的，痛苦和快乐是相互伴随的。什么是快乐？快乐就是当痛苦、痛苦……痛苦到一定阶段，痛苦就没有了、转了，就是快乐。

大家都从学生时代过来，有时候要解一道几何难题，太痛苦了。为什么痛苦？你绞尽脑汁要给这道题做一根辅助线，可这根辅助线就是找不着，这时饭也吃不下去了，晚上也睡不着，脑子里都是这个问题，多痛苦啊。突然间，不知道哪来的灵感，如果从这儿加一条线是不是就行了？这条线加上以后，问题迎刃而解。那时候的快乐，你给多少钱也买不到，因为那是经过自己前面所有的挫折、痛苦，最后自己把它解决了，别人给不了我这种快乐。凡是快乐都是你自己经过痛苦以后最终的结果，是发生了转化。

内功八法需要抓住“能”这个核心，在能的修为当中，我们抓住能力的转化、能力的提升，这是我们修为的核心。

三、能量的来源与知觉运动

1. 事物变化的实质是能量的变化

从太极内功的角度讲，练的不是能力本身，而是要练能化、能转化。真的能力在于能转化。在能力的基础上，通过太极内功、内功八法对“能”的修为，我们还要掌握第二个要素，能量。

宇宙万物的生存、发展、变化，归根结底都是能量变化。也就是说，宇宙万物表现出来的各种各样的变化，其内在的实质都是能量的变化。人的生命在于生命能量，生命能量决定了人的生存、健康。病、老、死谁来决定？生命能量。同时这也是宇宙万物的本原。是不是只有我们有能量？不是。为什么花能开、树能长？为什么万物能够繁衍？这是因为在宇宙万物当中存在着一种能量，不管有生命的、活着的物体，还是看似没有生命的物体，它们的内在都有能量，不存在没能量的物体。我们的修为就要抓住能量的变化。

“能量”这个词，大家并不陌生，这是一个物理学的概念。宇宙万物的基本属性、共性是运动，其他属性都是运动属性下的分支。万物每时每刻都在运动变化，而运动的过程中需要动力。没有动力，物体怎么能运动呢。任何物体的运动都离不开“力”这个要素。

在运动过程当中，物体和物体之间，通过运动的变化产生了相互的作用。当一个物体用一个力作用在另外一个物体上，使这个受力的物体移动了一段距离，称之为做功。做功的力从哪儿来？力是源于能量的变化，能量的转化产生了力。所谓能量是物质运动转换的量度。

太极内功同样也是做功，也是通过一个力使另外一个受力的物体产生了一段距离。只不过太极内功的做功，有它的特性。我们要研究、修为的是具有太极内功特征的功是怎么做的，它的能量是怎么转化的，产生了一个什么样的力能完成做功。

所有运动都离不开能量。人的生命运行、生产活动，同样离不开能量。在生活当中，有热能、电能、核能、机械能、光能、生物能等。能量可以以各种不同的形式存在于不同的物体当中，能量形式决定了物体的状态，能量的转化提供了运动的原动力。

比如，埋在地下的煤，挖出来以后，就是一块乌黑的石头，但是它具有能量。当煤经过燃烧，就释放了它的能量，产生了热能。用煤烧锅炉时，锅炉当中有水，煤的能量转化到水，使水分子产生了运动，水分子运动产生了蒸汽，蒸汽产生了压力。当煤的能量转化成了有压力的汽，蒸汽机就这么诞生了。

再比如，从地下开采出来的石油，乌黑乌黑的，非常黏稠，说液体不是液体，说固体不是固体。石油具有能量。但是石油的能量如果不经过转化，就不能够提供动力。石油经过冶炼以后，转化成汽油，可以为汽车提供动力。但是动力不是由汽油直接提供，而是在发动机点火冲程以后，汽油产生了油气，油气经过压缩产生了能量的转换，经过机械的传动产生了机械能，就能够推动汽车在公路上飞奔。所以，所有运动都是能量的相互转换。

2. 人既是发报机，也是接收机

宇宙万物皆有能，物体相互之间的作用就是能量转换的结果。人作为万物当中的一员，跟万物的关系，依然是能量转化的关系。人跟宇宙万物存在着三大关系，第一个是人与自然的关系。这个自然关系包括人跟山、水、花、草、树木、各种动物所产生的关系。第二个是人和他人的关系。也就是与除我之外的其他人之间的关系。第三个关系是人跟自己的关系。

人与万物所发生的关系，实质是能量转化、相互作用所产生的。为什么这么说呢？因为人和万物都有能量，每一个物体所具有的能量都有能量场，都有自己的频率，这个频率相对于每一个物体来说是独有的。人有自己生命的能量，因此也具有自己生命能量的频率。人和自然界万物发生关系，就是要和它们对话。我们跟一块石头可以产生对话，跟一棵树也可以产生对话。怎么能对话呢？能量交互。我们和他人的相互交流，实质上也是能量的交互。也就是说，当我们的能量所发出的能量波和物体所发出的能量波，能够产生调频共振的话，就产生了共鸣。

人是三才之一，天地打造了我们这样一个具有灵性灵魂的物，它最大的特点，就是能够自己把握、掌控调频，产生自己的频率。人不但能发射出自己能量的频率，还具有接受能力，这是人和其他物体最大的区别。

人就像一台收音机，同时也像一个电台，可以自己调谐、调频。我们知道，中央人民广播电台、电视台按一定的频率发射信号，各自的收音机怎么接收电台的信号呢？收音机要经过谐振调频，调到同频的时候产生了共振，就可以接受电台所发出的信号了。作为人来说，既是电台、电视台，又是收音机——又能发射，又能接收，这是人类的一个特点。

人和万物发生交流、产生对话的一个重要原因，就是人能够调自己的频率，接收了对方发出来的信号，与物体所发出的频率产生共频、共振。所以人就能够做到，看山是山、看水是水，看山不是山、看水不是水，看山就是山、看水就是水。因为我们能接收到物体内部发出的频率，所以就能够跟它共鸣、对话，能够感受、觉知到它内在能量变转的情况。太极内功的修为就是要能够调自己的能量的频率，去和宇宙万物进行谐振调频。

前面讲过，从物理学的角度，所有运动的本质是能量的转化产生了动力。我们现在要研究的不是物理学的概念，因为物理学概念无法解决人的调频、人的能量转换问题。物理学的能量是有形的，而人的能量不仅有有形的，还有无形的、看不见的精神能量。精神能量单纯靠物理学无法解释，只有靠我们的修为才能够把握住精神能量所产生的巨大的作用。

当然，人的能量转换不违背物理学的能量关系，但要高于它。经常有同学问:“李老师，你怎么证明太极内功是科学的?”我的回答是，现代科学在不断地证实着太极内功、太极阴阳学说的正确性，太极内功不但不违背科学，而且高于科学。

下面要讲的能量，我们不去研究物理学、力学的概念，那个交给物理学家去讨论。我和大家在这里要研究、交流的，是人的能量如何转化和作用。

我跟随父亲、师爷修炼太极拳、太极内功，绝不是要把太极内功练成一个拳脚功夫，也不只是把它当作一个健身防身的工具。我是理工科出身，几十年来我一直在研究为什么、练什么，就是太极内功为什么有神奇的功夫，如何用现在的科学来实证太极内功的原理——它是如何产生这么巨大的作用的。这次内功八法的讲解，是我几十年来自己边修炼、边研究、边总结的一次汇报。先不去管它到底是正确还是不正确，但是这是我几十年真实研究的成果，我实实在在把它端出来让大家去检验。

或许在当今的太极拳界很少有人，或者还没有人这样去研究太极内功，我觉得我们应该承担起这个责任，把前人留下的这个宝贵遗产、瑰宝，在我们手中不但要继承，还要深入挖掘和研究，从而发扬光大。这是一种责任。

3. 生命的能量

每个人的能量是如何自己进行转换，又如何与他人交互的呢？人和自然、人和他人、人和自己，都是能量的交互和转化，现在我们要研究的是人和自己的关系。这也是我所传承的太极拳内功一个重要的、核心的修为方向，是不可违背的。

太极拳内功又称为知觉运动。《杨氏太极拳老谱》(以下简称《老谱》) 中有一章叫《固有分明法》，对于知觉表述为："夫运而知，动而觉；不运不觉，不动不知。运极则为动，觉盛则为知。动知者易，运觉者难。先求自己知觉运动得之于身，自能知人。"现在先不要管知人，管的是知己，当能够"先求自己知觉运动得之于身，自能知人"。"要先求知人，恐失于知己。不可不知此理也，夫而后懂劲然也。"修炼太极内功，不是解决怎么去对付他人，是解决"知己"的问题。我们要从这里入手。每个人的能量是如何转换的？人所具备的能量到底它的作用是什么？这是本章要重点论述的。

我们说每个人都具有能量，这个能量可以叫作生命能量。每个人由生到死的生命运行轨迹，归根结底就是因为人具有生命的能量，而且这个能量产生了转换，进而产生了生命运行的动力。

生命能量从哪儿来的？生命能量是与生俱来的，自人出生那一刻，就具备了生命的能量。生命能量有两个来源。第一个来源是我们的父母。第二个来源是天地。每个人都有两重父母，一个可以叫作大父母、一个叫小父母。张三丰就是这么说，天地为大父母，爹娘为小父母。一个天地、一个爹娘，都是我们的父母。大父母和小父母同时给我们提供了生命的能量。如果说小父母——爹娘生养了我们有形的身的话，大父母——天地就赋予了我们无形的心、我们的灵魂。所以大小父母给我们提供了先天就具有的生命能量。

现在年轻人结婚，有的又恢复到传统的仪式。中国的传统婚礼是三拜。父母坐在上座，小夫妇在下要三拜，一拜天地，二拜高堂，三是夫妻对拜，这才能入洞房。所以中国的传统就告诉我们，生命从哪儿来？是爹娘养育了你、生育了你，但是还有一个大父母，就是天地乾坤。因此，永远要记住，是天地大父母和爹娘小父母共同打造了我们这个身心合一的、有生命的个体。

大父母、小父母给了我们身跟心的能量。这个生命能量是与生俱来的，它具有两个特点，第一个特点是我们生命的本能，或者叫元能是不可逆的，是无法后天补充的，用一点就少一点。人生下来的时候，给你多少元能，生命能量就是多少。你的寿命从生下来的时候就先天有了定数，每个人是不一样的，这是遗传下来的。有的人寿命长，有的人寿命相对短，这完全是正常的，本来就是不一样的。同时在全部生命过程中，所有的运动变化都要消耗能量，生命能量消耗一点就少一点。当生命能量耗尽的那一天，我们的生命就结束了。因此，长生不老只是一个说法，是一个理想和追求，是不可能实现的。生命能量是有限的，所以生命长度也是有限的，无法后天补充。

既然生命能量是有限的，我只能听天由命，谁让我这么倒霉呢，爹娘就给我这么点儿能量，上天好像也不公平，凭什么别人比我多，我只能认命，我就活的比他短吧。是不是这样呢？不是。为什么？因为我们是人，我们要把命运把握在自己手中。别人能量大、能量多，我能量少，我未必比他活得短。为什么？因为作为人来说，可以调控和把握自己的能量作用、能量的转换。要做到这一点，首先要知己。知道自己能量的极限——对自己要有一个了解，我祖上没有长寿基因，我先天就是有这么大的能量，我无法增加这个能量，可是通过太极内功的修为，能够做到在有限的能量下，尽量延年益寿。太极内功修炼最终的目的就是延年益寿。

《十三势歌诀》讲“详推用意终何在”，就是前人讲了很多，包括“因敌变化示神奇”“屈伸开合听自由”等，通过这些功法的修为，“详推用意”只有一个目的，“益寿延年不老春”。

人的能量是有限的，但是如何运用它则掌握在我们自己手里。我和一些朋友、学生讲，太极修为干什么？当然是以拳证道，最终实现一个什么目标？延年益寿。如果延年益寿设定了阶段的话，第一个阶段叫及格。古人云“人活七十古来稀”，活过七十就刚好及格。第二个阶段叫优秀，能够活过九十就算优秀。第三个阶段叫活出精彩。“度百年乃去”，能够活过一百岁，大于一百岁，才叫活得精彩。我希望所有同学最起码都得优秀，咱们共同定一个目标，让自己活出一个优秀的生命来。

怎么做到这一点呢？生命能量有限，怎么合理利用这个能量呢？有的人能量很足，但是后天胡作非为，过早地把能量消耗尽了，根本就没有到能量极限就结束了。有的人因各种原因，能量还没用到三分之一，就突然间死于非命，也结束了。我们尽管能量没有他们多，但是我们要创造什么？我们要“四两拨千斤”、以小博大、以弱胜强。

我们要以少胜多，就要做到高效低耗。这是功夫。功夫就在于消耗较少的能量，取得一个很高的收益。太极内功修为提出“因敌变化示神奇”“四两拨千斤”“耄耋能御众”，就是告诉我们，生命就在于低耗高效。

当今世界，发达国家已经感觉到危机，因此提出要低耗——减少能源的消耗。地球能源是有限的，而生命和万物的发展、运动、生存，其本质就是能量的转换，能量决定着人类是否能够生存。人类所有的生产活动，离不开能源，这个世界产生了战争，就是为了争夺能源。两次世界大战是为了能源，我预测第三次、第四次世界大战依然还是如此。谁能把控能源，谁就能主宰世界。

4. 炼精化气

通过太极内功的修为，要把握生命能量的变化和变转，其中还有一个重点内容需要强调。在不断低耗高效的同时，还要把上天和父母赋予我们的宝贵的生命能量“尽其用”，充分发挥它的最大作用。也就是说，最理想的生命状态，不但能够延年益寿，还能够到生命结束那一天，这个能量很正常、很自然地用完。就像小品《不差钱》所说，人活着，钱没有了，这是悲哀的；人死了，钱没花完，这也是悲哀的。我们最后能用尽生命能量，完整走完自己的人生，这才是最理想的生命状态。

大父母、小父母给我们的生命能量，要怎么转化呢？作为人来说，生命能量是以“精”——元精的状态存在于我们的身体当中，但它无法直接提供运动过程中所需要的动力。就像汽油不经过能量转化，无法给汽车提供运行动力一样。人的肾水就像汽油，要想用它就要先化，肾水再多再好，运化不了，它也起不了作用。

如何运化？前人很清楚地告诉我们，要想给自己提供强大的动力，就要炼精化气。要把精——生命的元精化了，化成什么？

化成气，所以生命在于一气。我们所有的运动都是气作用的结果，气给生命提供了一个强大的动力。

有同学问：“李老师，你说这个元精、元能本身先天就俱足、具有，而且用一点少一点，无法补充。我们后天所吃的这些米、肉、水，这些能量到哪儿去了？”

如果人本身具有的元能叫先天之能的话，我们吃的这些食物产生的能量，就叫后天之能。它们之间是什么关系呢？后天的能量是让我们运化元精、元能，产生元气，从而为生命运行提供动力。也就是说，元能、元精要化，要化怎么办呢？加热。就像水在锅里，下面有火。这个火从哪儿来？就从后天的能量当中来。

尽管后天的能量不能补充元精、元能，但是离开它又不行。要化元精、元能，必须有后天能量提供的热量，才能把元精、元能经过转化，由精化气。后天所吸收的能量就起到这个作用，这个作用非常重要，就像做饭，要有米、有水，可没有火，也做不了饭。既要有原材料，还得有能够加热的火，才能把这锅饭做熟。

对于能量可从两个方面理解，一是它本身就俱足，不管多还是少，但它不可补充。虽然不能补充，但是可以延长使用它，可以合理地运用它，减少它的消耗。二是要增加运化能力，把元精转化成能够提供动力的元气。这是我自己的真实体悟，我就是这样来把握它的。能将元精、元能最充分、合理地作用在生命的全过程当中，这样我们的生命就活出来了一个精彩的结果。

5. 桩功就是修为低耗高效

当由精化气以后，产生了生命动力，这种动力表现为气的鼓荡。气的鼓荡作用实际上是通过能量的转化，在人体内产生了聚散开合。

身体所有的正常运动，包括内功八法，都是能量转化、以气运身的结果。我们知道，只要一用力就是高耗。要怎么做才能够达到低耗高效呢？大家记住，从桩功开始，我们就进入了低耗高效的修为中：一个中心——中正安舒，三个基本点——静心凝神、呼吸自然、周身松通，就是让我们要低耗，让我们用意不用力，不再用有形身体的力去作用。

我们看盘拳走架，一定是静心凝神、呼吸自然、周身松通，用意不用力，绝不是用蛮力。用蛮力就违背了低耗高效原则。杨澄甫在《太极拳之练习谈》一文中明确指出："闭气与起强劲"，就会气喘吁吁，就会无穷地消耗有限的生命能量。

用意和用力是完全不一样的。《太极力气解》明确指出："知气力之所以然，自能知用力、行气之分别，行气于筋脉，用力于皮骨，大不相侔也。"这是讲用意和用力两者的区别。从它们的路径来说，一个是行气于筋脉，一个是用力于皮骨——肌肉之力。所以行气于筋脉，不用肌肉之力，就减少了能量的消耗。

我们在和对方接手的过程当中，更要做到用意不用力，用意得气，以气运身。强大的动力来自能量产生的气动，这是修为过程当中一定要遵循和把握的。

试手体验

请这位学员攥住我，我如果是用力的话，就是前面讲的力大打力小。这种用力在无情地消耗着我的能量，每一次用力都是对能量的摧残。要想益寿延年，就不能够这样无谓地消耗能量。

现在怎么办？我要完成解脱任务，还不能用力，这时就要柔和的以气运身。首先我要行气，怎么行气？先要转化，要精化气。也就是由丹田把气聚起来，然后行这个气。

用力就会大量消耗能量，行气就可以减少能量消耗。那么我请问，你是想过早地把生命能量消耗完呢，还是想要低耗高效呢？这个问题提出来以后，大家就很清楚了。

怎么行气，后面还要讲。以意行气，以气催身，跟用力完全不一样。注意，气不在皮骨，而在筋脉。

我们要清楚地认识到，太极内功修为的最高目标，就是要

“益寿延年不老春”。要做到这一点，关键在于如何合理地运用有限的生命能量。我们不是不运动，不是不要做事，而是要在完成运动目标的时候，如何合理地减少能量消耗。太极内功的修为要做到四两拨千斤，就是以最小的消耗产生一个最大的效能。

6. 借用天地的能量

每个人的生命元能是与生俱来的，是有定数的，用一点就少一点。元精、元能无法进行后天的补充。要想延年益寿，唯一的途径就是减少生命能量的消耗。也就是说，我们本身具有的元精、元能要合理、充分的利用，并且要让它低消耗。这是实现延年益寿的一个重要路径。

我们说低耗高效，怎么低耗呢？是不是我们该完成的动作、该进行的事务、该要完成的使命，就不做了？不是的。我们不但要做，而且还要高效。听起来低耗高效是一对矛盾，要高效就要高耗，这个是自然之理。现在通过太极内功的修为，我们的能力就体现在以最少最小的元能消耗，高效地完成该完成的所有动作、所有工作、所有变化。如果不能这样的话，修炼太极内功就一点意义都没有了。

既要高效地完成我们的使命，还要消耗最小的元能，怎么才能做到低耗呢？我们的老祖宗非常高明，自己的元精、元能是有限的，那么我们能不能利用、借用天地之间的那个无限的能量呢？把天地之间的能量为我所用，就能够在低耗自己的元精、元能的基础上，借用天地赋予我们的自然之能，高效地完成我们应该做的所有事情。

因此，太极内功修为一个很重要的主旨，就是把天地自然的能量借用过来，为我所用，从而实现既低耗自己的生命能量，又能高效地完成所有应该完成的事务。

在这里要强调一下，天地之间的自然能量是取之不尽、用之不竭的。上一章讲过，在自然界当中，万物皆有能。人类很早就知道把其他物质的能量通过转换，可以在生活、生产劳动当中加以运用，比如煤炭、石油。但是这些自然界的物质本身也是有限的，煤炭越开采越少，石油也是越开采越少，总有一天是要用完的。那什么样的能量是取之不尽、用之不竭的呢？只有天地本身的自然的先天之能是取之不尽、用之不竭的。我们需要求索的是如何把天地无限的能量和自己有限的生命之能结合起来，把我有限的能量融入天地赋予的无限的能量当中。这是我们需要解决的，也是太极内功修为要取得的一个关键的、具体的结果。

天地自然的取之不尽、用之不竭的能量，是怎么体现的呢？天与地，天的能量是气——天气；地的能量是力——地力。我们就是要把天气的能量和地力的能量借过来，为我们所用，从而实现低耗自己的生命能量，同时高效地完成我们所应该完成所有的事务。

其实，在人类的发展史中，人类早已认识并运用天地的这种取之不尽的能量为人类的生活、生产活动进行服务。天气能量体现在哪儿呢？风。天气产生了风的流动，风流动的同时，把天气的能量通过风的流动转化成一个力，我们叫风力。古代借助风力可以用来推磨，现在很多地方安装了风车，用来发电。所以，人类很早就知道要借用先天的自然之能来为我们服务。

我们说地力，祖先很早就认识到水力。水力是从哪儿来的？是大地赋予的，为什么？因为人类生存所依赖的大地有一种能量，我们叫作重力。（重力是一种能量，我们管它叫重力势能。）所有物体都会受到大地的重力作用，当我们能把这个重力作用释放出来以后，它就产生了一种巨大的动力。

比如三峡大坝，坝高 175 米，水储存在水库里面，当开闸放水的时候，就把水里面的重力势能转化成动力能，再经过发电机组进一步转化成了电能，从而服务于我们的生产、生活。

天地赋予的天地自然之能——一个气、一个力，是取之不尽、用之不竭的。现在通过太极内功修为，就是要把天地自然之能为我所用。

天地自然之能体现在风力和水力。过去选屋要看风水，看什么？就看天地的风水态势。看风水看的是势，看它的走势。也就是说，气形成风力和水形成水力的这种作用，靠的是得势，这种能叫势能。由地球的动力能形成势能以后，由势能再转化成动力能，就形成了动力。这个过程恰恰是太极内功修为的一个能量转化的过程。

7. 得势与得机

怎么才能得势呢？有没有规律？有。只有“动之则分”才能得势。为什么河里流动的水不能把内在的大地的动力能全释放出来？就是因为它没有成势。为什么三峡大坝水位升高了以后，在由高到低流的过程当中，内在的重力能就得到了释放，转化出了动力能？因为得了势。要想得势，有一个很重要的前提条件，就是分出高低，要分出来不同。王宗岳说“动之则分”，“分”才是前进的动力，“差”（落差、差异、差别）才是形成前进动力的重要的前提条件。为什么大锅饭没有竞争力？因为没有“差”。正因为有高低之“差”，才形成了一个高低之势，才能够把先天自然的能量加以释放。

风为什么能够形成风力？因为从高压向低压流动；水为什么能够形成水力？因为高下相倾——从高向低处流动。这就是老子告诉我们的，“万物负阴而抱阳，冲气以为和”。一个阴一个阳，分出了两个完全的不同的要素，但是它们要相冲，所有的能量才能在这个过程当中加以释放。

要想把天地自然之能为我所借用的话，就要老老实实地做到“动之则分”。分什么？分出高低。同样，“分之则动”，只有分，就一定要动，只有分了才能动。

太极内功修炼过程中，每一动都要想一想，分了没有？没分就不能动，要动就得分。太极内功修为很重要的一个要求，就是要分出高低。我们要借用的是天气、地力。地力就是大地的重力势能，它一定是由高向低落。水不能倒流，一定是从高处向低处流。要想让大地的能量释放，就得找出一个高一个低，而且要从高向低流，这是不可违背的自然规律，是真理，不可颠扑。我们修为就是要遵循这种规律去动，违背这个规律，就无法把能量得到有效的释放。所以每一动都要问自己，分出高低了吗？

8. 太极起势就是蓄能

此前我反复讲，要练太极起势。太极起势起的是什么？不是起外在动作的姿势，是起“势”。这个势是什么？是高低之势，为什么起这个势？就是因为要把大地赋予我们的重力形成一个势能，要蓄势，要把这个能量先给蓄起来，像水库一样，将水聚起来，然后开闸放水。

我们经常说一个词，叫作“发”。什么是“发”？就是完成所有应该完成的动作的过程。但是，“发”的前提是蓄势——把势蓄起来，也就是把能量先聚集起来，同时还要形成一个待发之势。怎么就能够蓄势待发了呢？就是把这个势形成高低差，把重力势能提到一个高度上来，然后待发。待发是什么？如果蓄势是得势的话，待发就是掌握“发”的时机，也叫得机。蓄势待发这个词就是告诉我们如何得势和得机。

太极拳内功修炼是否入门、是否懂劲，一个重要衡量标准就在于是不是能够得机得势。《太极拳经》说：“向前退后，乃能得机得势。有不得机得势处，身便散乱。”所有动作过程当中，身的散乱都是没有能够得机、得势。为什么没有得势？因为没有“动之则分”，没有分出一个高低。有时形容一个人会说“不知眉眼高低”，就是说这个人没谱，什么事都分不清楚。

太极起势就是练蓄势待发、得机得势。当做一个动作的时候，绝不是做一个形体的动作，而是把大地赋予我们的重力势能、先天自然之能，通过有形身体，通过自己的身心，把它聚合到一个蓄势待发的状态，这才是我们要求的太极起势。

太极起势就是要通过有形身体的动作，体现大地赋予我们的重力的能量。只有得势了，才能够蓄势待发，才能够由势能转变成动能，给我们提供动力，完成所有要做的动作。这个动力消耗的是什么？消耗的是自然之能。我们要用很小的生命元能，去借用天地的自然之能，高效地完成我们所要完成的任务和工作。

所以在做太极起势的时候，一定要很清楚地知道，整个太极起势是一个得机得势的过程，是蓄势待发的过程。我蓄的是这个能，把它蓄到我这儿来，我才能够蓄势待发，才能用它产生一个强大的动力，才能够做到低耗和高效。这是人类大智慧的体现，我们不但要用先天自然之能去发电、去完成生活生产当中的各项工作，更主要的，还要借用到自己的身心当中来，让自己的生命以最小的消耗达到高效地运转。所以，对于太极起势，大家要有一个新的认知。

试手体验

现在我做太极起势，首先要分出高低，如果分不出高和低，不是把大地的能量起出来，那就是在用我自己的力，在消耗我自己的生命元能。久而久之，不但解决不了对手的问题，依然还是大力打小力，依然还是高耗自己生命的元能。

为什么要周身松通？就是不用自己的力。我要把大地的能量聚起来，然后自然地由高向低释放。所以说起势涵盖了太极。

动的时候，动之则分。分了没有，势出来没有，是不是把能量聚在了高点上，然后全身放松，由高向低像水一样把势能转化成动能？不要用力。能量得到了释放，产生了一个巨大的动力作用。这样就把对方推了出去，这叫发。

在得势的基础上还要得机，就是什么时候发。在蓄势的时候，要待发，等着对手把信息告诉你。也就是说，当蓄好势以后，对手给了你一个信号，是对手自己把闸门打开了，你完全不要用你的判断，要管的就是蓄好势。发是虽动犹静。动没动？动了，但是依然还是静的，不用自己的判断、不用自己的脑子、不用自己的力，纯是自然，这才是太极。

学员：自己是不管的。

李光昭：自己不管。你是自然而发。水满则溢，蓄足了就等待时机。只要对方再加一点，水自然就流了出来。你要把知觉全部停掉，不要用自己的判断。这就叫“蝇虫不能落，一羽不能加”。在这种蓄势平的基础上，对方加一丝一毫你都能够产生一个自然的反应。

9. 如何借天地能量

要想低耗高效，减少自己能量的消耗，就要做到会借用天地自然的能量。只此一条道，没有第二条道。所以，太极内功修为要达到低耗高效，就得能够得机得势。天地的能量取之不尽、用之不竭，只要跟它相合，它就可以永远为我所用。这是太极内功修为的一个核心要求。

不管如何变化，进也好、退也好，都要分出两个不同的要素，才能够产生势。老子说：“有无相生，难易相成，高下相倾。”这是告诉我们，要找到两个完全不一样的、对立的要素。当它们“动之则分、静之则合”，在合的过程中，“高下相倾”释放了能量，这个能量不是用自己的元能，而是用天地赋予我们的势能。在势能转变成动能的过程当中，能量得到了释放，产生了巨大的动力作用。这样大家会发现，太极内功发人于丈外，完全体现在得机得势。

但是，既要用天地的能量，又要拿住自我不放，这是不行的。天地没那么傻，它会拒绝，不会为你所用。只有融入天地之间，天地的能量才能够随你所用。所以太极内功修为有一个要点，就是要把“我”化掉。化掉我自己，要把有化无，无才能够生出有来。无了这个我，才有了天地的自然能量为我所用，这是修为的关键。

太极内功练什么？就练无我。太极内功不在于形式化的东西，而在于能够无“我”，能够动之则分，把天地的势能形成一个蓄势的状态，然后择机而发。

试手体验

我被对方用力拿住了。这个时候我要怎么解决他？蓄势待发。我只有用天地赋予我的自然能量才能解决。如果我用自己的能产生的力的话，他就可以以他的力来对抗我的力了。我只有无了我，形成了一个天地之势以后，蓄势而发。

当对方抱住我时，任由他抱，但是他抱不住我的势。我只要提起来一个势，随势而为，这个势就能够瞬间产生一个强大的动力。同样，他攥住我，这个时候要怎么办？蓄势，把势提起来以后，自然就解脱了。用的是势能，不是用力。

自然能量能不能为你所用，不取决于天地，天地是无私的、是公平的，而是取决于你自己，取决于有而化无以后，化成一个天地相合的“合一”状态。

天地是大乾坤，人身是小宇宙。人是小宇宙，把“我”化了以后，我这个小宇宙和大乾坤合成一个整体，天地的取之不尽、用之不竭的自然之能就会源源不断地供你所用。

截止到现在，讲了为什么要练、练什么。真正的太极内功的功夫体现在哪儿？就体现在任何时候都能够低耗高效。

有同学问：“李老师，我怎么练才能够做到低耗高效？特别是内功八法，我把握住什么就能够实现‘因敌变化示神奇’，能够达到四两拨千斤，能够实现低耗高效？”这就引出了第三个问题，怎么练。这个问题会在下一章详解。

第四章　太极内功八法怎么练

上为阳，下为阴。天为阳，地为阴。阴阳合在一起，合出来这样一个丹、一个果实。离开天不行，离开地也不行。所以丹是阴阳和合、天地相交合以后的产物，是结果。

这一章开始太极内功八法下一个核心内容——怎么练的讲解。

太极内功八法怎么练呢？有没有一个秘诀告诉我怎么练，只要我遵照这个秘诀去练，功夫就一定能够上身，就一定能够达到“因敌变化示神奇”、“四两拨千斤”、小能博大、低耗高效？告诉大家，还真有。前人用一句话进行了总结，这句话可以称为太极内功“怎么练”的总纲，太极内功所有功法的修为都要遵照这个总纲领进行具体的修炼。

这个总纲是什么？一句话，“拿住丹田练内功”。这句话不是我说的，也不是我父亲说的，是张三丰说的。他把太极内功的修为用四句歌诀进行了概括：“拿住丹田练内功，哼哈二气妙无穷。动分静合屈伸就，缓应急随理贯通。”[①] 所以太极内功怎么练？拿住丹田练。

一、拿住丹田练内功

1. 什么是丹田？

首先说丹田这个概念。丹田是道家修为一个重要概念，道家修内功练什么呢？就是炼丹，最后要结丹。对于丹田这个概念，自古以来众说纷纭，莫衷一是。我下面要给大家讲的，完完全全是我自己的理解，是我自己修为的体悟，是我的一己之见，是我自己提炼和总结的结果。我只是在自己的学生当中把它表述出来，供大家理解和参考。对与错，留给更多的专家学者、同道朋友去评说、批评。

丹田这两个字，我父亲曾经做了一个比喻，田就是庄稼地、种庄稼的地。丹是什么？丹就是庄稼结出的果实。那个果实——

① 〔清〕王宗岳等著：《太极拳谱》，沈寿点校考译，人民体育出版社，2011，第 85 页。

丹，一定是在庄稼地里长，只有在庄稼地里面它才能由种子发芽，最后结出来硕果。庄稼结出的果就是丹。

为什么在庄稼地里能结出硕果呢？因为大地像母亲一样孕育了它，供给了它需要的养分。大地供给它养分，上天供给它精华——阳光、雨露，所以丹是大地与上天——一天一地的精华，最后结出的一个硕果。

如果大地是阴的话，上天就是阳。上为阳，下为阴。天为阳，地为阴。阴阳合在一起，合出来这样一个丹、一个果实。离开天不行，离开地也不行。所以丹是阴阳和合、天地相交合以后的产物，是结果，丹是天地精微能量的聚集。

2. 精气神

太极内功修为要拿住丹田，要拿住我们生命能量的那个聚集点。生命能量的精华聚集到那一点上，就是丹。生命能量这一点是怎么聚集出来的？人的生命能量体现在人的三宝——精、气、神。太极内功修为就是要拿住这三宝，不但要拿住它们，还要把它们统合在一起，把这个精微能量聚集到一个点上，我们说那就是丹。精气神是人生命能量的体现。这里要注意，所谓能量不是实有一个东西叫能量，它是虚而实的，是由无生出的有。

精气神三者之间的关系，道家的修为说得很清楚，炼精化气、炼气化神、炼神还虚，这是一个化合、相互转化的过程。也就是说，这三个要素实际上是分而合之的，是互为其根的，是谁也离不开谁的。

对于精气神三者之间的关系，还要从“人”这个字来理解。人字，一撇一捺，也就是一内一外，一个是无形的心，一个是有形的身，这是人。身心合一以后，才合出我们这个人。每个人都有无形的心和有形的身，没有一个例外。有形的身是精。无形的心是神。大家经常用精神这个词，比如说这个人活得很有精神，精神十足。什么是精神？就是身心合一，一个心、一个身；一个神、一个精。精体现在有形的身上，是不是精就是有形的身呢？也是也不是。

精是什么？精是构成生命、构成生命能量的基础物质。有形的身是它的一个具体体现。身有多少物质呢？科学家提出来了有骨、肉、皮，有细胞，还有维生素、蛋白质、脂肪等，这是不是精？是，它们都是物质。是不是就是它们呢？不是。我估计还有很多种，只是现在科学仪器无法分析出来。但是古人高明地告诉我们，精是物质，一下就概括了。

随着科技的发展，物质会越剖析越细微，这也是在验证古人的精气神理论。所以太极学说、太极的阴阳理论和现代科学不矛盾。总之，精是物质，是构成了生命能量的基础。

神是什么？是意识。一个物质、一个意识；一个神、一个精；一个心、一个身，这两个谁也离不开谁，离开了物质，意识没有载体；离开了意识，物质就是一堆死肉，就是一个空壳。所以物质和意识是相互为根、相互转化、相互作用的，它们产生了相互之间的作用和反作用。物质决定意识，意识返回来也决定着物质，谁也离不开谁。

凡是物质都是可测、可量、可感、可知，也就是它是有形的。虽然意识是一种形态，但是它是意、是虚的。人的生命就是一个身、一个心；一个精、一个神；一个物质、一个意识；一个形、一个意。

太极内功修为要求什么呢？通过有形的身求无形的意。为什么？就是为了要让物质跟意识、精和神、身和心能够合二而一，统一成一个完整的一体，让我们的生命形成一个完整体，进而把握在自己的手里。

形跟意，形是实的，意是虚的，一个虚、一个实。虚、实是太极内功修为很重要的一个理论认知。杨班侯在《虚实诀》一文中一针见血地指出：“练拳不谙虚实理，枉费工夫终无成”。对虚、实不理解，修为太极内功就是一句空话。实际上对丹田这个概念的认知，离不开虚、实之理。虚、实，归根结底，就是一个无、一个有。也就是说，丹田是由两个部分组成——精与神、物质与意识、形与意、虚与实、有与无。

要做到生命能量的低耗，而且还要高效，这就要让天地那自然的无穷无尽的能量为我所用。怎么用？天为上，上接天之气；地为下，下接地之力。

天是气、地是力，一上一下，具体展示出来的都是动力的作用，都是一种动力的能量。天之气所产生的作用就是力——风力；无形无象、虚而不屈，无法把握，但它们动而愈出，说有就有。所以气和力是一回事，是合一的，是不可分的。而且，它们起到的都是动力能量的作用。

天气、地力都是看不见摸不着的，但动而愈出。天是静，它的动是静中的动。地的动是动力转化的结果，每个有形的物体都能真实地感觉到地力的存在和作用，它是动中的静。一个是静中动，一个是动中静，一个是不动之动，一个是动之不动。也就是说，动和静一分一合，动分静合，实际上动静是合一的。我们说拿住丹田，实际上就是拿住我们的身与心、内与外、精与神、意与形、虚与实、上与下、天与地，实际上就是一阴一阳。丹田就是身心一统，内外兼备，阴阳相济。

拿住丹田就是阴阳相济。阴阳相济就表现在动与静、有与无、虚与实、形与意、上与下、内与外。它们是分而合，一合，合出了太极，合出了一个“中和”。所以说，丹田就是道，道就是丹田。

丹田就是所有生命本原的能量，就是我们的元气——炁。对于人来说，精和神最后化为气，这个过程就是丹田的真实所在，也是丹田运转的结果。

3. 精神的力量

对拿住丹田的认知，我给大家强调两点，第一，也就是《十三势行工心解》所说，“精神能提得起，则无迟重之虞”，同时告诉我们，“全身意在精神，不在气，在气则滞”。前面提到精气神，气是能量的具体体现，怎么又说意在精神，不在气呢？

很多学生问我，这句话对不对？千真万确。在拿住丹田练内功的过程当中，拿住丹田要拿住什么？意在精神，不在气。为什么？因为精与神，最后它们化合为气，气是结果。就气练气练不出来，练的是精和神。不能够拿着结果去练结果，我们要的是结果，但是这个结果不是就结果能够练出来的。

拿住丹田是拿住什么？拿住精神，“精神能提得起，则无迟重之虞”。我们要相信，精神产生了一个天地之间无穷的，取之不尽、用之不竭的真正的动力，也就是精神的力量。

我们的修炼最后要练出一种精气神，练出一种精神力量。为什么说战争胜负的关键在人，关键在精神，而不在核武器，在精神原子弹。精神力量是不可战胜的，是无穷的。人一定要有精神。

我们修内功主要是练精神，目的是要拥有强大的精神的力量，培养自己一往无前、百折不挠、虚而不屈的精神。因为，整个生命运行过程中，离不开精神的力量。

太极内功拿住丹田，最后就是拿住了精神力量。前人告诉我们“内固精神、外示安逸”。我在这儿告诉大家，拿住丹田的两个关键，第一，意在精神，不在气。这是修为的一个要点。现在很多人都在练气。先天一炁、元气是结果，是精和神两者分而合的一个结果。就气练气，练不出来。很多人练了许久，不从精和神入手，不从身和心、虚和实、动和静入手，修炼的结果只能是一场空。

第二，拿住丹田最后的结果是“人和”。我们经常说，成功有三个要素：天时、地利、人和。怎么理解人和？有的人理解人和是怎么去和别人相和，这个理解没错。但是，人和的真正内涵是什么？我和别人的和是结果，那不是修内功要练的，就跟“意在精神，不在气”一样。人和的真正内涵在于人怎么跟天地相和，是我和天地和。

人和是我怎么去合天合地，怎么做到人法地、地法天、天法道，道法自然，能够做到天地人三才和。天地合在哪儿？合在

“我”这儿。怎么就合在“我”这儿呢？把“我”化了，天地是永恒本原的，化了“我”以后就和天地相合了。拿住丹田练内功就要把“我”化掉，和天地相和。天地一相和，上下则天气与地力合，最后得到一个人和。

人和不是去和别人，而是和自己、练自己。当自己达到中和以后，把自己和天地融合在“一”上，就能够真正在天地人这三者之间重新塑造一个合道的、合天合地的一个无而有的真我。这个“我”就是太极，这是拿住丹田练内功最终要实现的一个目标。

当无了“我”以后，无出一个真有，有了先天一炁。生命在于什么？生命不是体现在胳膊腿上，不是体现在有形的身体上，而是体现在生命的能量上。所谓人活一口气，内练一口气，就是拿住丹田练内功的真义。

拿住丹田不只是理论上的认知，还要把这个概念真的能够在自己的身心当中得到一个真实的体悟。我们不是搞理论研究，而是用理论来指导实践，要应用理论为实证实修提供指导。

过去曾讲过，人的身体分上、中、下三个丹田，这三个具体位置是不是丹田？它们是丹田，但是，这是为了在有形身体当中把理论认知得到一种真实的体悟。丹田本身是虚的，要把它得到一个真实的体悟，就不能在虚上加虚，要在虚当中去求实，在实当中去找到这个虚的理论认知的真实体悟。

4. 拿住丹田的四个要素

如何才能拿住丹田，在修为当中怎样将理论的理解变成身体真实的体悟呢？根据我几十年的太极内功修为，归结了四个要素，通过修习四个要素去体悟丹田的真实作用。

第一，得其环中。丹田这个概念是道家内丹修为提出的概念，以我的理解，它的理论基础是源于“环中论”。“环中”概念出自庄子，他根据宇宙运行、阴阳变化的规律，告诉我们“得其环中，以应无穷”。也就是宇宙万物所有变化，不出一阴一阳。“一阴一阳之谓道”，所有的变化都是阴阳开合的变化。庄子提出的“环中”概念，一个环、一个中，可称为“环中论”。

道家具体的修为，包括丹田的概念，离不开环中。在太极内功的修为当中，环中是我们修为的一个关键。说到环和中，前人说“能得枢纽环中窍，自然动静互为根”，杨班侯大师也告诉我们：“欲知环中法何在，发落点对即成功。”所以，环中论是太极内功修为很重要的一个理论支撑。

第二，动分静合。张三丰《太极拳经歌诀》告诉我们：“拿住丹田练内功，哼哈二气妙无穷。动分静合屈伸就，缓应急随理贯通。”

现在有人通过考证认为，王宗岳的《太极拳论》是对《太极拳经歌诀》的解读。王宗岳的《太极拳论》第一句话告诉我们：“太极者，无极而生，阴阳之母也。动之则分，静之则合。”这就是动分静合；“无过不及，随屈就伸。”这是讲屈伸。“动急则急应，动缓则缓随。”对应的是“缓应急随理贯通”。当然我们不是搞历史研究的，我们不去考证这个说法是否准确，但是，在修为太极内功过程中，遵循“动分静合”这个主旨，就把握住了拿住丹田这个总纲领。

第三，变转虚实。前面讲了，“练拳不谙虚实理，枉费工夫终无成”。《太极拳经》上也告诉我们，“一处有一处虚实，处处总此一虚实”。练太极内功很重要的一个要求，就是要分清虚实。杨氏太极拳前辈杨澄甫很明确地把分清虚实作为太极内功修为的第一要义——“以分虚实为第一义”。虚实分不清，拿住丹田练内功就是一句空话。只有分清了虚实，才能把虚实合一。怎么就叫合一了？虚的实了，实的虚了，虚实合一了，也就是说变转虚实了。

《十三势歌诀》也告诉我们：“十三总势莫轻视，命意源头在腰隙。变转虚实须留意，气遍身躯不稍滞。”通过练内功，最后要精、神合出一气，做到“气遍身躯不稍滞”，所以变转虚实很重要。

第四，阴阳相济。通过得其环中、动分静合、虚实变转，最后我们就拿住了丹田，拿住丹田就拿住了阴阳。怎么就拿住了阴阳？相济了，阴不离阳、阳不离阴，阴阳相济，合一了。所以在练拿住丹田的内功修为当中，要牢牢地遵循和把握住得其环中、动分静合、变转虚实、阴阳相济。

5. 四得：得中、得一、得气、得劲

拿住丹田练内功会得出一个什么样的结果？能不能检验？有没有一个明确的结果告诉我们拿住了？有，“四得”。

第一，“得中”。在拳修当中，前人很明确地告诉我们：“得中用中，妙用无穷。”我们要“因敌变化示神奇”，要有“四两拨千斤”之妙，妙在哪儿？就妙在了得中、用中上。太极内功的修为，判断是不是拿住了丹田，就是看是不是“得中”了。

第二，“得一”。“动分静合屈伸就”，这是讲一动一静要合。怎么就叫动分静合了呢？合二而一了，动和静这是两个状态，但是做到了动中静、静中动，动和静就谁也离不开谁了。凡是要动的时候，动里面一定有一个主宰的静；凡是静的时候，一定能静出来一个内在之动。动静由此合二而一。

宇宙万物无非对立的一个阴一个阳，这两个谁都离不开谁，怎么拿住这两个呢？只要“得一”就拿住了。不但是你，宇宙万

物也是如此，“天得一以清，地得一以宁，神得一以灵，谷得一以盈，万物得一以生，侯王得一而以为正”。宇宙万物能不能发展、变化、成功，能不能遵循合道，关键是能不能合二而一。动分静合的结果是“得一”。

第三，“得气”。具体来说，“变转虚实须留意”。“得一”，一者，意也。一个阴一个阳、一个黑一个白，一合以后是只可意会。得一怎么能够意会呢？就是“变转虚实须留意”，虚实变转当中就要用这个意了。用了意以后，虚实一变转，虚的实了、实的虚了，最后得出一个“气遍身躯不稍滞”，也就是“得气”了。

第四，“得劲”。得其环中是“得中”，动分静合是“得一”，变转虚实是“得气”。太极内功最终的结果是阴阳相济，阴阳相济怎么体现？“阴阳相济，方为懂劲”。作为具体的内功修为来说，拿住丹田练内功唯一的检验标准是“得劲”——精神的内力，表现在有一个使不完的劲。

拿住丹田练内功，我们要一步一步地得中、得一、得气，最后要得劲。练太极内功，丹田拿没拿住，最后就是看得劲了没有。能做到阴阳相济，方为懂劲，阴不离阳、阳不离阴，要用意不用气、不用力，最后用劲。难拿的是这个劲。

6. 空、整、沉、灵

得没得中，归结到一个字上，你是不是“空”了——中空，中的属性是空，所以得中是空。

得一，合二而一，两个对立的东西统一在一起了，最后得到了一个完整体——浑然一体，完整了。我们往往是从局部看待问题。任何一个事物都离不开它的整体，整体意识就是太极意识，就是把对立的两个部分合到“一”上，得一是整。

得气，只要得了气，就会气沉丹田。气的属性是沉。要想知道得没得气，就看有没有沉的感觉。沉和重是有区别的，重是可量的，沉是可意会不可言说，是一种真实的虚而实、无而有的东西。沉有两面，一个是虚、一个是实，它是虚实合出来的。所以，得气一个重要的标准，就是出沉了。

太极内功修为拿住丹田练阴阳相济，阴不离阳、阳不离阴，阴阳相济得劲了。得劲以后，出来一个什么？灵、灵性，最后我们会得到一个灵性。

阴阳相济，方为懂劲，懂劲后越来越接近阶及神明。神明是什么？灵性的反应，不判断、不思维，没有自我的意识。有意无意，有没有？有，天地之真意，一定有。但是无了我意，没有了我自己以为的想法，这个时候你所有的动作、所表现出来的反应，都是自然而然的灵性的反应。也就是说，最后通过法合了道，道法回到了自然的状态——灵性。

拿住丹田是练内功的总纲，我们抓住四个修为的核心主旨——得其环中、动分静合、变转虚实、阴阳相济，最终有四个检验标准，就是空、整、沉、灵。现在我们还停留在理论的认知上。太极内功修为实际上包含两个方面，一个是理论的认知和把握，一个是具体的实修实证过程。两个方面都是怎么练的核心内容，练功离开了正确理论的指导，就是盲练、瞎练。练功就是对于理论的实修实证。

7. 一动无有不动

拿住丹田练内功这个总纲的理论内涵，明白了以后，再进入内功八法的具体修为。内功八法作为终极桩功，在修为过程当中，如何实修实证拿住丹田练内功这个总纲？

下面分两个部分进行讲解，第一个是怎样拿住丹田，第二个是如何检验和运用拿住丹田。

前面讲到，内功修为要达到益寿延年这样一个终极目标，要想益寿延年，就得做到低耗高效——太极内功就是要达到低耗高效，我们必须要高效。但是高效高耗这是我们不希望的，因为生命能量是有限的，过早耗完了，人的生命就结束了。我们既要充分地把生命能量用在所有该用的地方，达到最高的效率，还要节省它。

怎样达到低耗高效？借助天地的能量，天地之气实际上都是产生这个能量的源泉。能量最终用在哪儿？用在动上、动力上。我们做所有的事情，都要用力，气是力，大地的重力也是力，你要想借用它很重要的一个原则，就是要得势，通过势的转化才能释放出能量。

通过“化”，势能才会转成动能，动能才可提供动力，它只遵循一个路径，自上而下。水是自上而下，高下相倾。气也是由高向低，才能产生力。所以，我们在高效完成所有动作变化的过程当中，就要遵循自上而下、由势能转化成动能这一原则。可是我们很多动作的完成是由下而上的。这不是矛盾的吗？我们怎么在由下而上完成动作的时候，还要遵循自上而下的得势来进行能量转换，从而降低能量的消耗？

如果不能够遵循由上而下借助天地势能的转化，我们由下而上所有的变化过程，都要高耗自己的能量。我们要低耗就得要遵从自上而下原则，所以在内功八法修为当中要解决这个问题。

如何做到既遵循这个本原的规律，又要高效地完成所有该完成的动作？我们修习内功八法，须遵循两篇拳论作为重要的理论支撑，一篇是《打手歌》:“掤捋挤按须认真，上下相随人难进。任他巨力来打我，牵动四两拨千斤。引进落空合即出，粘黏连随不丢顶。”一篇是张三丰的《太极拳经歌诀》:“拿住丹田练内劲，哼哈二气妙无穷。动分静合屈伸就，缓应急随理贯通。”这两篇拳论是太极内功八法修为的重要理论基础，我们要遵循它们来修为。

要想既遵循得机得势——由高向低借用天地给我们的自然能量，又要完成由低向高这个动作要求，怎么办？只此华山一条路，拿住丹田。具体到修为过程当中是怎么把握和体现的呢？

我给大家画一个图，刚才说得其环中，外面一个环，里面中间部分代表中——环和中的关系。

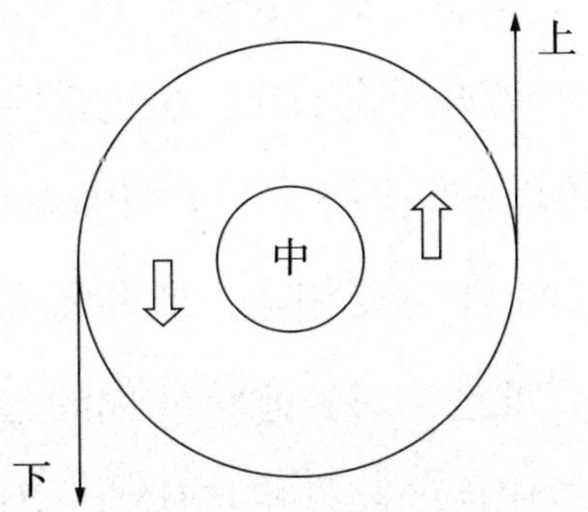

图 4–1　环中示意图

现在我们要完成一个动作，比如说太极起势。太极起势是由下往上的动作——要起这个势，就要从下往上起。如果用自己身体的能量做这个动作就要用力，因为用自己身体的力就要消耗自己的身体能量，在起的过程当中就会出现什么？对方的力比你大，你就起不来，你就得要用比他更大的力才能起来，这样会消耗更大的能量。

怎么能够做到低耗高效，这个起势是由下向上起，我们怎么办呢？反向求。反向求怎么求呢？如图 4-1，右侧是由下向上，我从它的另外一面（左侧）由上往下，大家会发现，这就像一个杠杆，要想右侧起来，左侧就得落下去。大家都玩过跷跷板，左边压起来，右边就得落下，右上左下……往复循环。所以我们在起的过程当中，要想做好这个起势——由下向上起，就得反向求，由上往下落。如果左是起，那右就要落，此两者同出。

刚才讲了《打手歌》:“掤捋挤按须认真，上下相随人难进。任他巨力来打我，牵动四两拨千斤。引进落空合即出，粘黏连随不丢顶。”其中一句就告诉我们“上下相随人难进”，右侧是上的话，左侧就得要下。上跟下要相随，此两者同出才叫相随。上下相随以后，人为什么难进？对方想堵住你的起，你的动力源不是起而是落，对方想按住你的起是按不住的，因为你的动力是通过落得到了这个起。你把上跟下“此两者同”出了，这才是《打手歌》中讲的“上下相随人难进”。

现在有一个问题，上下相随中有一个上一个下，例如右上左下是二，这两个不一定能真正相随，有时右上多了，左下少了；有时左下快了，右上慢了。怎样做到右上左下此两者同出，用环转：环一转右就上来了，同时左就下来了，最后我们发现是环在转，右上左下、上下相随是结果。

环怎样就转了？关键在“中”上。当这个轮一拨，这个环就转了，环一转就产生了一个上下相随。因此，要做到上下相随，其中的上与下，它们两个都是不动，都是静出来的动。谁动呢？上也不动，下也不动，是中动。中一动就是上下相随。因此，只有抓住环中、枢纽的关系，才能做到上下相随，上与下之动异而同出。

抓住中、得了中以后，环就既能上又能下，上下就真的相随了。所以修炼内功关键要修为出“中”，不管这个环怎么动，上也好、下也好、左也好、右也好，怎么动都是结果，只有一个动，就是中动，这个中是丹。我们只要找到中，一动就是中动，没有第二个动。

“一动无有不动”，不是练一动就乱动。是其他都不动，只有中这“一”动，中一动所有的都动；中一不动，所有的都不动。大道至简，动也好，不动也好，都决定于这个“一”。“一”就是丹、丹田。拿住丹田就拿住了这个“一”。

8. 中与重

前面无极桩功给大家讲过上中下三个丹田，现在我们要拿住的丹田通常指下丹田。作为整个人身来说，下丹田是指中。中是真正的平衡。五阴五阳是平，但是中这个平，绝不是数量的五对五，而是一种平的结果。

平在具体应用当中怎么体现五对五？是不平而平，两个不一样，偏沉则随，才有动力。两个一样不分叫双重。怎么偏沉才能偏的最合适，有没有规律？有，前人利用太极阴阳学说指出，在生活、事业、生命当中要能保持住平衡，一定不是五个数对五个数，而是三七开。三比七而立如平准，是最平衡的，而且平出来一个随偏就屈、静而生动的最佳状态。

前人讲的三七开，正是人身体三比七的一个点。例如内功修为三个丹田，上丹田在印堂，是头部的三比七；中丹田由肩到胯，也是三比七；下丹田则是人身的三比七之点。前人用太极阴阳学说总结的宇宙运化规律，多少年之后由西方科学的黄金分割定律得到了印证，黄金分割率0.618，基本上就趋近于三七开。

我们从无极桩功开始就在这个下丹田做文章。静桩功对丹田有了把握以后，在开合动桩功当中讲了一个很重要的概念就是开合，一开一合即为拳。具体在修为过程当中，拿住丹田练内功，就是拿住中重的开合。

重是什么？无极桩功十八个部位合出一个重锤，这个重锤是虚的，是没有的，但是这个重锤要虚而实之，要求出一个真实来，感觉到那个虚的重锤真实地在裆下沉垂着，因为它就是大地的重力的体现，这就是重。

大地的重力看不见摸不着，我们管它叫气——阴阳二气，它看不见摸不着，但它说有就有，并且作用在每个有形的、有组织的物体上。只要有身体，重力就在这儿。这就是说，人要利用地球的重力、用它的能量，就不能离开身体。凡是有组织的有形的物体，都会受到地球的重力作用，每一部分受到重力作用，都有一个作用点，那个作用点叫重心。因此，人的身体不是铁板一块，是有上有下、有头有脚，每一个部分，包括耳朵都受到重力的作用，它都有自己的重心——左手有左手的，右脚有右脚的，但是现在我们要把身体合成一个完整体——“总须完整一气”的体，我们就得合出一个重心来，把分着的合到一起。

怎么合到一起？不是把自己焊成一块铁板，是用意把身体全部松通了，才能松出来一个真实的感觉，这个感觉就是总的重心。它的真实体现在哪儿？就体现在中吊着的这个重锤上。我们进行无极桩功修为，就是为了得到它。

为什么太极内功修为要坚持一个中心、三个基本点，即中正安舒，静心凝神，呼吸自然，周身松通？因为周身不松通，就无法把全身分散开的各个单重合成一个总重心，所以必须周身松通。如果身体局部在用力的话，就体会不到总重心的真实，就会产生对抗。这个总重心是一个虚而实的东西，修习内功要把它真实，只能用意，不用力，这是一个前提。如果心不静、神不宁，神一散乱，那就不能够用意感受到它的真实。因此，我所传承的太极桩功，从我的师爷和我父亲开始，提出内功修为要坚持一个中心、三个基本点，这不是他们瞎说的，而是在实践当中提炼总结的，只有这样修习内功，才能够真的拿住丹田。

二、拿住丹田的两个功法

1. 拿住丹田的三大关键

拿住丹田练内功，从我所传承的太极内功修为当中，有两个具体功法。在讲两个功法之前，我先给大家强调一下，在两个具体功法修习过程中，需要牢牢把握三大关键。只有把握住这三大关键，并运用它，才真的能够将拿住丹田在身上得到落实。拿住丹田的三大关键是什么？

第一个关键是意守丹田。不能够做到意守丹田，丹田就没有拿住。在两个具体功法当中，意守丹田是意守下丹田。前面给大家讲过，丹田是道家内丹功修为一个重要的概念，道家内丹功把丹田在人的有形身体上找到三个实处，分出上中下三个丹田。在无极桩功当中给大家讲过，人体分有三腔、三个穴、三个丹田——上丹田、中丹田、下丹田。在具体功法修为当中，是守上丹田、中丹田，还是下丹田呢？这点一定要明确，意守的一定是下丹田。

有同学会问："有三个丹田，为什么要意守下丹田？为什么不守中丹田呢？"这要具体到人之一身来说。下丹田是人之"中"所在，"中"在脐下三指。前面给大家讲过，作为内功修为来说，这个地方是我们的下丹田，它是一个黄金分割点，是人之中。下丹田不但是人之中，还是人的重心所在，而且这个重心是人的总重心。一个正常的人、一个完整的人，总重心就在下丹田。

前面给大家讲了，每一个有形的物体都受到重力的作用，因此都有一个重心——上肢有上肢的重心，头有头的重心，脚有脚的重心，但是作为一个完整的人，上有手、下有脚，上有肩、下有胯，我们要分而合之，把自己合到一上。也就是说，这些重心，不管是哪一个重心，都是局部的，要把我这个人完整地拿起来，拿到自己的手上，拿哪儿？下丹田。

这就像拿衣服要提着衣领，为什么？因为衣服的中和重正好在领子这里，一提衣领，整个衣服就全拿起来了。我们要把自己完整地拿起来，就要拿下丹田，因为它既是中，又是重。每个人都有两个心，一个中心、一个重心，二心合一心，合在哪儿？下丹田。所以意守要守下丹田，守下丹田既守住了我们的中心，也守住了重心。

为什么意守下丹田？因为下丹田是人的生命之机，是人体的发动机，是气机所在。我们把有形身体比作一辆汽车，汽车的动力是从发动机来，发动机把汽油压缩成气体，给汽车提供了动力。人所有的运动、生命的运行，动力从哪儿来？下丹田这个发动机。这个地方是人的元精所在，它是元精之府、精府。在这里要把精化成气，像汽车一样，提供整个生命运转过程当中的动力。我们就要意守下丹田。这是第一个关键。

第二个关键是上下相随。在意守下丹田的基础上，还要牢牢把握住第二个关键，上下相随。也就是既要能够分上下，又要做到上下相随。若能做到上下相随，那丹田就拿住了。做不到上下相随，拿住丹田就是一句空话。所以拿住丹田要做到上下相随。

怎么理解上下相随？杨班侯大师的《乱环诀》第一句话就告诉我们："乱环术法最难通，上下随合妙无穷。"为什么做到上下随合就妙无穷了呢？《打手歌》第一句话讲："掤捋挤按须认真，上下相随人难进。"为什么人难进，而且么能立于不败之地？不在别人，就在你不管运用什么样的招式、什么样的功法，始终要做到上下相随，上下相随是修为过程拿住丹田的重中之重。

什么是上下？我们说的上下，是指上天下地，指的是天地。我们只有做到天和地这两个一上一下分得很清楚，才能相随。

《老谱》当中有一篇叫《太极上下名天地》讲:“四手上下分天地，採挒肘靠有由去，採天靠地相应求，何患上下不既济。”这句话什么意思呢?《打手歌》说“掤捋挤按须认真”,《太极上下名天地》说“四手上下分天地”，四手是什么?四正手。四正是什么?掤捋挤按。做掤捋挤按干什么?就是要做到分天地，分出上下来，而且要做到上下相随。也就是说，不是做一个掤捋挤按的动作，而是要分天地、分上下，并且做到上下相随。

相随怎么理解?相是相互，上和下、天和地之间的关系。关键是对“随”字的理解。太极内功很重视“粘黏连随”，通过前面的“粘黏连”，最后要落实到“随”上。太极内功最后体现在“随”上。

拿不拿得住丹田，最后用什么来检验?随。随的重要性就在这里。上下是分，分上下了。相随是什么?相随是合，随是合，随合随合。合不是静止不动，是动分静合，动和静是合一的。所谓合是随，上和下能够随了，就是合了。所谓合是静，静是动过程当中随合的结果，千万不要把静理解为不动。动就是静、静就是动，动静是合一的。当上开的时候，下就要随着上要开；下要合的时候，上就要随着下要合。

阴阳要分清，上是天、下是地，上天为阳、下地为阴。分清上阳下阴，阴阳要随合，合是太极。上下相随这四个字就体现出分阴阳、合太极。太极内功的修为就是要分阴阳、合太极，动分静合。因此，我们要把上下相随作为具体修为的一个关键。

为什么我们拿住丹田练内功要从上下相随来具体把握，其他相随不行吗？其实宇宙万物只有上下是有，其他都是无。老子告诉我们“有无相生”。在宇宙万物当中，只有天地是“有”，它们是永恒的，其他都是因为有天有地以后，无而生出来的有。只要拿住这个有——有天有地、有上有下，就能无而生出来其他无数的有。

比如说有前有后。老子在“六相诀”当中讲的是“有无相生，难易相成，高下相倾，前后相随”。老子没讲“上下相随”，我曾经问过我父亲，我们练拳要上下相随，老子说前后相随，它们之间是什么关系？当时我不明白，后来知道了，前后相随是因为上下相随，有了上、有了下以后才有了前后相随。上下相随指的是阴阳之道，前后相随是道下之理。

本来没有前后，有了我、有了物才有前后。有了我的胸和背才分了前后。又比如我们的手举起来，手心是前，手背是后——一前一后。手心所冲的方向就是前，手背的方向是后。分了前后了吗？确定吗？那好，现在手一转，翻手为云、覆手为雨，后跑到哪儿去了？刚才的后现在是前，刚才的前是后。本来就没有前后，因为有了我才分了前后。可见前后左右，都是因为有上下天地以后，无而生出来的一个有。

第三个关键是前后相随。在意守下丹田这个关键的基础上，我们还要抓住上下相随这个关键。但是，要想真的能够做到上下相随，还有一个关键，就是前后相随。老子讲过，本来没有前后，但要分出前后来，分清楚前后，我们还要做到前与后两个谁也不离开谁，即前不离后、后不离前。

为什么要做到前与后这两个不离？上天下地，这是一，不管走到任何地方，上下这两个一定是确定的，没有变化。上下是唯一的、是定的。我们经常说，做事一定要怎么样。“一定”这个关键词就是定“一”，你定“一”就一定了。定“一”，这“一”是哪儿？天地之间这一竖是“一”，这是定的。不管我到任何地方去，总是在地球上、在天地之间，它永远就是一、唯一。前后可不是了，前后左右是有变化的，是可以变的。有多少前后呢？无数个。

前面讲了，我们要低耗高效，就要借用大地源源不断供给我们的重力势能，所以在所有变化过程中，归根结底，就是重力势能的转换、变化（见图 4–2）。

重力势能怎么变化？在天地之间，重力永远是垂直向下的。上天提供的就是这个重力。在无极桩功修炼中，要把它合到一个重锤上。我们要做到上下相随，上要开、下就要落，上要合、下就要提，所以一开一合、一提一落，这是上下相随。归根结底，中重开合、重锤提落。重锤向中而提，是向上；重锤由中而落，是向下。

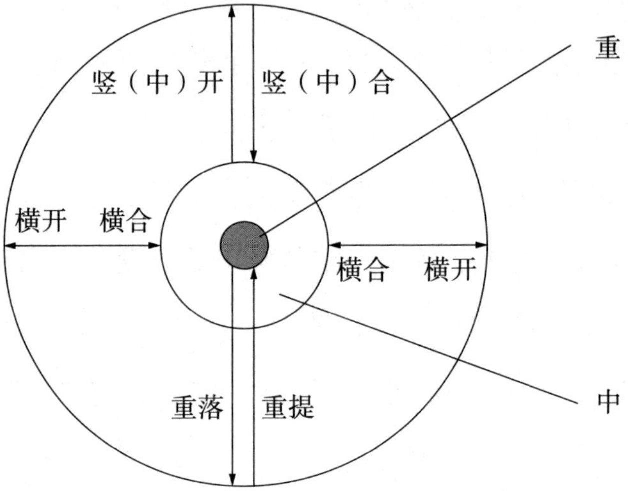

4–2 横竖开合示意图

谁来决定重锤的提落？由前后决定。我们所修的太极内功，对于重锤的提落是依靠前后相随，也就是前后的开合。

上下垂直是一竖，那前后就是一横。重锤的提落和中重的开合，中是定的，重锤的提落是动的、是变的。怎么提落重锤？横的开合。因为“中”是竖和横的相交点，中心、重心都在这里。重锤的提落变化就是前后相随。当重锤跟“中”合一的时候，就是中重合一。

现在要把重锤落下来，也就是竖要开，上下相随，上也要开；同时，竖开横合，前后之横向中而合。重锤要上提，上要向下合，中重相合；同时，竖合横开，前后之横由中而开。重锤上下提落全靠前后之横的开合决定。

小结一下，拿住丹田主要内容是一二三四。一是一个总纲，就是拿住丹田练内功这一个总纲。二是两个具体功法，拿住丹田要修两个具体功法。三是要牢牢把握住三大关键：意守丹田、上下相随、前后相随。四是拿住丹田的四个要素：得其环中、动分静合、变转虚实、阴阳相济。

2. 拿住丹田第一个具体功法：抱球势

下面讲两个具体功法。

两个功法中一个主要的功法是“抱球势”。有同学会说：“李老师，这个抱球势在浑圆桩功中讲过了，动作很简单，还有什么可以讲的吗？”浑圆桩功的抱球势只是初步的介绍，或者说是为内功八法抱球势铺垫。两种功法的抱球势有着相同之处，也有着根本不同。

内功八法的“抱球势”和浑圆桩功的“抱球势”，这三个字完全一样，大家一定要注意，虽然都是抱球势，但是内涵却不完全相同。那同在什么地方？同在形，它的基本形态是相同的，都是抱球的形态，表现形式没有不同。这是第一个同，形态相同。

内功八法抱球势从预备势到起势，最后形成到抱球势。浑圆桩功的抱球势也是从预备势开始，然后经过起势到抱球势。它们都是由预备势到起势，最后完成了整个抱球势。这是第二个同——步骤相同。

那不同在什么地方？就是形同意不同。也就是说，同形不同意——同样的形态，但是所蕴含的内里的意是不完全相同的。我们重点要从意上来进行区分和讲解。太极内功修为，修的是形变意不变，形不变意变，总是一个变一个不变，形和意永远相反相成。

前面给大家反复强调过，太极内功的修为，归根结底修的是两者之间的关系，“虽变化万端，其理为一”。“一”的理在哪儿？在“关系”二字。

太极内功是练能，太极内功要修出一种正确地运用和处理关系的能力。其实不只是太极内功，一个人有没有能力，关键就在于他能不能处理好各种各样的关系。关系是复杂的、万变的，但是处理关系所要把握的却是一个有规律性的常理，只要把握住这个常理之“常”，就能从容应对任何复杂的关系。所以，一个人要想生命圆满，要想生活顺利，要想事业成功，关键就看处理关系的能力。

3. 什么是关系

内功八法，从预备势开始，就是要正确处理“形与意”两者之间的关系。

这里多说两句。“关系”这个词，大家一点儿都不陌生，生活当中经常会脱口而出，比如朋友关系、夫妻关系、父子关系，买卖关系等。但是对于“关系”这个词，它的内涵到底是什么？什么是关？我们说把门关上，也就是把两个物体向一块合，合二而一就是关。什么是系？过去把门关上以后，还要给它系上，用什么系呢？过去家里的门有个门键，门关上以后还要把它给键上，插一根插杆儿。这是有形的关和系。其实不只是两个有形物体之间存在关和系，凡是对立的两个部分，都有相互之间的关和系，这个关和系不是肉眼所见，不是手能够摸到，是无形无象的，但是它们存在着一种真实的、内在的联系。我们就从这儿入手来明理。太极内功所修炼的关系是寻求对立的两个部分它们内在的联系，这是修为的关键。

为什么要强调这一点，因为很多人修为太极拳几年、十几年、几十年，甚至一生都没有解决太极内功当中应该解决和握住的关系，没有认识和把握阴阳两者的动之则分、静之则合的分与合的关系。正是因为事物都存在这种内在的关系，而且这内在的关系决定了它们的变化。

太极内功就是修阴和阳两者的分阴阳、合太极——两个对立部分之间的关系。具体到功法修为，阴和阳就体现在“形和意”上，通过“形和意”两者之间的关和系来把握它们的变化规律，去掌握它们内在如何主宰着变化。

所以，我们既不是修阴，也不是修阳；既不是仅求得阴，也不是仅求得阳，而是阴阳两者之间存在的内在联系。

在内功八法当中，我们是通过“形和意”——一个有形有象、看得见摸得着的身体，和内在的、看不见摸不着的意，来求得它们之间密不可分的联系。大家一定要记住，我们修为的太极内功，特别是内功八法，绝不是只修形，也绝不是只修意，是通过形要修这个意，通过意要完善我们的形。这是我所传承的太极内功一个非常重要的修为法门。

很多人也讲修心，要这个就不要那个。我们怎么修心？心是看不见摸不着的，我们是用自己的身体来修这个心，把看不见摸不着的心落在一个实处。心是虚的，怎么把虚的心实了呢？前人告诉我们，只要把实的虚了，那个虚的就实了。所以，我们修身是为了修心，怎么修？只要把这个有的形，有而回无，实而修虚，那个心就在修为的结果当中了。我们绝不是就心修心，离开己身无物可求。但是，执着己身更为不妥，就这个身体修这个身体，这不是太极内功修为的主旨。

很多同学存在一个误区，或者是就身体修身体，或者是离开身体去修一个空洞的意。我们要修的是身与意的关系，求的是两者之间。太极在哪儿？太极就在两者之间，是执两用中。也就是两者之间有一个点，这个点是把对立的两点合二而一了。这一点就是我们所求的太极，也就是要求得的“中”。当合到一个最平的状态的时候，我们就得中了。

4. 三知：知足、知止、知常

我所传承的太极拳，《老谱》称之为知觉运动，必须要从“知觉”两个字入手。“知觉”的是知什么？很关键的一点是“知常”。老子告诉我们，要“复命归根”，“复命曰常，知常曰明”，太极内功的修为最后“由着熟而渐悟懂劲，由懂劲而阶及神明”，最后修的就是一个“明”，明心见性。我们修太极内功，练内功八法，就要明白地练、练的明白，最后归结一个字叫“明”。明什么？知常。老子说“不知常，妄作凶”。这个常就是理。为什么我们所有的修为都在讲一个理，包括内功功法，练了半天目的是什么？就是通过这个具体功法明这个理，而且这个理是常理。常理就是宇宙万事万物的根本规律。它所揭示的道理，是不可违背的，是要守常的，要知常而守常。

怎么叫活得明白？要做到“三知”。这三个知是太极内功八法修为要遵守的常理。三知是知足、知止、知常。这三知既是太极内功八法修为要遵守的一个法则，也是人生的大智慧，要想人生圆满，就要做到这三知——在你生命运行过程当中去遵守和落实它。

我们常说知足常乐，因为人生十有八九不满足。在不满足的过程中我们去知足，永远能够让自己向着更高的目标前进，它形成了一个强大的推动力，这样自己心里面常乐，内心永远是愉悦的。

我们说知止，知止而后有定，该止住的时候得能止住。比如一部汽车，它的各种性能非常好，起步也非常快，就是该停的时候停不下来，这个汽车有用吗？所以说要能让自己安静、平稳下来，这样在面对各种复杂变化的时候，才能应对自如。现在很多做股票、做投资理财的人，就是不知止，该止损不止，贪得无厌，既不知足又不知止，那他不失败谁失败啊！

再说这知常，刚才说“常”是常理、常规，宇宙万事万物的发展总有自己内在的本原的规律，你不要异想天开，也不要去创造你自以为是的理，你只有去遵循它、认识它、把握它、运用它，才能够取得胜利。所以，必须要知常。不知常就会妄作，就会凶，“不知常，妄作凶”。

有同学问：“既然您说了我们要知常，在我们现在的抱球势和太极内功当中，那个常理是什么？”

现在我告诉大家，在太极内功八法的修为当中，要知常就是牢牢地抓住两个概念，这两个概念既是理又是法，是修习功法要遵循、把握住的两大要素，第一个要素是丹田。前面给大家讲了，在内功八法所有修为过程当中，包括从预备势到抱球势就离不开拿住丹田练内功，因为离开了丹田，就没有内功可言。这是我们要知常的第一个要素。

第二个要素是环中。拿住丹田练内功从哪儿入手？“得其环中，以应无穷”。庄子把这个常理很清楚地告诉了后人，要想“应无穷”的变化，就得“得其环中”。在前面理法部分，讲了为什么要练内功八法，为什么内功要练桩功，简单来说，就是为了要做到前人告诉我们的“因敌变化示神奇”。宇宙万事万物无时无刻不在变化，而且这个变化是不以人的意志为转移的。现在的问题不是解决变不变化的问题，我们要解决的是怎么能够因敌的变化而变化我自己。

“因敌变化”的“敌”不只是对手，还包括外部环境。我们因各种变化，做到能因外在的变化而保持住自己的平衡、平稳的状态，不受外因的侵害。怎么做到这一点？得其环中。“得其环中”才能“以应无穷”，才就能应无穷的变化，才能够做到“因敌变化示神奇”。

因此，一个是拿住丹田练内功，一个是“得其环中，以应无穷”，这两个要素是要知的常理，是修炼过程当中要遵循的“常”。修炼内功八法离不开拿住丹田，离不开得其环中。

“知常曰明”，但是真的知可不只是嘴上的知，而是要心知肚明，要在身体当中去检验，能够把拿住丹田、得其环中做出来。所以，通过具体的功法，从抱球势的第一动预备势开始，就要遵循着知常，遵循着拿住丹田、得其环中。

5. 中重合一就是丹

正如前面所讲，我们所有的动作都离不开“关系”二字，只要动作一出现，就要问问它们的关系是什么。关于环和中，前面已经讲过，“中”是虚空之性体，中是空的，不是实的。人之中在下丹田，这是指位置，中是通过这个位置找到一种滋味。什么滋味呢？平的滋味。平了就是中，不平就不中。所以，“中”是一种滋味，是一种平衡的状态。

环是什么？由中成环——所有的环都是由中而出的环，一个中可以出大大小小各种各样的环。所以，变化在环，不变的是中。中是定的，环是动的。环能够动，动力从哪儿来？从中而来。杨露禅曾经说过，“诚于中，发于中，达于四围”。“诚于中”，是指圆的中心。“达于四围”，四围就是环、圈。圈上的变化和作用，都是由“中”来决定并产生作用的结果。

“中”怎么能够产生出一个强大的作用力、动力呢？我们说，中是空，是虚空之性体，这个空是体，这个体要用。尽管它是空、是无、是虚的，但它是虚而实、无而有，真空要生出一个妙有来。如果这个虚空之性体不能够空出一个有来，那它就是无用之体。

中要空的目的就是要空出有来。因为只有空才会有，才能在中空这个性体里面产生了强大的动力，这就是中空出妙有。中空空出的有，这个有就是丹，结丹就是在中空当中结出一个真实的有。道家修炼最后要结丹，结丹就是空出一个虚而真实、无而真有这么一个强大的内在的原动力，它的能量体现在气。也就是说，中空空出一个妙有，结丹以后，才产生了拳经所说的神宜内敛、气宜鼓荡。在中空当中，这丹就是一气，有气才形成鼓荡。正因为有气的鼓荡，才提供了环上所有变化的动力。

在“中”当中结出来的丹为什么会产生原动力？这个问题就牵扯到“丹”与“中、重”的关系。中空当中要空出一个“有”，这个有从哪儿来？这个有就是万物赖以生存的大地母亲把地球的重力势能无私地提供给了我们。在修为无极桩功的时候，要站出重锤来，这个重锤就是大地重力在身体上的作用，我们通过修为把这个作用由分而合，合到了一个点上，就是这个重锤。在有形身体下丹田这个位置上，我们用这个点来体会平衡的、平稳的作用，体会“中”的味道。不但中在这儿，而且你要想平衡，就靠吊在裆下这个重锤的作用。这一点是中心与重心二心合一心，它既是人的中心，又是人的重心，而且是把全身分的重心合到一个总重心上。因此，这个地方一心一意，没有三心二意。

重和中相合以后，合一就是丹。当然我在这儿给大家再次强调，我不是研究这方面的理论家，也不是研究生命科学方面的专家，我是通过几十年太极内功修为，对父辈、祖辈传承下来的东西真实的体悟。作为我们这个传承体系来说，丹就是这么认识的，就是这么把握和运用的，就是这么结的。不论别人是怎么看待，这只是我的一己之言，经过几十年真实的修为所结出的果，对丹的认识和结论就是“中重相合”。

6. 六个拉簧三个圈簧

下面开始内功八法抱球势的学习。在讲解前，先做一个说明，对于抱球势的讲解分三个部分，第一部分讲形的要领，第二部分讲意的要领，第三部分讲起势的丹田要领。这第三部分以前没有讲过，可以说是我所传承的太极内功的独门功法。在讲解这一部分内容的时候，要配合形的要领，因此前两部分的讲解重点在意的要领。

抱球势的第一动是预备势。有同学问：“我们练太极内功是修心之功，是不是就没有形，不要这个身体？”不是的，我们修为不是不要形，没有形就不可能求出真意。最后检验你的内功有没有修成，就体现在你的身体上。如果越修身体越弱，越修身体越不会使唤，那是瞎修。内功就用在我们日常生命运行过程当中，它离不开我们的身体。所以，身体是修心之功成果最好的检验。

预备势的动作要领分形的要领和意的要领。什么是预备势形的要领呢？自然站立，两脚平行，两手自然下垂，这是预备势的基本形态。当然这个基本形态和浑圆桩功、开合动桩功当中讲的预备势形态是一致的，都要遵守中正安舒、静心凝神、呼吸自然、周身松通。但是，这内功八法的抱球势从预备势开始，与其他功法的抱球势有什么不同之处和特点，这是我要给大家强调的。

通过无极桩功、浑圆桩功，我们已经把自己修为成一个浑圆一体、浑然一气的状态，内功八法抱球势的预备势就是在这个基础上进行。这个状态主要体现在意上，所以形的状态没有更多可以讲的。大家都知道“立正”，也就是说要中正，这个时候从意上讲，相同之处是一个中心、三个基本点——中正安舒、静心凝神、呼吸自然、周身松通。

通过浑圆桩功，我们已经成了浑圆一体的状态，我们的身体这个时候是分而合的。说身体的分，它分出来了有上有下、有左有右、有前有后、有手有脚、有肩有胯、有肘有膝，但是它们是合的。合不是把它们捆在一起、焊在一起，是它们之间存在着内在的联系，这个内在的关系是看不见的。

当做预备势的时候，用意去品味形上的两个部分，它们之间到底是什么样的关系，是什么把它们联系在一起的。我告诉大家，我所传承的太极内功的预备势，它在意上有一个要领，就是“遍体似弹簧”。也就是有形的身体两两对立的部分，它们之间要假想用簧把它们连在了一起、系在了一起。太极内功就是修为遍体似弹簧。在具体修为的时候，从预备势开始就要去体悟这种弹簧的作用。

从我所传承的太极内功的角度来说，怎么体现弹簧的作用？我们说分出来了六个拉簧、三个圈簧。一个人往那儿一站，就要假想、用心法意想，我和天之间，百会这儿挂着一个簧，上天这只大手从百会这儿拉着我这个簧。脚下涌泉踩着一个簧——头顶簧，脚踩簧。从身体来说，我们的手和脚之间被簧拉着，这是三个簧了。我们的肘跟膝之间被簧拉着，肩和胯之间被簧拉着，还有一个簧在裆下，一共是六个簧。站的时候，要能把看不见的拉簧站出真实的感觉。两手和脚之间不是空洞无物的，是有看不见的一种真实的簧的感觉，它是真实存在的，相吸相系地把它们联系在了一起。手和脚之间什么联系？簧。这是六个拉簧，相互牵拉。

还有三个圈簧。在讲浑圆桩功五圈成球的时候曾说过，有一个肩圈，有一个胯圈，有一个膝圈，三个横圈三个簧。人这么一站，看似是一个有形的身体，但是，我们是通过身体站出了内在的两两之间相互的作用和关系，是通过这六个拉簧、三个圈簧把有形的身体分而合之了——互相之间联系在了一起。而且这种联系不是死的，是动态的，因为它们之间是簧，不是把它们焊接起来，它们相互之间有屈伸开合的作用。所以在站预备势时，既要保持中正安舒，又要产生一个意的觉知，那就是簧之意。

站预备势时，身是静的，心也是静的——身心俱静、静心凝神。由于簧之间是一种弹性的连接，虽然手和脚都没动，但是这个簧总是互相之间在起着拉伸的作用，它是动态的，所以静出动势——在有形身体静态的时候，静出来一个内在的弹性作用。也就是说，从预备势开始到起势到抱球势到内功八法——抻功、搓功、转功、抖功……每一个功法都不离开这个簧，不管在抻的过程当中，还是在抖的过程当中，这个簧是常，要知常。

簧是假想出来的。曾经有学员对我说："李老师，你说要站出来簧来，我就在手上拉个弹簧行不行？"不行。我们是无中生有，这个簧是想出来的。意包含着关键的两个字，一个想，一个象——想象。想是什么？想是用你的意识去想，象是想出来一个真相，想象出来一个象。所有的象都是意成的象，我们必须在无当中生出来有，虚当中求出实。

为什么要这样？就是为了要由无当中生出来有，这样这个真实的有才能回到无。能从虚中生出实，这个实依然不离开这个虚。所以我们不是在实上修实、虚上修虚，而是实修虚、虚修实。这一点大家一定要明确。

要在实有当中“有而回无”，就要从虚当中“无而生有”入手。我们经常说无敌似有敌，有敌似无敌，就是要修出一个无而有。只有做到无敌似有敌，在有敌的时候才能够像没有敌人一样，这是我们要修为的。我们身体虽然没有这个簧，但是要把这个簧通过想成象，要将这个虚的意要虚而实，没有的簧要想象出来，不仅想象出来这个簧，还要能够觉出来，能够感觉在手脚之间、肩胯之间、天地之间是这个簧产生了弹性作用，这就是觉知。在身体上有了一个真簧的感觉，这个簧就会在你的身体上产生一个无而有、虚而实的真实的作用，这样的身体就形成一个分而合的完整体。抱球势的第一动预备势要从这儿开始。

7. 开步

从预备势进入起势，第一动是预备势，第二动是开步。开始是立正状态，从预备势进入起势先要开步。开步从形上来说就是单腿向一侧旁开，这个动作要领很简单，不管是左开步，还是右开步都是这样。

开步这个动作看起来很简单，但是要开出太极内功所要求的步，那就不单纯是形上的变化，更主要的是意上的要领。

在预备势的时候，意上的要领有这么几个部分，预备势的时候，刚才讲要抓住两个常，一个是拿住丹田，一个是得其环中。预备势是静心凝神、身心俱静状态。在这种状态下开始意动。动什么？丹田发动，也就是发动机要发动。我们所有的动作，不管是大动小动、快动慢动，它的动力只来源于丹田这个地方。也就是说，开步并不是开始就动形，而是形未动意先行，先将丹田这个发动机点火，一点火发动机就发动起来了，因为压力，它才产生了气的鼓荡。

在开步过程当中，这步是怎么开出来？这就涉及中和重的联系和关系。丹田发动机这里产生了内在的鼓荡作用，给开步提供了一个动力。这个时候要想开步，形未动意先行，在丹田发动机发动以后，要再发出一个指令，把重锤提起来。重锤是我们身体的总重力，身体的任何一动都会产生重的变化——重力的变化、重心的变化。要开步不是先动形，而是动意，意动重锤。把落在下面的重锤现在要提起来。提重锤就是提起了自己的重心，是以丹田这个中心来提重心。提重心就是提起大地赋予身体的重力。

因此提身体是表象，提重锤是过程，中重相合是根本。

怎么开步迈这条腿？腿随着重锤提落而开步，大家一定要记住，反向求。如果是左腿往左边移的话，那就要提起重锤先往右边摆。就是一提重锤，这条左腿随着重锤被提起来了，然后重锤先向右侧摆一下，再向左侧回摆，此时，左腿随重锤回摆向左侧开步，继之随着这个重锤下落而落脚。这个时候才完成了开步。不管是左开步，还是右开步，同此一个理。

从预备势到开步，一直离不开丹田，丹田也离不开中，中又离不开重。整个开步的过程是在演练和体现丹田、环中——丹、中、重之间的关系，也就是形和意之间所有内在的联系。开步绝不是简单地做一个迈腿落脚的动作，而是要把里面的意明确、真实地把握和运用起来。大家一定记住，形是静的，形是虽动犹静，虽然是形的开步，看到的是形的变化，但形不是自己在动，是内里的丹田发动、中重开合作用以后，形才被动起来，其本质是形的不动之动，是由内动引发了形的动。形不变意变，形不动意动，外静内动，以内动主外静，这是我们修为过程当中要牢牢把握住的。

修习太极内功就是要解决关系问题——形跟意、动和静的关系，这一点非常重要。形永远是静的，身心永远是静的，动的只有意气。很多同学在这个问题上没有引起足够重视，有些同学练了很长时间太极拳，只练个拳架子，只练个身体的主动。如果没有内在发动机的动，那就变成了力大打力小、手快打手慢，这样是不能做到“因敌变化示神奇”、四两拨千斤、以小博大的。

大家记住，外不变。我们看着形是变，但它自己不变、不动，是内在的意气动。如果是形自己的变和动的话，那一旦遇上对手，你变他就变，他不让你变，你就变不了。

试手体验

我现在预备势站在这儿，学员来推我。如果我不遵循形跟意两者之间的内在关系的话，那我想开步就开不了。因为我想变，他不让我变，他以他的变制约了我的变，我想用力变，他就用更大的力制约我的力。我只有形不动、意动，重锤提。大家再看一下，如果是力碰力，我根本就变不了。现在我是意动，重锤提，这样他推得动皮、推不动瓤，推得动外、推不动内，我所有的变、所有的动力源都不在接触部位，他无从着力。所以，我们从预备势开始就要牢牢把握住形跟意两者之间的内在关系，这样才能够由预备势到开步，开步以后进入起势。

8.“我”与“被我”

内功八法这八个具体的功法，都始于一个重要的功法——抱球势。抱球势一势由三势组成：预备势、起势、收势。由预备势经过开步进入起势，下面具体讲解起势。

由预备势到抱球势，有一个关键的环节，就是起势。抱球势是内功八法的总势，内功八法不管是哪一个功法，都是始于抱球势。其中关键在起势，没有起势就无法由预备势到抱球势。如果从形的动作上看，内功八法抱球势的起势与浑圆桩功、开合动桩功所讲解的起势无二——从动作本身来说，没有什么区别。

从动作来说，浑圆桩功、开合动桩功的起势分为四动，内功八法的起势依然是这四动。四动的具体内容在后面丹田要领中会详细解说，在这里重点讲一下内功八法起势的内涵与其他功法起势有什么不同。虽然都是起势，是同样的动作，但是内功八法的起势与其他功法起势的不同点，关键不在有形的动作上，而是在意的不同。太极内功的修为本身就是在意不在形，修为的核心是意的修为。“凡此皆是意”。同样的形会有不同的意，不同的意在同样的形的基础上会结出了不同的果。所以，一定要在意上去寻求它的不同。内功八法的起势与其他功法起势在“意”上的不同点是什么？我给总结为两点，第一是思维习惯不同，第二是行为习惯不同。

先说思维习惯的不同。同样是起势，浑圆桩功、开合动桩功的起势与内功八法的起势不同在思维习惯上。我反复给大家强调了，修为内功八法要改变常态思维习惯，形成一个新的思维习惯，即太极思维。太极思维和常态思维相比较，可以说是“反者道之动”——完全相反。在练起势时，常态的思维是我做起势——我起，而内功八法的起势是建立在新的思维基础上，把“我起”变成“起我”，关键在于“颠倒颠”。同样是起势，“我起”和“起我”，同样两个字，一颠倒，“意”的含义就不一样了，“我起”是我去起，“起我”是我被起。

内功八法起势要建立“我被起”这个思维习惯。前面已经讲过，太极内功修为要明为什么、练什么、怎么练之理。内功八法的起势同样要明为什么、练什么、怎么练之理。为什么要练内功八法的起势？因为内功八法的八个具体功法都是由抱球势开始，抱球势是由预备势经过起势才到抱球势，所以关键在起势，离开起势就没有抱球势，离开抱球势就没有具体的八个功法。这是“为什么”。

内功八法的起势练什么？起我。我们要建立“起我”的思维，要练我被什么起——不是我要起，是我被起。我们所练的就是能够“起我”的那个关键点，是练“我被”，就要把那个“被”练出来。当练出那个“被”来后，“我”则有而回无、实而虚之，而能够让我起的、我被起来的那部分动力、那部分主导才是起势功法所要寻求的、要练出来的核心。所以说，我们要改变思维习惯，起势由“我起”到“起我”。

“起我”怎么练？这需要在新的思维习惯主导下去建立一个新的行为习惯。我们整个修为的过程，就是改变常人习惯的过程，难就难在改变习惯上——和我们的日常生活习惯产生了一个颠倒颠，甚至是脱胎换骨的改变。

新的行为习惯的核心是“用意不用力”。我被什么起？被意起。要用意，就不能用力。所以，内功八法起势的核心就在于用意把我起，用意完成起势。

杨氏太极拳内功很重要的一个修为主旨，就是建立一个“用意不用力”的行为习惯。要想真的做到“用意不用力”，首先得对什么是用意、为什么不要用力，有一个明确的认知和把握。我一再给大家讲，一定要从明理入手。现在我问你，内功八法的起势要用意完成，用什么意，你能回答吗？有些同学可以回答，有的同学一下子还回答不了，或者说回答得不较为准确。

我告诉大家答案，用什么意就能完成“被起”？两个字，“真意”。不是用意就能够完成，太极内功八法的起势一定是用真意。

9. 有意无意是真意

要想结出真实的果，就得求真。其实人的一生就是求真的过程，求的是真心、真神、真气、真意、真体、真用，离不开一个“真”字。

现在我们要完成内功八法的起势，要求真务实，用的意只有一个，就是真意。有同学会问：“什么是真意？我怎么练呢？”方法很简单，首先要明白，真意就在于有无之间。前人不但指明了目标、方向，也告诉我们修为的具体方法，前人说“有意无意是真意”，也就是意在有无之间。因此，我们就要在“有”和“无”这两者之间去寻求真意。

我们说做起势要用意起，为什么要用意起？杨澄甫在《太极拳术十要》当中很明确地告诉我们，你只有用意不用力了，才能“意之所至，气即至焉”，也就是真意到了，真气就从之了。真气从之以后，气血流注，日日灌输，没有间断，久久练习，就产生了真劲。这时，起的时候就不用力了，用的是真劲。

《黄帝内经》也告诉我们，从心的角度，我们的修为要“恬淡虚无”，恬淡虚无的这种心境，就能够真气从之。真气能够从之，就能够“精神内守”。精神内守了，“病安从来”，哪儿还有病啊！翻过头来说，我们所有的病就是精神不能内守，精神不能内守的原因是真气不能从之，真气不能从之是我的心境不能够做到恬淡虚无。我们的修为要想做到真气从之，就要用真意。真意怎么来？有无之间。

具体到起势，有意无意是真意，一个是要有意。记住，我们所有的动作变化，“凡此皆是意”，从根本上来说是意。有意而真气从之以后，由气的催动产生了内劲。所以，必须要有意，没有意就没有真气。但是这个“意”得是“真意”，什么是真意？有意和无意。怎么有意、怎么无意？我们做起势的时候，要有意到无意，无意而有意。这个时候我本身的意、“我”之意要无——无我意。“我意”是指有形身体上的所有的意。不能够用这个意在有形身体上进行作用。如果用我自以为的意、我的想法约束、指挥自己的身体的话，这个意就不可能让有形的身体完成太极起势——形不成这个势。所以关键的问题，要无“我意”——没有自己的想法。

怎么才能没有自己的想法？身心俱静。心要静，恬淡虚无；身体要不用力，要周身松通。我们依然要恪守一个中心、三个基本点——中正安舒、静心凝神、呼吸自然、周身松通。身心俱静，无了“我意”之后，就无出来一个真意。那个真意在哪儿？真意在我和我之外的空间，在虚空处。起势的真意要在虚空处求真实——在虚的、空的地方，要空出一个不空的意。

10. 意的四动

起势要空出来一个真意，具体在做起势四个动作的时候，怎么能够让这个意虚而实之呢？在讲浑圆桩功时讲过，起势要做四动——欲起先落、随落而起、起中有落、起而回落，内功八法的四动与浑圆桩功的四动是一样的。但是，我们做太极内功八法起势的时候，在静心凝神、中正安舒的基础上，意要动，动之则分，意要分，所以又分了四个动意。第一，先动意。动哪儿？先动丹田。我们说的丹田是通过人体脐下的虚空处，用意觉知到的真实体悟。这个丹田一定是虚的、空的，是在虚空处的一种状态。起势要用意先动丹田，这是第一动。

这里说的意动，此意不是我意，是丹田意。这个意在虚空处。虚空处的丹田这个发动机先动，也就是丹田发动。在丹田发动的基础上，这个意翻回头来让我们产生了一个气沉丹田的真意。

先动意，这是第一个动。第二个动是气动。气宜鼓荡。大家注意，先意动，再气动，第三个动是形被催动。这些都是“意”。这是意动的前三动——先意，再气，再形。这个时候大家会发现，意领、气催、形随，形于外是被动——在意的主导下被气所催动。

第四个动是如不动。先意动，再气动，催形动，形如不动。

通过形的四动，最后完成了起势。在这个过程中，从外观上看形动没动？动了。但这个起势看似是形在起、在动，其实是形的不动，是被意领、被气催才动起来的，形是虽动犹静，虽然在起势、在变化、在动，但是它犹如不动，始终如一。这是关键所在，由起势的形上的四动，我们在意气上分出来这的四动。

在虚空处求意，这个意怎么在虚空处求出来呢？前面讲过，在手和脚、肩和胯、肘和膝之间有拉簧，肩、胯、膝还有三个圈簧。当我们一动的时候，一动无有不动。这是什么意思？我们这个起势的意，关键就在于圈和簧——意在圈、在簧。

所谓圈，《老谱》当中有一篇重要的拳论，叫作《太极圈》："退圈容易进圈难，不离腰顶后与前。所难中土不离位，退易进难仔细研。"这就告诉我们，太极是一个圈一个圈……所有的变化无非是退圈进圈。现在我们的生活谁都离不开圈，我的手机上就有好几个朋友圈，进了这个圈退那个圈，退那个圈进这个圈，所以说圈圈相扣、圈圈相环。我们的意要在圈。

从无极桩功到浑圆桩功，经过浑圆桩功的功法修为，我们有了一个五圈成球，让我们自己形成了一个完整的、合一的太极体，浑然一气、浑圆一体。通过内功八法从预备势到起势，我们又有了一个簧——"遍体似弹簧"的意。当然圈也好，簧也好，都是虚的，我们在虚当中要虚出一个真实来。这个真实实在哪儿？实在真象——成象。也就是说，在做起势的时候，要真的感觉到有这个圈和簧把整个身体连成了一个“一动无有不动，一静无有不静”，只要一动，就是内外三合。

所谓外三合，指手与脚合、肩与胯合、肘与膝合。用什么合？意。什么意？圈之意、簧之意。借用圈和簧把我们分着的上下、左右、前后——凡是分着的对立的两部分，用意、用假想、用想象把它们合而为一，但是一定要想出一个真象来。也就是说，在做起势的时候，是不是手和脚之间有个拉簧在起着弹性作用。如果没有，做这个起势就没有真正成象，也没有真正形成真意，因此就不可能产生一个真气从之，就完不成太极内功八法的起势。所以说无了我意，有了虚空处我们所假想出来的真象形成的真意，这个真意翻回头来作用在我们的身上，就产生了真气。身体就随着真意、真气完成了起势的四个过程、四个动作。因此，对于内功八法的起势，要从意的角度去把握。

11. 内功八法起势的丹田要领

下面进入内功八法起势的丹田要领的讲解。起势分为四动：欲起先落、随落而起、起中有落、起而回落，这是起势功法最基本的练习。内功八法要拿住丹田练内功，从起势开始就要牢牢地拿住丹田。

起势功法分为三势：预备势、起势、收势。可以说一个起势就体现了太极内功的全部内涵，因为内功修为就是要分阴阳、合太极。起势从预备势开始是分阴阳，到最后收势是合太极。

从预备势、起势到收势就是一个完整的分阴阳、合太极的过程——由太极分出阴阳，阴阳一合又回到太极。所以，内功八法的起势是三势四动，在四动里面有四个要领。在预备势、起势、收势这三势的修习过程中，要认真把握好三势四动里面包含的四个要领，并对这四动的要领有一个真实的体悟和落实。

我先把这四个要领说一下，这四个要领是贯串在预备势、起势到收势这三势的四动过程中。第一是丹田的顺逆，第二是横竖的开合，第三是重锤的提落，第四是身手的变转。最后还是要落实到有形的身体上。我一再强调，内功修为不是不要形，不用这个身体，这是说不用现在这个不合太极的身体，将来合了太极以后，则一定要用一个合太极的身体。

为什么说内功八法的起势要以拿住丹田开始做？因为修习内功八法离不开丹田。起势中丹田顺逆、横竖开合、重锤提落核心是丹田的内转，练的是内在的这个发动机能发动了。丹田内转，我父亲用三个字告诉我，盘丹田。当时我不太理解。我父亲把打一套拳架叫盘架子。我说：“其他人练丹田内转丹田，您为什么要叫盘丹田？盘和转这两个有什么区别？”我父亲说：“区别大了，什么是转？转是一个轮子转动，盘可不是，盘是在轮子转动过程当中还有一个缠绕，有了缠绕，就不单纯是一个转了。”也就是这个轮子上还有绳子，在转的过程当中，这个绳子还能够盘起来。

大家看中式衣服的扣子，扣子是盘的。盘有什么意思呢？把所有分的东西给盘整，整在一起。过去卖家要定期盘点，把所有的货物要盘点的完整一体，知道还有什么东西。“盘”既是动词，也是名词。为什么《老谱》叫天盘？就是丹田像盘子一样圆的东西，我后来就体会这盘丹田不只是转，这里面还有一个对盘的内涵真义的理解和把握，在转中要有内盘。

下面我就结合以前给大家讲的起势四动，结合这三势，把拿住丹田具体的起势进行详细的讲解。

12. 起势第一动：欲起先落

在无极预备势的时候，丹田这个位置上，顺逆是一、是无，无顺无逆，就像汽车没有点火，发动机没开始运转，它是合的状态，包括中重、横竖也是合的状态，是中重相合，横竖为一。这个时候，身跟手是合一的，是静之则合的，是身心俱静的状态。这个状态就是中正安舒、静心凝神、呼吸自然、周身松通。

从预备势到起势的第一动是欲起先落。第一动从哪儿开始？从预备势开始，这个时候是身心俱静的状态，静极要生动，这里面开始有意的变化。静到极致的时候，物极必反，静极而生动，是静出动势。也就是说，这个时候身未动意先行，丹田这个发动机要发动，先要把发动机发动起来。发动机在预备势的状态下发动起来了，给我们提供动力，才可以做起势，这就是第一动，欲起先落。这个发动机发动起来，下丹田这个地方是有变化的，这里面是有动静的。内功八法的起势，从第一势的预备势开始，就要体现丹田的顺逆。

欲起先落，从第一动来说，起和落的动力都在丹田，都是丹田的盘转。第一动先是要落，在动的过程当中，丹田是顺盘，顺时针盘转，意要顺时针，顺盘丹田——这是起势第一动欲起先落的第一个要领：丹田顺盘。

在丹田顺盘的过程当中，横和竖怎样变化？在丹田顺盘的过程当中，把握的第二个要领是横合竖开，即横要合、竖要开。竖的开与横的合异而同出，横竖一合一开相反相成，横的合得到了竖的开。这是起势第一动欲起先落的第二个要领：横合竖开。

在预备势时，中重本来是合的，当竖一开，带来的结果是重锤下落。因为横上的合使得竖要开、重锤要落，所以起势第一动欲起先落，首先是丹田顺盘，丹田顺盘使得横要合，这样竖上就要开。当竖上开的时候，重锤自然下落。这是起势第一动欲起先落的第三个要领：重锤下落。

起势第一动欲起先落，需要把握的第四个要领就是身手随落。身手随谁落？随重锤下落而落。修内功身体是自然不动的，由于重锤的提落变化，身体随之而动。身体不是自己动，不是自己用力动，而是因为重锤的落使得身、手随着重锤落。这是起势第一动欲起先落的第四个要领：身手随落。所以，在起势第一个动作当中就体现了这四个要领相互之间的关系和变化。

太极拳的起势绝不是简简单单做一个动作就完了，它里面有很丰富的内涵。所谓内功，核心就体现在丹田这里，所有的动都是其他都不动，就是丹田动。拳论讲“一动无有不动”，这一动就是丹田动。丹田用什么动？用意不用力，意动。这是起势的第一动，欲起先落。

13. 起势第二动：随落而起

起势第二动是随落而起。在第一动欲起先落的基础上，这个时候我们的意分出身内身外之意。“身外须有意”，身前有一个无形的、虚的意球。我们身手要落是和球相合。起是什么？起是身手和球合一以后，就要起。大家要注意，这个时候要起了，丹田是有变化的。什么叫随落而起？落本身是顺，起是逆——顺落逆起。这时候丹田是由顺而转逆，顺和逆发生了变化。这是起势第二动随落而起的第一个要领：丹田逆盘。

在丹田逆盘时，横与竖及重锤怎么做？这个时候，横由合要开，竖由开而合，也就是横一开竖就要合。在竖合的过程中，重锤上提。这些相应变化都是因为丹田的逆时针盘转而变化，丹田逆盘促使竖要合、横由合而开。竖合的时候，正好把重锤向中而提。中是定的，提重去合中。这是起势第二动随落而起的第二个要领横开竖合和第三个要领重锤上提。

在前面讲的丹田逆盘、横开竖合、重锤上提等内在的三个要领同时变化过程当中，外形的变化是手落身起。这是起势第二动随落而起的第四个要领。第一动是欲起先落，在欲起先落之后再有一个转换就是随落而起，这一动体现在哪儿？体现在身跟手上。当上一动身、手随落，这双手落到下丹田位置的时候，手要继续下落去与身前球相合抱，身这时候是随落而起，这里面有了一个变化，这个变化就体现在随落而起当中。

在欲起先落和随落而起两动当中，身与手之间有一个开合变化。本来随落而起，身、手是合的，但这个时候，手要继续下落，而身则向上有一个起。当身上起时，重锤是向上提。随着重锤地提起，这个时候又有一个转换，就是手与体前球相合后，要随重锤而起。

大家要注意，手永远随着重锤而变化——重锤落手就落，重锤起手就起。随落而起这一动是身跟手发生了变转，当手落的时候身要起，手要起的时候身要落，身、手有了一个变转。所以，随落而起这一动里面既有丹田逆盘，又有横开竖合，还有重锤上提，最后表现在外形上是手落身起。

14. 起势第三动：起中有落

前面第二动是随落而起，在手继续下落、身上起之后，手转而随着重锤起的时候就进入下一动，起中有落。这第三动起中有落的四个要领是丹田逆盘、横开竖合、重锤上提、手起身落。也就是说，这时候丹田逆盘是向上卷，这样重锤就起来了。丹田向上卷的过程中，这时候横是开、竖是合，同上一动是一样的，依然是横开竖合、重锤上提，但是，手与身的变化与上一动不一样，是随着重锤的上提，手是起、身是落。为什么起中要有落呢？因为它不只是形上的手起身落，重要的是内在的意要分开，意分上提下落、起中有落。

具体来说，当手抱着这个球徐徐上起的时候，人球是合一的。这个球就是我身体的一部分，我的身体和这个球是合一的，这个时候我的感觉一定不是球是球、我是我，而是真实感觉到这个球是有分量的。虽然球是虚的，但当我和球相合以后，会觉得它有分量，会感觉到球跟我的重锤这两个重心合一心，合出来沉的滋味。

起势前面的两动，重锤在提落过程当中，都会感觉到这个重的沉垂。也就是说，当做起势的时候，在重锤的提落过程中，意想这个重锤因为受到地球的重力作用，重锤上提意有难起之意，这样去感受重锤随时向下垂落，感受上“起”和下“落”，此两者是相随相伴、异而同出，是起中有落、落中有起。

为什么是起中有落？大家一定要记住，我们所说的起或者是落，不只是看得见的形，在这个看得见的形里面，一定还同时存在着一个看不见的意。起中有落，看得见的形是在起，但是一定有一个看不见的落。也就是说，我们所抱的这个球，这个球随着重锤在上起的过程当中是两重合一重，这个球的重心跟重锤是合一的，两重合一重。在起的时候，动之则分，只要有起就要有一个落，落是落之意，就是向下沉之意。

15. 起势第四动：起而回落

第四动是起而回落。起而回落是在起中有落基础上进行，上一动是起中有落。在上一动随着重锤地提起，我们所抱的球在徐徐升起。因为它是一个有重量的、沉甸甸的球，所以又有向下坠落之意，所以，这一动是起中有落。当球在中丹田、上丹田之间的位置时，手随球到了上丹田，就进入第四动，起而回落。

起而回落这一动，先要动意，意先行，神主意行。意在哪儿动？意在丹田。起而回落这一动第一个要领是丹田顺盘。

起势所有的变化，动力来源都在丹田的顺逆变化上。起而回落这一动在丹田顺盘的同时，需要把握的第二个要领是横合竖开，第三个要领是重锤下落，第四个要领是身手合落。具体来说，随着丹田顺时针盘转，重锤由中而徐徐下落；同时，竖向外展开，横由前后向中而合，就是横向里收，竖是向上、下开。向中合的内力从哪儿来？依然是丹田。在丹田顺盘的过程当中，我们的意在丹田这个位置要有一个向内合，横向里合、向丹田合，这一合以后，竖就要上、下开了。

举例说明，一个球，球的左右是横、上下是竖，如果左右的横向里一合，会发现这个球上、下竖开了；这个时候如果球里有水，球上有一个孔，横上一挤、一合，水跟着垂直向下就落下来了。水落的原因，是横合的结果。我们抓住一个因得一个果，就意念的修为而言，在横不在竖——横的开合是因，竖的开合是果。我们练的是因，结的是果，不能反了，拿着果去结果，结不出果来，“差之毫厘，谬之千里”了。

横上一合，竖就要开。竖一开以后，随着丹田与重锤发生变化，重锤下落，本来中、重是相合的，竖一开以后，重锤自然要向下落。大家记住，重锤在哪儿？“离开己身，无物可求”，重锤就是大地重力在有形身体上的作用，所以重锤就是我的身体，我的身体就是重锤。拳论上讲“勿自伸缩”，身体所有的变化，有形的身体从来自己不乱动、不盲动，身体是随重锤而动。重锤是意动的结果。当横合竖开的时候，随着这个意，重锤就要向下落。这时候重锤就体现了我们的身体，我们的身体永远跟重锤相合。在身跟手的转换上，身与手就要随着重锤向下落。这是起而回落。

大家要注意，起势的回落，回落到哪儿？回落到中丹田。所以，起势由无极势开始，经过四动到最后起而回落的时候，这个球落在胸前，这样就由无极势进入了浑圆桩的抱球势。

起势的四个动作，最后的结尾，球落在了中丹田，合中了——由下到上，上下一合，合到了中上。所以我们说起势的四动，每个动中四个要领同时运行，其内在联系密不可分。它们的联系具体体现在四个方面：神、意、气、形。也就是说，拿住丹田练内功，就是拿住了一个身一个心，身心则体现了神、意、气、形，我父亲管它叫“四君子”。

身与心分出来了四君子——神、意、气、形。在任何一动的时候，神都是主帅。在无极预备势的时候，无极势就已经是神主了——静心凝神，这时候呼吸是自然的，周身是松通的。当进入起势时，它的内涵是所有动静都是由神主到意动，丹田内盘当然是意动的结果。意一动，动之则分，体现在丹田的内盘上，分出来顺盘和逆盘，一动就要有一顺一逆。所以内功八法从起势开始，“丹田顺逆”的盘转居于第一动之首，体现了“抓住丹田练功”这一内功修为主旨。

16. 顺中要有逆之意

很多同学问：“到底有没有顺逆？”我告诉大家有顺有逆，只要一动就要分，分出来一个顺一个逆。但是大家要记住，太极内功的修为是太极思维主导下的一种自我修炼，修的结果是有而回无。最后要修出来一个什么？通过有顺有逆，修出来一个无顺无逆，“无”才是内功求得的结果。为什么？因为我们要回到本原，本原就是无，所有的有都由无而生，那才是事物的本原。因此，所有的变化都不能够离开事物的本原。

很多人说：“我练无，无顺无逆。”差之毫厘，谬之千里。本是有顺有逆，我们是通过“有”而回无，“有”是修炼的过程，是回“无”的必经之路，离开了“有”就没有“无”。我们所有内功的修为，都始于“有”，“有”才能练得有而回无。怎么得到一个“无”的结果呢？不要管“无”，不要管结果。我所传承的太极内功修为路径非常清楚，明确地告诉你，阴不离阳、阳不离阴。也就是有顺的时候就有逆，有逆的时候就有顺，顺不离逆，逆不离顺。一个是看得见的、表现出来的顺，同时一定还存在着一个内在的、看不见但真实存在的、跟它相反相成的另外一面，那就是逆。当你在顺当中同时有逆，逆当中同时有顺的话，这两个通过“动之则分”就合出来了——顺总是随着逆，逆总是离不开顺，这就叫合。它们之间的关系是“静之则合”的关系，它们永远同时存在，谁也不离开谁。

当有顺又有逆，顺和逆合到一个平衡点，顺和逆平了的时候，我们就叫得“中”了——顺和逆两个对立的东西合到了“一”上，有而回无了。“中”这一点是不是有？是有。有顺有逆吗？合出来一个无顺无逆，这个时候、这个状态是无。我们只有进入这样一个有无相生的修为路径当中来，才是真正的修内功。首要是太极思维，不要把“有”和“无”割裂开来，所有的“有”是“无”生出的有，所有的“无”是有而回的无。用这样一种思维指导我们内功修为，在做起势的时候，我们的丹田要顺盘，但是顺盘的同时一定要有一个逆。因此，大家一定要注意，当我们回落的时候一定要有一个难落之意，起的时候一定有一个难起之意。这是我们在做太极起势四动过程中把握有的一个很重要的修为主旨。

例如，我们现在做起势第四动起而回落，是落，丹田是顺盘，但是丹田在顺盘中又分出来一个逆盘，顺中要有逆，这个逆是难顺之意。身手回落要有难落之意，我们通过这个形的落要体会出来难落之意，这两个是“此两者同出”。

在神主的基础上，丹田内盘就是意的动之则分，这一分以后，两个对立的东西同时存在，它们产生了冲和的力量，产生了内力。这个内力把我们的前后之横向丹田来聚、向内收。在内收的过程中，这两个相反之意引出一个横竖的开合，这就是横合竖开。随着横的合、竖的开，重锤就要徐徐向下落，这个向下落的过程当中是意与气合，产生了重锤向下落的结果。

我们有形的身体是随重锤的落而落，是身体要随着意的领、随着气的催，我们的身体产生一个形式上的变化。形随着意的领、气的催而产生了随动——形自己不动，它是被意领动、被气催动，这是关键。

起势每一动的第四个要领，体现的是身跟手之间的关系。形分了一个身一个手，为什么分身、手？因为人最大的特征是有手，我们所有动作的完成，人类的进化、智慧的形成就靠一双手。所以，手跟身这两者的关系也是动之则分、静之则合的关系。

关于手，从太极内功的修为来说，太极无手、太极不动手。杨澄甫有一句至理名言“练太极拳者不动手，动手便非太极拳”，不管是推手，还是盘拳，不论做任何动作，手都不自动。手要不要动？当然要动。手怎么动？手自己不动，永远是随身动。手在任何动的时候，都是先身动后手动——以身运手。

前面讲开合动桩功的时候，其中一个重要的功法是“四动功”，“四动功”讲的是身和手之间的关系，以身运手，身手之间是动之则分、静之则合。

拿住丹田练起势这个功法，最终一定体现在身与手的关系上，神要主、意要动，意领形随，气催形动。形是我们的身，身是不是自己动？身也不动，身是被意动、被气催着动，身动以后又主宰着手，所以是以意领，气运身，身运手，手是随身动，最后才回到《太极拳经》上告诉我们的“形于手指”。手只是神、意、气，最后落实到身体上表现出来的一个结果。我们看到所有手的动，它本身不自动，手所有的动是不动之动，虽动犹静，它是静的。我们拿住丹田练内功就是要把动和静的关系，“动分静合屈伸就，缓应急随理贯通”这个理要明了。

拿住丹田的具体功法，实际上是在明理，是把这个理在自己身上做出来，你才能贯通，贯通的是这个理。

起势就介绍到这儿。这里顺便说一下，从无极桩功到浑圆桩功，到开合动桩功都讲过起势，这次讲内功八法又讲起势，大家会发现，这太极起势是一步一步在深入、一步一步在细化。是不是这次讲的比前三次讲得细化就讲完了？没有。现在内功八法讲的起势是在这个内功修为阶段，通过起势来体悟和把握怎样拿住丹田。在这个过程当中，有的学员会产生很多的困惑和疑问，随着具体修为的深入，我们还会及时做出相应的讲解。

17. 收势

前面已讲过，起势是一势分三势，即预备势、起势、收势。起势在第四动以后进入抱球势。我们说太极拳不管哪一门派，从预备势到起势，然后进入盘拳走架，例如我们杨式太极拳的传承，是在起势后的抱球势状态，开始盘拳架揽雀尾的掤捋挤按。不管拳架是多少式，24式、48式、108式，最后都要进入合太极，就是收势，收势后回到无极势。

由起势到收势的过程当中，不管有多少个招式的变化，那只是个数字的变化，我们不去管它，我们只是讲起势和收势。为什么？因为不管是24式、48式、108式，里面所有的式都包含着起势。所以说，十三总势就一个势，这个势就是无极到太极、太极回无极。所有招式的变化、动作形式的变化，都是起势的演变和势的检验。前面讲了起势，下面给大家介绍收势。

其实收势和起势这两个异曲同工，就是一势。起势是起，收势是落。起势是通过意念的假想，将胸前这个球徐徐捧起。大家记住，这个时候形意是合一的——有形的身体和无形的虚的球，虚实变转合一。这个合一是虚实两个合了，虚的实了、实的虚了，球就是我、我就是球。

下面做的不管是24式、48式、108式，这个球不能掉。掤捋挤按，掤是掤这个球，捋是捋这个球，挤是挤这个球，按是按这个球，最后收势是把这个球要收回去，球从哪儿来的要回到哪儿去。

顺便说一下，鉴别你盘拳走架练的怎么样，我告诉大家怎么去分辨。我们看的不是有形动作，而是看一式一式的拳架是不是始终如一，主要检验这个球抱着没掉——从起势开始，这个球跟你的形是一直合一的。例如，盘拳架走掤捋挤按，在掤的时候要检验是不是还合这个球，在捋的时候是不是仍然还有这个球，要做到每一式拳架球一直不掉，一直无而有，这才是太极拳要盘的架，而不是练一个形式上的动作。我父亲当年就说："球呢？"意不能守住这个中，不能守住这个球，还管什么球。我们练拳架经常出现的问题就在这儿。

比如两个人试手。如果对方来发我，可他的意向敌发，没有球了，这样劲就不整，我就可以用外力与他对抗。在任何时候都不能没有球，球要抱着劲才整。为什么有球就整？因为人跟球合了，球是整的，动的是这个球。

修内功，要把无修成有，虚修成实。我反复强调，一定要把握住虚而实。我们起势起的是这个球，收势还是不离开这个球，要一直有球。收势是把球哪儿来的回到哪儿，最后是有而回无，回到无极的状态。但是，这个无极状态随时又在生有。

收势跟起势一样依然是四动，但是，收势的四动和起势的四动是正好相反的。下面具体讲解收势的四动及每动的四个要领。

第一动，欲落先起。起势是欲起先落。这时候要想落先要起，不是说抱着这个球现在要落，直接就落下来了，而是要先起。在起的过程当中，是由抱球势开始欲落先起这第一动。动什么？神主意动。什么意动？收势第一动欲落先起有四个意的要领：第一个要领是丹田逆盘、第二个要领是横开竖合、第三个要领是重锤上提、第四个要领是身手合提。具体来说，随着丹田的逆盘，横要开了。横一开，竖就要合。这时，重锤随着丹田的逆盘徐徐地向上提。因为我们的身和手合在了球上，身手也是合的，随着丹田逆盘，横开竖合、重锤上提，我们的身体也随着重锤上提而起，收势的第一动欲落先起，大家要重点体会，神主，神宜内敛。意动，意一动，丹田逆盘，横上是开、竖上是合，重锤是向上提。在重锤上提的过程中，身手随重锤合提在起，身手合着起到上丹田和中丹田之间，手不过上丹田。

第二动，随起而落。起势的第一动和第二动是欲起先落、随落而起，收势第一动和第二动是欲落先起、随起而落。收势随起而落这一动的四个意的要领是：丹田顺盘、横合竖开、重锤下落、身手合落。具体来说，随着起，就要由起转向落。这个时候，丹田由逆盘转向顺盘，横与竖由横开竖合转向横合竖开，重锤由上提转为下落，身与手由身手合提转为身手合落，身跟手随着所抱的球、随着重锤下落。这里注意两点，第一个是在丹田顺盘的时候，顺中要有逆，一定记住有顺就有逆，在意上动之则分。第二个是在提、落的时候，落的时候要有提，提的时候要有落。这一动的随起而落，落一定要有难落之意，有一个上提，不让它轻易地落下去。所以落的时候，是缓应，是徐徐地、自然地向下落——松落，它是提着落。这样身手是合一的，跟球是合在一起的，而且完全松通。

第三动，落中有起。前面讲的起势是起中有落，落中有起。收势第三动落中有起，这是在落的过程当中一定有一个难落之意，这个难落之意就是起。在落之形里面，意一定是动之则分，除了有一个看不见的落之意引领有形身体能看得见地向下落以外，还一定有一个看不见的意，这就是难落之意。所以永远是两个意——落和提、提和落、难和易，这两个意永远是同时存在的。

在做收势第三动落中有起的时候，要像起势一样，在落当中去体会起之意。第三动落中有起主要包含四个意的要领：丹田顺盘、横合竖开、重锤下落、手落身起。具体来说，在第二动的基础上，丹田继续顺时针盘转，横继续向内合、竖继续上下展开，重锤继续向下落。大家注意，随着重锤虽然还在向下落，这时候身与手有了一个变化，手随球下落，身在落中要有一个起，也就是为收势第四动做了一个身手之间相互转换的准备。

收势进入第四动，起而回落。下面具体说一说这一动的四个意的要领。一是丹田逆盘。意想丹田逆时针盘转，重锤因丹田逆盘被卷起上提与丹田相合。体会中重相合的过程及感受。二是横开竖合。意想横开，自丹田中心点向前、后展开呈一条横线；意想竖合，其贯串丹田之中的上下竖线合于丹田。体会横线开进前后一致、竖线合时上下相随、横开竖合异而同出的感受。三是重锤上提。意想裆下重锤随丹田逆盘，横开竖合而上提并与丹田合而为一。体会重锤上提与丹田逆盘及横开竖合之间密不可分的关系。四是手落身起。意想双手所抱之球在边落边提中落至地面，手随球落，然后，双手由抱球状转为自然下垂至体侧。同时，身体自然立起，回到身心俱静的无极势状态。也就是说，经过丹田的逆盘、横开竖合、重锤上提，最后手落身起，球回落，落到地面，身与手像预备势的时候一样的自然状态，中重相合。所以第四动起而回落，把虚而真实的重锤落到了中空当中来，也就是中、重合成了一个完整的状态。

从无极势、起势、收势，又回到无极势，这里给大家介绍了整个过程，大家要认真消化和理解。

18. 四在四不在

在这里，我想强调一下，在起势、收势修炼过程当中，需要把握的一个原则，我给它总结叫“四在四不在”，下面具体讲解一下。

第一个是在有不在无。太极内功修为的核心是丹田。前面已经讲过什么是丹田，就是老子告诉我们的，一个有一个无，“无，名天地之始；有，名万物之母”。所谓丹田，就是天地万物之间有无相分相合的内在关系，我们把这一内在关系提炼出一个概念叫丹田。“有”和“无”，刚才讲了练内功盘丹田有顺有逆，在练的时候是有，最后结果是无。无是结果，一定是先要有。但是，有怎么找？什么就叫“在有”？就是在对立的“有”“无”之间，“此两者同出”，有和无同出而真有，这是“在有”的一个关键。例如，有顺就有逆，有提就有落。阴和阳不可偏废一个，不可只要阳不要阴，只要好不要坏，因为万物都有一个阴一个阳。

从天道来说，天道没有好坏之分。但是作为人，老是用自己的内心——分别心，分出一个好一个坏，这是人心所致。道心不是这样的，道心本无好坏，好坏是人的心分出来的。我们现在要回到本原。所有表现出来的象有好有坏，但是怎么回无呢？此两者同出——我既要有，但是有的时候我要想到那个无；无的时候我要抓住有，让它生出有。也就是说，当你好的时候，一定要考虑到好之中蕴含着另一面，你要防备，要提前用好来制约它，这样“有”“无”就全有了，这就是我们修为的结果，称之为

“全”——阴和阳全了。

我们的修为改变的是心境、心态，改变的是思维意识。就像身体有病，这很正常，哪有没病的人呢，但我们不因为有病就觉得是天大的事，我要正确对待它，该治治、该调调。好和坏这两个一定是相辅相成、相生相伴的。因此，有和无，在有不在无。

第二个是在横不在竖。竖是本原的，天地之间这一竖根本不以人的意志为转移，它永远有，是永恒的。在我们身体上怎么把这一竖真正竖起来？虽然这一竖是有，但是对人来说，它却是无，因为它看不见摸不着。如果真的能够把天地这一竖为我所用的话，那就要抓住横。竖是一、横是万。这一竖中能够有多少横呢？无数横。我们只有得到横，用横的开合找到跟竖相互之间作用的这一点，体悟到“一”的真实。

横体现在前和后。竖是上下，上天下地。我们不管上下，要想做到天地相随和，要从横上去找。怎么找横？前后。上下相随是我们内功修为要求得的一个结果，怎么得到这个上下相随的结果呢？老子讲“前后相随”，这是老子告诉我们的“道法自然”的法，道是上下，法是前后。具体到我所传承的太极内功，对前后的修为有一个奇妙法门，就是“不离腰顶后与前”，也就是在修为前后相随的过程当中，在横不在竖，在后不在前，“命意源头在腰隙”，在腰顶。这个问题留待以后细讲。

第三个是在重不在中。有同学问："李老师，咱们不是求中、得中、守中妙用无穷吗？"是的，问题是这"中"是结果。修为的功夫不是下在"中"本身上，而是要下在"求"上。怎么求呢？要想守中、得中，就要得重。要得这个"中"，就得调这个"重"。所以，我们的意一定在"重"上。

"重"是非常公平的。天地之间，每一个人、每一个物体都受到大地重力作用。重力就反映在我们的身上，不管张三李四，想不要都不行，除非离开地球，否则大地一定给你。我们知道，"中"是平衡状态。不中的原因，关键在重，在重和中两者之间的关系。中重不合，就会失中，也会失重。所以，要想守中、得中、求中，从哪儿求？从重上求。

我们现在练拿住丹田，其中一个重要的内容，就是要明白中重之间的提落关系。横竖的开合，就体现了中重的提落相随。守不守中、得不得中在重。我们所有的修为都是为了要先得重。得没得重，体现在"出沉"——气沉丹田。那个沉是气沉，既有气的性质、品质，又是沉甸甸的。气本来是轻的，虚而不屈、动而愈出，说有就有，说无就无，全无定向。说来这个气就来了，说有就有了，但是它又是沉甸甸的。重而不滞、沉而不浮，这才是重。能够得重，就得了气。能够让我的身体随意运行的动力，就是气，就是这股内气。内气催动有形身体，内气的产生由于重的提落。所以我们说，在重不在中。

第四个是在身不在手，在意不在形。大家记住，身手之间，永远是以身运手，身和手的关系永远是手随身运，手被身运。因此你的意不在这个手，身手是合一的，手不自动，身动手才动，这叫身手合一。为什么说在意不在形，我们这个身是不是自己动的？不是，它是一层层分，手随身动，身随气动，气随意动，你看这个因果关系，是一层层的，非常的清楚。

在修炼太极内功过程当中，要牢牢把握住这“四在四不在”。

19. 抱球势就是十三总势

下面我要进一步讲一下内功八法抱球势的重要意义和作用。

很多人以为抱球势就是这么一抱，完成这么一个动作就是抱球势，不是的。我下面的话非常关键，这也是我所传承的太极内功当中一个核心的理念，抱球势是什么？抱球势是太极总势——“总此一势”。

当年我随父亲修习太极拳，我父亲反复跟我强调要读拳论、读拳谱、读前人的经典，尤其强调经典当中的“老三篇”，一篇是王宗岳的《太极拳论》、一篇是《十三势歌诀》、一篇是《十三势行工心解》。特别是《十三势歌诀》，在内功八法明理篇当中，我们进行了大量引用。这个歌诀当中最重要的是第一句“十三总势莫轻视”。很多太极拳爱好者总是轻视这个十三总势，他不知道十三总势是什么。我当年也问过我父亲：“十三总势，除了《十三势歌诀》里面有这个提法，其他太极拳论当中都没有提，我不知道什么是十三总势，我要想莫轻视，我得知道是什么呀。”我父亲告诉我：“十三总势就是总此一势，什么势？抱球势，抱球势就是十三总势。”当然这是在我的传承当中，我父亲、我师爷他们所强调的理念，这只是我们这个传承体系的认知，我们是这么认为的，也是这么去修炼的。要牢牢地抓住抱球势，它就是十三势的总势。为什么它是十三总势？因为抱球势，也叫太极势，分阴阳、合太极，最后就合出来这个抱球势——合出来一个合太极。

前面说了，十三总势就是抱球势，又叫太极势，里面有三势，即无极势、起势、太极势。也就是说，总势是一势当中分了三势，三势合为一个总势。为什么抱球势是十三总势？要回答这个问题，先要明白什么是太极？“太极者，无极而生”，太极一定是由无极开始。无极怎么生的太极？动分静合——动之则分、静之则合。无极生的过程在起势，起势的重要性就在于通过起势才由无极生出来太极。“太极者，无极而生”，无极生太极是离不开起势的，起势的过程是“动分静合屈伸就”。“拿住丹田练内功，哼哈二气妙无穷。动分静合屈伸就，缓应急随理贯通”，就这么个道理。起势的重要性在于动分静合，这样才能够由无极势形成太极势，也就是由无极入太极了。如果说无极势是静生动的话，太极起势就是虽动犹静。静生动势、虽动犹静，到太极势——合太极，又回到了静生动势，所以道理很明确。我们现在由预备势、开步到起势、到完成抱球势，就是在进行“十三总势莫轻视”的修为。

从无极桩功到浑圆桩功到开合动桩功到内功八法，最后真的进入合太极，这个过程，我们是在进行由无极生太极的修为。从太极势、抱球势开始，我们就进入具体功法的修为，也就是要动之则分、静之则合。

我们进入太极内功八法的具体功法学习，先要掌握抱球势这个总势。杨氏太极拳，特别是我们这个传承体系，把无极势、起势、抱球势，特别是起势看得非常重要。你别的都可以不练，起势每天要练。因为它就是由无极生太极，其他所有功法的变化都是在它的基础上。

杨澄甫有一部经典著作《太极体用全书》，这本书是他的学生郑曼青主编，杨澄甫口述。他在对功法的介绍当中，对太极起势有专门的论述，他讲“人皆于此势易为忽略”，就是对这个起势——由无极势到起势，不是个别人忽略，而是学习者特别容易忽略。大家想一想，起势引起你的足够重视了吗？你把它作为修为总势了吗？问一问自己。他讲“殊不知练法用法，俱根本于此”，不管你什么练法，不管你什么用法，全部“根本于此”，都是从这儿开始，离开了它就离开了根本，你所有的练法、用法就没有根本。下面告诫我们，“望学者首当于此注意焉”，就是你最应重视的是起势，因为它是根本。

20. 拿住丹田第二个具体功法：哼哈二气

拿住丹田的第二个具体功法是“哼哈二气”。这个功法是不是我所传承的太极内功体系独有的，我不敢盲目断定，但是，在杨氏传承体系其他门派中，至今还没有看到传承这个功法。因此我在这里再强调一下，我所介绍的“哼哈二气”这个功法，是我的传承体系里面自己的功法，跟别人没有关系。

这个功法的内涵是什么？前面讲过，张三丰的拳经把修习内功的总纲告诉我们了，就是拿住丹田。继之，他又告诉我们拿住丹田怎么练内功，就是“哼哈二气妙无穷”。也就是说，内功怎么练就妙无穷了？就练哼哈二气，一哼一哈二气。

哼哈二气怎么练？练发声。我父亲管这个功法叫作丹田试声——用丹田来发声。常人发声都是用嗓子，这是用丹田发声。拿不拿得住丹田，这是内功修为很重要的一个核心。怎么才能拿住丹田、体现在哪儿？丹田发声。

丹田发出的声是什么声？我们说丹田发声是合声，是哼和哈这二气合出来的一个声。丹田试声只做介绍，不作为本次内功八法讲解的重点。我们要把注意力集中在起势的修为上。

关于哼哈二气。哼是上丹田从鼻腔发出的声音，因此哼是上。哈是什么？哈是下丹田作为动力源来发声，哈是下。哼是提，哈是落。所以大家会发现，哼、哼，是上面、鼻腔；哈、哈是在下。修习“哼哈二气”功法，就是要把哼和哈二气做到上下随和、上下合一，也就是由二气要合成一气，将上和下合成一气。

现在上是哼，哈是下，当合起来以后，上跟下就合而为一了。当上发哼的时候，我们要用下发上；在下发哈的时候，是上提着下、提着落，向下。这个时候，这二气合到一气，是一气周流的结果，这一气是由丹田聚合出来的。也就是说，丹田的一气鼓荡，发出了一个哼和哈合一的声音，这就是“拿住丹田练内功，哼哈二气妙无穷”。

当年我也是在长久练习起势以后，才进入试声练气，来体会丹田的阴阳二气——哼、哈一上一下，最后阴阳相济，合成一气周流，无哼无哈，哼就是哈、哈就是哼，上就是下、下就是上。

因此，张三丰说：“拿住丹田练内功，哼哈二气妙无穷。”杨氏太极拳前人杨班侯告诉我们：“乱环术法最难通，上下随和妙无穷。”都是妙无穷。我们修为的结果就是有一种灵性的妙无穷。怎么得的？随和——上下相随、上下相合，阴阳二气合成一气周流。一气周流以后，无哼无哈、有哼有哈，无上无下，合成了“一”。太极即一气，一气即太极，这是我们修为的核心。

当年我父亲带着我进行丹田试声、合志训练的时候，怎么练才算及格？哼、哈 60 次——一气做“哼、哈”60 次，才算及格。所以，拿住丹田不是一句空话，一定是实实在在的，要把虚的、无的丹田虚而实、空而有，只有拿住它，才能够体现出我们内功的功力。

前面把内功八法为什么、练什么、怎么练给大家做了一个介绍。

在我的传承体系当中，将无极桩功和丹田试声称之为终身功法，也就是说要练一辈子的功法。据我父亲和我师爷都说过，这两个功法是杨家的看门功法，只在门内弟子中传承。无极桩功杨家过去不对外传，教拳不教桩，教桩不教无极桩；再一个不传的功法就是丹田试声。白师爷曾讲，当年杨少侯（杨露禅长孙，杨健侯长子，杨澄甫之兄，杨家第三代传人）练功就在自己的一个屋子里面，从来不让别人进，他人在外面只能听到哼、哈的声音。而且徐师爷讲，少侯爷在跟别人比手、动手发人的时候，就是一哼一哈把对方发出。当然哼、哈里面有很多的内容，比如一收一放、一呼一吸、一提一落、一松一紧等，这里不做详细介绍。

下篇

功法篇

第五章　太极内功八法之抻功

内功八法第一个功法是抻功，抻功与其他七个功法都分别由形的要领和意的要领两个部分组成。

前面是内功八法的理法篇，从这一章开始，将进入功法篇。内功八法有抻、搓、转、抖、拍、荡、提、揉八个具体的功法。每个功法将分别从形的要领与意的要领两部分进行具体解说。

一、抻功形的要领

现在开始讲解内功八法的第一个功法：抻功。从具体功法讲解的次第来说，分为两个重要内容，一是形的要领，二是意的要领，每一个功法包含这两部分内容。抻功分有合手抻和分手抻，其中又包含有上下抻、前后抻、左右抻和横竖抻。我们重点讲解前三种抻法，横竖抻不作为这次讲解的主要内容，但我会给大家做一个简要的介绍。

1. 上下合手抻：合手下抻、合手上抻

在抱球势的基础上，进入内功八法学习的第一个功法就是抻功，这就凸显了抻功的重要性。

首先我要给大家讲的是抻功功法形的要领。先讲上下抻。上下抻的一个核心要领是身手抻，也就是身与手的关系。这里面又分了两个分支功法，一个是合手抻、一个是分手抻。合手抻是两只手相合，然后分为两个部分，一个是手下身上，一下一上——手向下抻身向上抻。一个是手上身下，还是一上一下——手向上抻身向下抻。分手抻分了两个部分，一个是左上右下，一个是左下右上，就是左手上抻右手下抻，左手下抻右手上抻。所以一个抻功，我们练起来是有具体步骤的。下面我就把上下抻形的要领给大家做具体介绍。

从形上来说，抻功是从抱球势开始，第一个功法是上下抻，上下抻的第一个功法是合手下抻——手下抻身上抻，形上的第一个动作要领是旋掌转指。也就是说，在抱球势的时候，两个手的劳宫穴和膻中穴是相吸相合的。现在从抱球势开始，要做合手下抻的话，首先要旋掌转指。通过旋掌转指，双手的劳宫穴转为向下。

大家要注意，旋掌的时候，手的动作要领不是简单的一个旋（转），而是手指指领。当旋的时候，拇指向下、小指向上，拇指向内、小指向外，以中指为中。当然，讲形的要领里面已经包含意的要领成分，这里重点要从形上去体会，旋掌的结果是劳宫穴向下。这个时候，我们双手是合一的、是相合的。我们在做抱球势的时候，左右手是相合到一起的。虽然分出左右两手，但旋的时候，此两手同出、同旋，旋到两个手心劳宫穴向下。这是形上的第一个要领，旋掌转指。

第二个形的动作要领，当旋掌向下以后，手要向下按，在往下按的时候，身向上抻，以手抻身，身手这两个一上一下相反相成。这个时候，在形上有一个重要要领，就是按抻——一个是按、一个是抻，按和抻这两个一上一下，同时存在。双手要下按，按出一个身向上抻。通过上下按抻，形成了一个对拉拔长，一个要往下、一个要往上，此两者同出，而且要做到上下相随。这是形上的第二个要领，按抻。

第三个形的动作要领，当双手按到下丹田这个位置，这个时候要完成第三个要领，依然是旋掌，旋掌的时候，拇指向上向外，小指向内向下，旋到两个手的劳宫穴相对合。也就是，拇指旋出来以后，跟食指形成横竖指——拇指横、食指竖，其他三指向劳宫穴回收，手的形的要领形成不丁不八状态。这个时候食指向下，由下丹田继续直向下抻——以食指领，直向下抻，这是我们第三个要领，依然是旋掌转指。但是这个时候，手形成横竖指——丁八指这么一个状态。

第四个形的动作要领，食指引领向下抻，抻到了极限——抻到不能再抻了，这个时候身跟手在对拉——手向下直指大地，像两把尖刀要穿透大地，抻三下。但是记住，用意不用力，身体不能僵紧，身体完全松通。这个时候你会感觉到上和下，特别是通过身和手的按抻以后，肩、胯、肘、膝、手、脚，产生了一个用意不用力的对拉拔长。这是形的第四个要领，极限抻。这是合手下抻四个形上的动作要领。

我再给大家演示一遍。由起势形成了抱球势，这个时候中正安舒、静心凝神、呼吸自然、周身松通。抻功的第一个具体功法上下抻；上下抻的第一个小的功法，合手下抻；合手下抻的第一动，旋掌，形成下按之势，双手徐徐向下按；手向下按，身向上起，手按身抻；手下按至下丹田，又一个旋掌，形成拇指、食指横竖之势，食指直指大地，两个劳宫穴相系相对，最后完成向下的极限抻，连续抻三下。这样我们就完成了合手下抻的动作。当然，我们先要按照步骤、按照四个要领，在形上把动作做熟练，然后在动作熟练的基础上再去求它的意。

下面是上下抻的合手上抻。合手上抻与合手下抻完全相反。形的动作要领，第一个形的动作要领还是旋掌转指。合手上抻是拇指向下向内，小指向上向外，以中指为中进行旋掌；旋掌以后，劳宫穴向天向上；掌向上是托举之意。所以，如果合手下抻是按抻的话，那合手向上抻是托抻。

经过旋掌以后形成了劳宫穴向上，朝向天，这个时候第二个形的动作要领就是掌向上托、向上推，掌向上推托，同时，身则向下抻。因手向上托，身产生了一个相反的向下抻的作用。

旋掌有两种方式，一种是掌向内旋，一种是掌向外旋。掌向内旋转向上是托，形成了一个托天之式；掌向外旋转向上是推，形成了一个推举之式，这两种方式都可以。当手向上托、推的时候，身则向下落，形成上下抻。

掌向上托、推，当我们的肘随着手到了上丹田位置，就进入第三个形的动作要领，旋掌，依然形成了一横一竖，食指像两把利剑刺向天空。第四个形的动作要领，当抻到极限，再抻三下，让身和手之间对拉拔长。这样就完成了合手上抻。

合手上抻、合手下抻可以作为单独的功法习练。比如，某个时段重点习练合手下抻，从抱球势开始，旋掌转指、下按、旋掌转指、下抻，这四个动作连贯起来完成。然后，再做起势，又回到了抱球势，重复上面的四个动作。如果想收功，直接回到无极势即可。

另外，还可以把合手上抻、合手下抻作为连成一气的功法来习练，从抱球势开始、旋掌转指、下按、旋掌转指、食指下抻三下；无极势、起势、抱球势，旋掌转指，上托（推），旋掌转指，食指上抻三下，回来，形成抱球势……之后收功，回到无极势。

抻功第一个具体的功法上下抻，上下抻功法又分合手下抻、合手上抻，它们每个动作都分了四个形的要领，刚才给大家做了介绍。希望大家反复地体悟，把这个动作做熟练、做连贯。我们在这个形的要领的基础上，最后一定是由外形求出它的内意来。因为所有形上的动，都不是它自己动。就目前说来，让形自己动也不怕，在外形动的过程中，把具体动作要领先熟悉，下面再贯串意的要领时，也就便于把握和理解了。那个时候，由形的要领到意的要领，最后形与意合，以意领形，就是抻功的完整功法。

2. 上下分手抻：分手下抻、分手上抻

前面讲了，抻功的功法要领分了两部分，一个是形上的要领，一个是意上的要领。有同学问我："太极内功主要是练形求意，凡此皆是意，是不是我们对形可以不重视？"不是的，这是一个误解，绝不是只要意不要形。

这里再强调一下，凡是所求的“意”，离开“形”就无“意”可求。我们练的是形、求的是意，“形”和“意”本身是密不可分的，通过练形求意，最后我们要得到一个“有用”的形。“形”和“意”是一对矛盾，又密不可分，谁也离不开谁，没有哪个重要哪个不重要。但是，所有的形要在“意”的主宰下——以意为主，这是肯定的。内功八法所有的功法都是练形求意，形、意是我们同修的核心内容，我们虽然是分着讲形的要领和意的要领，但是大家会发现，其实在形的要领当中离不开“意”的主宰，“意”的要领当中离不开“形”的体现。

下面讲解抻功上下抻功法的分手抻。首先从形的要领上讲，分手和合手一个最大的区别，合手是两手要相合，分手是两手要动之则分，要分开。当合手的时候，还是分出来两只手，但是两手是合一的。我们所说的分手，虽然两手动之则分了，但是谁也离不开谁，依然在分当中要合。抻功上下抻功法的分手抻与合手抻在形的要领上有相通之处，也就是前四动是完全一样的。下面我边示范边讲解上下分手抻功法。

上下分手抻功法，是身与手相合，左手与右手分为一上一下抻拉并带动腰与胯对拉拔长。在形的要领上分为“左手上抻、右手下探”和“右手上抻、左手下探”两种形式。

现以“左手上抻、右手下探”为例讲一下动作要领。

第一动，旋掌。在抱球势的基础上，双手从抱球状态开始拇指内旋，小指外旋，左、右手劳宫穴与膻中穴由相对相合状态，经过旋掌转指转为劳宫穴朝下，双手虎口相对。

第二动，按抻。双掌如同按球向下，按至下丹田，同时，身向上抻起。

第三动，转指抻、探。左手小指向外、向旋转并引领无名指、中指回握；左手食指由横向朝内状态随小指引领向外、向上旋转，食指尖朝上；左手拇指由横向朝内状态随掌向外、向上旋转，拇指尖斜朝上；左手食指与拇指呈丁八指，左掌掌心朝右向。右手小指向内、向下旋转并引领无名指、中指回握；右手食指由横向朝内状态随小指引领向外、向下旋转，食指尖朝下；右手拇指由横向朝内状态随掌向外、向前旋转，拇指尖朝前；右手食指与拇指呈丁八指，右掌掌心朝左。然后，左手食指引领手臂向上抻，右手食指引领手臂向下探。

第四动，极限抻、探。左手食指和右手食指如同两把尖刀，分别直插天上和地下，左上抻、右下探，并带动腰部向上抻、胯部向下探，腰与胯之间对拉拔长。连续抻、探三次，抻探至极限。

两手一个左上，一个右下，此两者同出。左上抻，右下探——勘探，对地下的东西要去探求它，有一个探之意。所以，上抻下探，左右手产生了分离。这里要注意，第一，当旋掌以后，食指是引领，它管方向，一个是向上的方向，一个是向下的方向。第二，在上下抻的时候，指不离中，是沿着身体虚中线走。上下抻是抻的中线，不能离开中。所以当旋掌转指的时候，大家可以假想一下手指，向上的一指代表自己的鼻子尖，因为鼻尖正好是虚中线当中的一点。向下的一指代表会阴，而会阴是虚中线当中的另一点。

这时候是上下抻拉虚中线，抻到极限，与合手抻一样，最后要再抻三下。大家要注意，这三下是腰胯之间的作用，胯要向下拉、向下坐，肩催着手向上抻，这时候要催动上边那只手直达天穹，同时下边那只手直达地心。大家别小看这三下，最后这三下非常要劲，因为在抻的过程当中，要抻到极限。后面讲意的要领的时候会给大家讲什么是极限，在哪儿找这个极限。最后这三下是在极限的基础上抻拉，去突破这个极限。可以讲，当我做这个功法的时候，三九天在室外，做前面的动作只是微微出汗，而最后这三下，汗就冒出来了。抻功为什么有助于健康？因为这个功法把身体里面的湿气全部排出来了，可以让气血流注、日日灌输，无有停止。

抻到极限，再抻三下以后，沿着虚中线原路返回。大家要注意，不管是左手还是右手，不管是上抻还是下探，都不离虚中线，然后回到了抱球势。刚才是左手上抻，现在变成右手上抻——“右上左下”。同前面的“左上右下”动作一样，两手同时一个抻、一个探，依然到了极限，要把天刺破，要把地刺穿，一二三，徐徐沿着虚中线回来成抱球势。我们每一个功法都可以作为单独功法修炼，如果这个时候要收功的话，合太极，收势，回到无极势，完成了一个功法的全过程。

以上讲的是抻功的上下抻，分合手抻和分手抻。合手抻里面有两个小功法：合手上抻、合手下抻；分手抻里面有两个小功法：左上右下、右上左下。抻功上下抻的形的要领就给大家介绍到这里。

3. 前后合手抻：合手前抻、合手后抻

下面开始讲抻功的前后合手抻。前面讲的抻功上下抻是一上一下，这前后抻是一前一后。上下抻功法分为合手抻和分手抻，前后抻依然分合手抻和分手抻。我们先说前后合手抻的合手前抻，这是前后合手抻第一个具体的功法。

合手前抻形的功法要领。

第一动，旋掌。在抱球势——双手抱球状态开始旋掌，以中指为轴，拇指向内、向下旋转，小指向外、向上旋转，劳宫穴朝向前方，双掌呈立掌。

第二动，按抻。合手向前按抻，双臂自然弯曲，肘自然下垂。身体以腰顶为动力向后拉抻。

第三动，转指抻拉。双手以中指为轴，拇指向上、向前旋指，小指同时随之向下、向后旋转，食指朝前，劳宫穴相对，呈侧立掌。双手由上一动按抻转为合挤之意，并以食指为引领向前合挤抻。同时，以腰顶之意牵引身躯向后方抻拉。

第四动，极限抻拉。在上动侧立掌的基础上，两手小指、无名指、中指依次回握，食指与拇指呈丁八指。然后，双手食指如同两把尖刀直插远方，身体同时以腰顶为动力向后方抻拉至极限，手向前、身向后连续拉三次。合手抻功法的核心是以后抻前、以身抻手。

然后回到抱球势。下面接着做“合手后抻”。“合手后抻”形的动作要领同“合手前抻”的动作要领一样，只是双手转向身后。从抱球势开始，旋掌转指。这个时候大家要注意，旋掌转指形成两个手心的劳宫穴依然向下，有同学会问：“你不是后抻吗，怎么会向下？”因为旋掌转指手心向下，依然是向下按，按到下丹田；按到下丹田以后，再旋掌转指，形成丁八指，这时候向后抻，指领，身向前，手向后。也就是说，旋掌转形成丁八向后，以前抻后。合手前抻是以后抻前，合手后抻是以前抻后。抻到极限以后，再连续抻三下。当完成合手后抻以后，再旋掌回来，回到下丹田。如果收功了，就把它作为一个单独的功法，直接收势，最后回到无极预备势。如果要继续做，我们就做起势，回到抱球势。

4. 前后分手抻：左前右后抻，右前左后抻

下面讲前后分手抻。前后分手抻是两手分为左前右后和右前左后。首先讲“左前右后抻”形的功法要领。

第一动，旋掌。由抱球势状态旋掌，左手拇指向内、向下旋转，小指引领无名指、中指、食指向外、向上旋转，指尖朝上，劳宫穴朝向前方；右手合向身体后，从体侧向后推出，指尖朝下，劳宫穴朝向后方。

第二动，按抻。左手呈按势，向前按抻；右手呈掤势，随身往后方按抻。

第三动，转指按抻。在上一动“按抻”定势（两臂微屈）状态下，双手小指引领无名指、中指依次回握，左右手的食指与拇指均呈丁八指。然后，左右手食指引领分别向前、向后抻拉。

第四动，极限抻拉。左手向前、右手向后同时抻拉至极限，连续抻拉三次。左手向前按，右手往回按。这是动之则分，分出来两个相反的动作。但是这两个一定要“同”——此两者同出。也就是说，右手和身是合的、是回的；左手跟身是分的、是出的。

一个回一个去、一个出一个入，右手和身体一样是向内入，左手前按是向外出。

这里要告诉大家，在把握形的要领的时候，要注意其中贯串着意的内容。也就是说，两手按时不是空洞无物，而是前面有阻力。我们可以意想成象，前面是两扇厚重的大门，我们要把它推开是有阻力的，这是在做形的时候要注意的。

另外，两手虽然是分，但此两者同出，同谓之合。既然是同出，它们就要互相配合在一起，谁也离不开谁，哪个也不许多，哪个也不许少，这叫此两者同。因此，在同的过程当中，两手虽然是一出一入，但是意是合二而一的，是一个滋味，不是出是出、入是入，而是要同出。既然是同，前面讲上下抻的分手抻时，讲到手要沿着虚中线，现在合手前抻、合手后抻以及分手抻，也一定要沿着前后中线——这条中线是前有膻中穴、后由夹脊穴，两穴贯穿的一条中线，在抻的时候一定不离这条中线，因此我们是处处要守中的。这是在抻的过程当中，要注意的几个要领。

最后抻完这三下往回收，当回的时候，大家要注意，左手回、右手是向前，两手齐平时，旋掌转指，回到抱球势。回到抱球势以后，接着转为“右前左后抻”。先是右手旋掌转指，跟左手一样，向外抻，同时左手向内回，一个外一个内，此两者同出。右手抻到半臂的距离时，旋掌转指，由按到抻，抻的过程当中抻到极限，再抻三下，同样不离这条中线。这是我们前后抻形上的动作要领。

大家可以回顾一下，前后抻跟上下抻相同处，两者都是由合手抻到分手抻，在抻的过程当中都离不开按而抻，同时，身手之间相互产生了一个相反相成的对拉拔长的作用。

5. 左右合手抻：下按左右抻，上托左右抻

下面我们进入抻功的第三个功法，左右合手抻。左右合手抻跟前面的功法一样，起于抱球势——所有功法都源于抱球势。左右合手抻分为两个小功法，先讲第一个小功法：下按左右抻。第一动（向内）旋掌转指，呈下按之势。第二动两手向左右按抻，到两手与肩同宽，旋掌呈前按之势，然后向左右抻；第三动，抻到半臂距离，开始旋掌；四动，向左右继续抻，抻到极限，抻到极限以后再抻三下。之后收功，两手回收，回收回来以后，旋掌转指呈抱球势。这是左右合手抻的第一个小功法。

第二个小功法：上托左右抻。在抱球势的基础上，刚才是呈下按之势，这时候（向外）旋掌转指呈上托之势，然后（左右）拉抻，抻到（两手）跟两肩同宽的时候，旋掌转指呈（向前）按势，左右按抻，抻到半臂的距离，旋掌转指成丁八指，指领，向左右抻，抻到极限，再抻三下。这是左右拿手抻的第二个小功法。

左右合手抻的两个小功法最大的区别，第一是按抻，旋掌转指呈下按之势，左右拉抻，旋掌以后呈立掌抻；第二是旋掌以后呈上托之势，左右拉抻，然后旋掌转指，呈立掌按，再左右按抻。这两个动作大家去体会，向下按抻与向上托抻，抻出来的状态和感受是不完全一样的。这是左右合手抻。

6. 左右分手抻：左抻右拉、右抻左拉

接下来是左右分手抻，具体分为两个小功法。第一个是左抻右拉，由抱球势开始，两手向内旋掌呈下按势；当呈按势以后，左抻右拉，随着抻拉，左掌旋掌、掌心朝左前方呈按势向左按；右手下按、掌心朝下向右体侧拉；左手抻到半臂距离，两手旋掌成丁八掌；左手食指引领向左侧抻，右手曲臂向右侧拉；左手、右手同时抻到极限，连续抻拉三下。一个是左抻，一个是右拉，两手动之则分，这个时候手跟身，左手是由身出，跟身分；右手是入到身，跟身合。一个是开、一个是合，两手跟身体是合一的。

当抻了三下以后要回收，这时大家要注意，刚才是开，现在是合。两个随着身往一起合，在这个过程当中，依然旋掌转指成抱球势。在这个基础上，转做第二个小功法：右伸左拉。我们开始换手，变成右抻左拉。与刚才的动作正好相反，这时候左手呈下按势，右手旋掌立掌以后向右侧按——左手下按拉，右手立掌向右按抻；抻到半臂距离，两手旋掌成丁八掌，右手向右侧抻，左手曲臂向左侧拉；抻到极限，连续抻三下。之后回收——收是合，旋掌转指，回到抱球势，最后合太极，收势，再回到预备势——提重锤，一提一落，回到预备势。

大家注意，抻功的上下抻、前后抻、左右抻，分出一个上下、前后和左右。既然都是抻功，在形的要领当中，它们就有共同点。又因为各有区别，所以就有了各自的不同点。大家在具体做动作的时候，按照我刚才讲的动作要领反复去体悟，第一步先要“着熟”，在“着熟”当中再贯串内意。

二、抻功意的要领（一）

前面讲的是抻功形的要领，下面进入练形求意阶段。前面讲过，“形”和“意”这两个“此两者同出”，谁也离不能开谁，阴不离阳、阳不离阴，形不离意、意不离形，形是实、意是虚，最后要把它们合在一起。

1. 练形求意

练形求意，很重要的一点，就是要把形和意合二而一。一个是实的，看得见摸得着的、有形有象的“形”；一个是虚的，看不见摸不着的“意”，只有把实的形、虚的意合二而一，才能达到身心一统，形成一个完整的、自然的、本原的状态，这个状态就是太极。这也是太极修为所要追求的目标。

怎么让它们统一在一起？练形求意。现在我们缺的是“意”的真实。我们不缺看得见摸得着的形，因此练形不是要强化、加深它，练形是为了求意。要想把意真的求到，就要把虚的意变成真实。意怎么就真实了呢？前面给大家讲了，要出真心、真意、真象。虚的意成了实象，这个意就真实了。

离开了有形的身体是无法求出这个意的真象的。意的真实不是想象、空想出来的。这个意到底真实不真实？检验的标准只有一个，形要虚。不离开这个形，意要想实，形就得虚。意实没实，通过形虚不虚来检验。意成了真象，翻回头来，会体现在有形的身体上，有形的身体实而虚、有而回无，无形的意虚而实、无而有，这样虚与实、形与意两个对立的要素就统一到了“一”上。

现在，习练抻功，就是通过有形的身体，要抻出无形的意。这个意在哪儿求？在虚空处求真实。因为意本身是虚的，它一定是在虚空处。如果在虚空处，意得到一个真实的落实的话，这个意就由虚变成实了。实的意翻回头来指挥实而虚的身体，这个实而虚的身体才能够服从这个意的管理。也就是说，我们修炼是为了管理好自己的身体。

人活一世，往往以为这个身体是自己的，但是它却不听指挥。你对自己的身体都不能管理和管控的话，这个身体还是你的吗？因此，我们现在要“我的身体我做主”，让它能够服从真意的指挥，让它快它就快、让它停它就停、让它去它就去、让它回它就回、让它大它就大、让它小它就小，说松就松、说紧就紧，这样一个身体才是符合自然之道——回到了道法自然的本原状态的。想要获得这样的身体，就要在虚空处求出真意。

2. 四正之意：“先明四正进退身”

要想在虚空处求出真意，在抻功当中，有三个练形求意的关键要领。这里强调一下，这三个要领，既是抻功意的要领，也是内功八法其他功法共同求意的要领，它将统领和贯串着内功八法由形求意的始终，下面一一进行解剖和讲解。

第一个意的关键要领是四正之意。大家会发现，在抻功当中，不管是上下抻、前后抻、左右抻，也不管是合手抻、分手抻，都是起于无极势，源于抱球势，之后就动了起来。抱球势是静中动，动起来是虽动犹静——似动。在旋掌转指过程当中，这里面还有四个内容，我们叫四正。什么四正？掤、捋、挤、按四正手。看似是一个旋掌转指，但是这里面贯串着四正之意，所以四正之意是练形求意的第一个意。这个意贯串所有功法的始终。《老谱》当中有一篇谈站桩，叫作《对待用功法守中土》，第一句是：“定之方中足有根，先明四正进退身。”在进退的过程当中，明没明四正是关键。《打手歌》当中，第一句话告诉我们：“掤捋挤按须认真，上下相随人难进。”不管哪一派哪一氏的太极拳，都是由起势开始进入，杨氏太极拳叫揽雀尾，陈氏太极拳叫懒扎衣，还有提手上势、搂膝拗步、拉单鞭等式，所有的式都是以掤捋挤按四正手为基础。也就是说，我们所有的变化起于无极势，源于抱球势，始于四正手，一个起、一个源、一个始，这是内功八法练形求意的一个总的要求。“始于”是开始动了，动起来的时候不离开四正手，就是离不开掤捋挤按。

从抱球势开始，始于四正手。掤——掤之意，在旋掌的时候，手掌向外掤进，然后由掤到回收，回收是捋。掤是进、是出，捋是回、是收，所以一进一退、一去一回、一出一入。在做由抱球势到第一动旋掌转指的过程当中，大家要始终贯彻体悟四正之意。当转指的时候是挤，向内合，挤然后立掌按。这就是掤、捋、挤、按四正手。当然做的过程当中要做到四正合一，是始终如一，是一气呵成，“总须完整一气”，无断续、无凸凹、无缺陷。旋掌转指形上的要求看似简单，但是里面意的要求很丰富，我们在做形的动作过程当中，把意贯串其中，这个形就不再单纯是一个手脚的表现，而是通过有形有象的动作，把里面无形无象的意真实体现出来。

在意的贯串下，大家会发现，手的形和意合一了。这时候手虽然毫不用力——手空了、虚了，可是意是实的——掤之意、捋之意、挤之意、按之意，用手的旋掌转指要走出四正之意。我们不是单纯练旋掌转指这个动作，是通过这个动作，把里面的意要浓浓的、厚厚的体现出来，这才是我们修的"真"，我们所求的真意。因此，杨氏太极拳又叫知觉功夫，非肢体功夫。我们练的不是肢体的速度和力量，练的是肢体所有的动作都服从内意的主宰，这是修为的一个核心内容。所以大家在做动作的时候，在熟练形的要领的同时，要去体会意的要领。

只要一动，动之则分。只要一动，就要问是不是掤捋挤按四正手。变化在哪儿？在始终是一个意一个气的主宰下，里面分出来四个不同的变化——掤、捋、挤、按。

《老谱》说得很清楚，在《对待用功法守中土（俗名站桩）》这篇，第一句话是"定之方中足有根"，根从哪儿来？怎么就有了根？"先明四正进退身"，四正是四正手，进退是前进后退、左顾右盼，有了四正，中定就有了。"掤捋挤按自四手，须费功夫得其真。"如果修炼不能得掤捋挤按四正手，就没有领悟到太极内功的真义。后面又很清楚地告诉你："身形腰顶皆可以，粘黏连随意气均。运动知觉来相应，神是君位骨肉臣。分明火候七十二，天然乃武并乃文。"

下面还有一篇《太极进退不已功》："掤进捋退自然理，阴阳水火相既济。先知四手得来真，採挒肘靠方可许。四隅从此演出来，十三架势永无已。任君开展与收敛，千万不可离太极。"下面就是《太极上下名天地》，"四手上下分天地，採挒肘靠有由去。採天靠地相应求，何患上下不既济"。我们说上下相随人难进，上下随和妙无穷，一个上一个下、一个天一个地，这两个要让它随和起来，从哪儿开始？始于四正手。我们所有的动作都始于它。

试手体验

下面我用动作展示一下。

现在我做合手抻。我前面有对手，没有对手的时候，要抻出一个对手来。刚才讲了要成真象，没有的时候要有。现在有对手了，我要回到跟没有对手一样，就是在没有对手的时候，我由抱球势做旋掌转指中含有四正之意开始抻，此时有对手跟没有是一样的。为什么？因为没有对手的时候，我是由抱球势始于四正手；有对手的时候，依然如此。如果不始于四正手，那就是有对手跟没对手有分别了。这时候，我必须没有对手，一有对手以后就抻不了了，正是因为这个四正手“掤进捋退自然理”，一进一退、一挤一按，才按出这个抻。所以它是在一个变化当中出现一个不变的结果。这个时候，如果没有四正手，那就是在与对手进行力量的较量。所以在抻当中是始终如一在走掤捋挤按，有没有对手都一样，要在抻功中去体悟它。

3. 腰顶之意：“不离腰顶后与前”

第二个意是腰顶之意。在做四正手的时候，我们求的是意，意翻回头在形上会有一个真实的作用、反应。这个作用是我们在所有形和意的变化当中始终要保持的，就是腰顶。可以说腰顶之意是我们修为过程中很重要的一个意，而且这个意在实的身体上是有真实的觉知和感觉的。虚而实的意翻回头作用在身体上，让身体实而虚，虚的身体要虚出一个什么样的状态呢？虚出来一个腰顶。大家要注意，这是意上的腰顶，不是用力后顶，而是有一个意把我们前后拉开，这个腰顶在哪儿呢？命门。

前面给大家讲《十三势歌诀》，第一句“十三总势莫轻视，命意源头在腰隙”。有形身体随意而动的过程当中，“命意源头”——关键点在哪儿？就在腰隙。腰隙为什么是命门呢？命门是穴——命门穴，它是空的。腰顶不是在有形的腰上用力，是在腰隙当中空出一个空而不空的真意——后拉之意。有的传承叫后凸，有的叫作后拔，杨氏太极拳传承体系叫腰顶，我觉得用“顶”更确切。

杨氏太极拳关于腰顶讲得非常明确，《老谱》专门有一篇叫《身形腰顶》：“身形腰顶岂可无，缺一何必费工夫。”我们要把有形的身体实而虚，实而虚最后怎么体现呢？有没有腰顶之意，缺这个“一”，何必费功夫呢，所以下面讲：“腰顶穷研生不已，身形顺我自伸舒。舍此真理终何极？十年数载亦糊涂。”很多太极拳爱好者练了几十年，没有能够得到这个“身形腰顶”的真意，也就没有真的把握住太极拳最核心的部分。

腰顶为什么重要呢？我们在讲“拿住丹田练内功”时讲过，这里不重复，但是要强调一下，我们练阴阳虚实体现在哪儿？一横一竖。为什么说“一横一竖打天下”？一竖是天地之间的一竖，天和地之间永远是相垂直的，这一竖不是求不求的问题，一个人只要在天地之间，就要受这一竖的作用。这一竖和自己有形的身体本来是密不可分的，只是能不能没有体悟到这一竖与身体形成的一气周流。所以我们要解决的是这个问题。

人不论到哪里，只要在地球上，天地之间，这一竖是自然而为，不以人的意志为转移，永远离不开这一竖。一竖自然就有的，我们怎么把这个“自然就有”变成“为我所用”，要从哪儿练？从横上求。

竖是先天自然之有，横是我们要练的。每个人都有竖，但是缺横。这一竖是线性的，加上一横以后——这个灯笼圆起来了、球撑起来了——由线性成了体了。如果由横竖形成体，形成一个球体的话，我们就回到最本原的、道法自然的状态，也就是无缺陷、无凸凹、无断续，完整一气。所以我们需要这一横。

横从哪儿找？作为人来说，从命门、从下丹田找。为什么从这儿找？这里再重复一下，下丹田这个位置是人体之“中”，人体的重心也在此，所以一中一重，中重相合，正好是横竖相交的一点。

现在讲的抻功离不开腰顶。因为有了腰顶，就找到从命门到丹田这一横，这一横就是中重相合。我们从抱球势开始有没有腰顶、形没形成一个完整的球？通常情况下，我们的问题出在没有腰顶之意，没有能够产生一个让自己成为一个完整的球的状态。这里有我讲课的一个小道具——不倒翁，这个不倒翁就是球的状态，因为球的状态永远是合一，也就是一点。其他东西都是多点接触，球是一点接触。正因为是一点，球的中心和重心永远是相合的，因此中不离重、重不离中，球永远是处在守中的状态，你破坏不了它。为什么扳不倒这不倒翁？因为它是一点——合一了。

许多修行的人都打坐，打坐就是打这个“一”，合一以后手脚还有吗？合到了一个完整的体上了。手脚都有而回无，无出一个浑圆一体、浑然一气，一个合一的太极。抻功功法就是通过腰顶练成这么一种状态。我们现在的问题是缺腰顶。要通过腰顶形成“合一”的状态，你行立坐卧，在任何时候都处在虽动犹静，动中永远处在平衡状态，因为你是得中、用中、守中，中重合一的。对手拿不着你的中，也拿不着你的重，因为你就是一点。当处在这么一种状态下，对手无法破坏你的平衡。我们如果能够始终如一、守住这种合一的状态，我们就能够面对外界任何复杂的变化。所以腰顶的重要性就在这儿。

现在，很多人修为出现问题就在于没有“合一”，没有形成一个完整一气的无凸凹、无断续、无缺陷的浑圆一体的球的状态。两点不合一的话，就会互相掣肘。王宗岳在《太极拳论》中告诉我们：“每见数年纯功，不能运化者，率皆自为人制，双重之病未悟耳。”一点就是单重，单重为妙，双重为病。所以第二个意是腰顶之意。

试手体验

现在这位学员在推我，我要抻。学员摸到我的是两点，左边这儿是一点，同时还摸到我脚下一点，这两点不合，原因是我没把自己形成一个球——没有腰顶之意让自己形成一个完整的球的状态，这就是“双重”。

再看，如果这个腰一顶起来以后，形成了一个球的状态，他摸到的就是一点。一点的话就活了。重点是什么？脚下解放了。这位学员可以推到我身体任何位置上，可推不住我的脚。

我父亲当年告诉我，最后练什么？太极内功修为很重要的一个目标，解放自己的脚。人类的再一次进化，在解放了手形成智慧的基础上，要再解放脚。因为我们的脚总是受到大地重力的作用，我们的脚总是在跟大地对抗，所以要解放脚。脚怎么解放？腰顶，用横把竖拉开。这是腰顶之意的要领。

4. 弹簧之意："遍体似弹簧"

抻功意的要领有四个，前面讲了两个，也就是四正之意、腰顶之意，这第三个是弹簧之意——簧之意。

前面讲理法的时候，曾经说过，内功八法的抱球势很重要的一个要求就是要有弹簧之意。正如拳论所说“遍体似弹簧”。也就是说，通过内功的修为，要把自己有形的身体修炼成一个像弹簧一样有韧性、有弹性的完整体。前面给大家讲了，在生活当中，弹簧有两种形态，一种是拉簧、一种是压簧。

内功八法的修为要把拉簧和压簧在身体中体悟出它们的真实作用。换言之，“遍体似弹簧”。我们整个身体是分的，有头、脚、手、肩、胯、左、右、上、下、前、后之分，如何把有形的身体打造成一个浑圆一体、浑然一气的完整体，让身体能够做到“一动无有不动”，这就需要把分着的身体，不是把各部件捆起来，而是让它们有弹性地连接、合成一个完整体。

在讲无极桩功的时候，我给大家强调过，人的一身分三盘九节十八个部位。在分得很清楚的基础上，还要把这十八个部位通过浑圆桩合成一体、合成一个浑圆体。用什么把它合起来呢？我当时给大家讲，要把十八个部位比作十八节火车的车厢，车厢和车厢是分着的、是独立的，但是这十八节车厢又是一个完整体，火车头一牵，整个十八节车厢互相牵挂，“一动无有不动”。每节车厢之所以能够互相牵挂，要依赖簧的作用——车厢和车厢之间既有拉簧，车厢轮毂之间又有压簧，正因为有这种弹性的连接，拉簧把每一节车厢既给连成了一个整体，又通过互相之间弹性的连接，使它有了伸缩变化的余地。同时在运行过程当中，由于有压簧，也起到了极大的减震作用，这样才能保证一列火车不管在任何路途当中，不管是前进后退、左顾右盼，都能保持住它犹如不动的平稳。所以簧的作用非常重要。

三、抻功意的要领（二）

四正之意、腰顶之意、弹簧之意，既是抻功意的要领，又是内功八法意的共同要领，而每个功法在这三个共用要领的基础上还有自己特殊的意的要领。

作为抻功意的要领，在前三个意的要领的基础上，它的第四个要领就凸显出抻功本身的特殊之处，这个要领是什么呢？就是按抻之意。

讲解之前，我先强调一下，抻功是八个功法当的重中之重，是内功八法的基础功法，所以抻功要详讲。内功八法第二个重点功法是抖功，第三个重点功法是揉功。抻、抖、揉，是八个功法当中相对来说比较重要的三个功法。

1. 重申“四正之意”：知规矩、守方圆

下面我把抻功的四正之意、腰顶之意、弹簧之意、按抻之意，结合抻功具体的修为再给大家做一个剖析。

抻功的第一个要领是四正之意。说到四正之意，从哪儿说呢？所有的功法都是源于抱球势，我们就从抱球势开始，来剖析

四正之意如何体悟。抻功是由抱球势开始四正手——掤捋挤按。对于抱球势，首先对“抱什么”要有一个清晰的把握和认知。抱球势抱了一个什么？抱了一个规矩。也就是说，我们所有的修为，首先得知规矩。太极内功、内功八法的修为，如果离开了规矩的主宰，就脱离了正确的轨道，就会走向反面，就像王宗岳说的“差之毫厘，谬之千里”。现在有很多的太极拳爱好者，“思慕经年”，每天也是花很大的工夫，但是最后连太极的味儿都没尝到，更不要说推门而入了。其中很大的一个问题，虽然练了几十年，你问问他，太极拳内功修为的规矩是什么？他未必清楚。所以问题就出在不知规矩上。

其实太极内功所有的修为，可分为三个阶段，第一是知规矩；第二是守规矩，也就是在变化过程当中，要牢牢地守住这个规矩；第三，在知规矩、守规矩的基础上，才能做到脱规矩而合规矩，也就进入了“阶及神明”的阶段。我们才能够进入既有规矩，又不受规矩的束缚，能够随心所欲地变化——既守规矩，又能够灵活地掌握和运用规矩。

到底什么是规矩？在《老谱》当中有一篇拳论非常重要，叫作《太极正功解》，要知四正之意，一定要明白正功是什么。前人很明确地告诉我们：“太极者圆也。无论内外、上下、左右不离此圆也。太极者方也。无论内外、上下、左右不离此方也。”也就是说，“太极阴阳少人修”，我们修太极拳、太极拳内功，修的就是不离方、圆。拳论接下来讲：“圆之出入，方之进退，随方就圆之往来也。方为开展，圆为紧凑。方圆规矩之至，其孰能出此以外哉！”不管修什么样的太极拳，什么门派的太极拳，都要修出“方圆规矩之至”——离开方圆没有规矩，离开规矩没有方圆，所以太极拳修为要知规矩、知方圆。

太极内功的知方圆，从哪儿知？要从抱球势“知”。抱球势抱的是方圆，这个球要抱出一个外圆内方——无论内外，不离此圆；无论内外，不离此方。要注意，抱球不是抱一个外形，是抱出一个真的意——方圆之意。方之意是什么？《老谱》说得很明确，“方为开展”，在抱球势的时候，内里有了一个向外开展之意，有开展之意就是有了内方。所以大家要把开展之意的味道站出来。

在站出来方——向外开展之意的时候，同时要站出圆之意。圆之意是什么？“方为开展，圆为紧凑”。内有一个向外展开的意的时候，外一定有一个向内收、内敛、向里紧凑之意。也就是说，抱球势要动之则分、静之则合。意一动就有两个意，此两者同出，一个是向外、一个是向内，向外要开展是方，向内要内收、紧凑是圆。也就是说，看似抱球势形不动，但两个意互相之间出现了一个对拉拔长、相反相成的变化。我们不是站一个形不动、意也不动，要站出来两个意。这两个意相反相成，在变化当中动之则分、静之则合，是“此两者同出”的。所以在抱球势的时候，能不能把两个意同时感知到，这很关键。

两个意动之则分，此两者同出，在修炼的时候应该从哪儿入手？《老谱》不但明示了修炼的规矩，还指出了修炼的路径。《老谱》中有一篇，叫《太极尺寸分毫解》，这篇很重要，特别是在内功八法的修为当中，它告诉我们应该从哪儿入手。“功夫先炼开展、后炼紧凑”，一个开展一个紧凑、一个方一个圆，“先炼开展”，也就是说，修为要从“方”入手。“开展成而得之，才讲紧凑”，对开展之意有了真实的体悟，紧凑就是由开展而产生的一个必然，这两个就同时出来了——“紧凑得成”。炼出开展得紧凑，“紧凑得成”以后，“才讲尺、寸、分、毫”，才讲分寸火候。

具体到修为当中，“先炼开展”，开展是方，方就是四正手。内功八法的抻功从抱球势就是四正之意，四正之意求的是什么？“四正，即四方也”。所以要求开展就要从四正手入手。

《老谱》当中还有一篇叫《太极四隅解》。太极十三势四正四隅，四正掤捋挤按——四正手，四隅手採挒肘靠——四斜角，我们从哪儿入手？从四正手入。前面在讲桩功的时候，讲了《对待用功法守中土》：“定之方中足有根，先明四正进退身。掤捋挤按自四手，须费功夫得其真。”这就是说明功夫要从四正手入手。

四正手和四方是什么关系呢？在《太极四隅解》当中，第一句话就告诉我们："四正，即四方也。"四正就是四方。四正手练什么？练四方、练方。通过四正手要炼出方之开展，所以拳谱说"四正，即四方也，所谓掤捋挤按也。初不知方能始圆"，在《太极正功解》当中说："圆之出入，方之进退，随方就圆之往来也。"这句话说明圆是从方开始。

"方圆复始之理无已"，如果不能通过掤捋挤按四正手把握住四方的开展，"初不知方能始圆"，就不可能由方来始圆。"方圆复始之理"，这个理不清楚的话，"焉能出隅之手矣"，四隅是从四方成圆以后才有的。也就是说，通过掤捋挤按四正手来求"方圆规矩之至"，既求开展，同时又有紧凑，方圆这两个，方不离圆、圆不离方，随方就圆、内方外圆，此两者谁也离不开谁。方圆规矩即成，则四隅自出。因此，从抱球势就要体会到抱出来一个内方、一个外圆。

大家要记住，"凡此皆是意"，我们要成象——成出一个内方外圆的真象，而不是把身体找到一个形上的内方外圆。这个意要有一个从内向外的开展之意，同时又有一个由外向内的紧凑之意，这样就方圆相生了。这是意上很重要的一个要领。

《老谱》有一篇叫《太极进退不已功》："掤进捋退自然理，阴阳水火相既济。先知四手得来真，采挒肘靠方可许。四隅从此演出来，十三架势永无已。任君开展与收敛，千万不可离太极。”不离太极的什么？方圆。修为要从挪进捋退开始，这是我们要遵循的一个自然之理。

挪进捋退形上表现可以看得出来，但是其中的内涵真义是“阴阳水火相既济”。这里面有一个重要的概念，进和退这两个相反相成，同样也是一对阴阳，谁也离不开谁，挪进（前进）的时候不离退（后退）之意，形在向前的同时，还有一个向后之意，这才是自然之理。当捋的时候，捋是向后，通过捋的形，要捋出一个向前之意，进退是相反相成的。这个很重要。

“阴阳水火相既济”，水和火互不相容，相生相克，但是它们又谁也离不开谁，水离开火，水就不能够转化。《老谱》有一篇叫《太极阴阳颠倒解》，清楚地告诉我们“阴阳水火相既济”的内涵真义，“譬如：水入鼎内，而置火之上，鼎中之水，得火以燃之，不但水不能下润，藉火气，水必有温时。火虽炎上，得鼎以隔之，是为有极之地，不使炎上之火无止息，亦不使润下之水永渗漏。此所谓水火既济之理也，颠倒之理也。……明此阴阳颠倒之理，则可与言道。”

四正之意归根结底是方圆之意，是知规矩。从抱球势开始，如果抱出了一个内方外圆，这个规矩就立下了、知道了。下面所有的变化，是不是还能够合这个规矩，这是需要我们修炼的。

在四正手基础上，我们已经有了方圆规矩之意。通过四正手，也就是抻功第一个动作旋掌做掤捋挤按四正手，就是在体现“掤进捋退自然理”，掤是进、前进，但是前进当中要有一个后退之意。捋是后、后退，但是要捋出一个前进之意。挤是合、是收，合当中要有一个开之意。按是开，开当中同样要有一个内合之意。也就是说，在开掌过程当中，要开出一个紧凑之意。

再强调一下，抱球势的规矩是一个方一个圆，不是指形，而是意，意要成象。方也好，圆也好，都不是指有形身体。很多同学问我：“老师，我这个方是不是在这儿、是不是在那儿？圆是不是在我的手上，还是在什么地方？”是，也不是。我们是用身体来求意，以意成象，真象是真意的展示。到那个时候，站就没有形了，只有一个开展之意和一个紧凑之意。所以要把规矩守住。

2. 重申“顶”之意：三顶

抻功修为怎么能够把这两个意——开展和紧凑、方和圆，方圆相生，保持住内方外圆，此两者同出呢？

抻功下一个意的要领，就是不离腰顶——腰顶之意。也就是说，离开腰顶之意，就无法做到内方外圆。外圆要保持住，就离不开顶。外圆之所以向内敛、紧凑、向内抱，是因为有一个内里的向外撑。在浑圆桩功有一个功法叫外抱内撑，一个要撑一个就要抱，撑、抱就体现了开展与紧凑。这是对意的一个重要要求。

具体到抻功修为，核心在腰顶。关于腰顶，上一章已经做了介绍。这里我要从方圆这个角度讲一下。大家记住，要想内方外圆，方圆相生，以方始圆，就要牢牢把握住“三顶”。正因为这三顶，才让开展当中出现了紧凑，也就是撑圆了——顶之意让圆撑起来了（见图 5–1）。

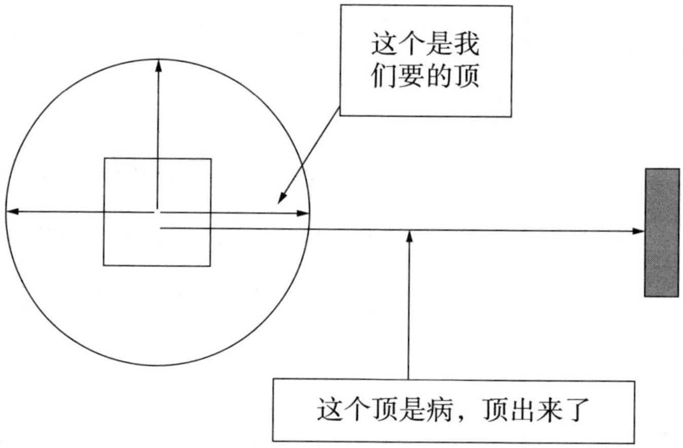

图 5–1 “顶”的示意图

当年我父亲讲，如充了气的球，撑开的灯笼，要把它们撑开，靠的是三顶。哪三顶？一是头顶，百会是上顶；二是前顶、指顶，指尖是前顶，向前；三是后顶，也就是腰顶。有学员问：“李老师，有上就应该有下，是不是还应该有一个脚顶？”我告诉大家，没有，为什么没有脚顶？因为这三顶是向虚空处，脚不用顶，而是自然顶。为什么？因为大地的重力一直是沉垂向下的，是自然而然的，不需要再去着意加一个顶之意。所以说这三顶，加上一个大地自然的沉垂的作用，整个圆就撑起来了。所以在修为当中要牢牢抓住三顶。

当年就“顶”的问题，我跟我父亲争论过，杨家的传承，修为的一个核心内容是粘黏连随，同时强调不丢不顶。四妙手是粘黏连随，四病手是顶匾丢抗。我说：“既然‘顶’是病，是我们要克服的，为什么还要修为这个顶？”

当年我很是困惑了一段时间，后来通过我父亲的讲解，通过我在修为当中体悟，才把这个顶的内涵真义搞清楚。王宗岳有一首《打手歌》，这是八法内功修为重要的一个理论基础，“掤捋挤按须认真，上下相随人难进。任他巨力来打我，牵动四两拨千斤。引进落空合即出，粘黏连随不丢顶”。这里讲到“粘黏连随不丢顶”，而顶匾丢抗是我们要避免的四病手。

后来我明白了，在太极思维中，一个事物总是包含着阴阳两个方面，同样一个“顶”，也包含着两个含义，一个是到顶、到了边界；一个是出头顶。“粘黏连随不丢顶”的顶是顶住了这个圆；“顶匾丢抗”的“顶”是顶出来了，去“顶”对手。这两个“顶”的内涵真义完全不一样。我父亲跟我说：“你看吧，老谱当中这两篇，一篇是《粘黏连随》、一篇是《顶匾丢抗》，你好好看。《粘黏连随》讲了四个妙手的内涵真义，《顶匾丢抗》讲了四个病手。”接下来，在《对待无病》中讲到，“所谓对待者，不以顶匾丢抗相对于人也”，顶匾丢抗之所以是病，是因为与对手相对。所以面对对手要粘黏连随，不能够顶匾丢抗。但是作为我们自己来说，要做到“粘黏连随不丢顶”。这句话一开始我也理解是不丢不顶，后来经过父亲点拨才明白，“不丢顶”这三个字是不能离开这个顶。所以“不丢不顶”和“不丢顶”大不相同。

另外，我们修为的是知己功夫，不能知己，“焉能知人”。现在很多的人总是想去练“知人”，总是想怎么去对付别人。我们要修为的是知己，要把自己打造成知规矩、守规矩，“总须完整一气”、合太极、浑圆一体、完整的新我。没有这个状态，怎么可能去知人。《老谱》反复强调太极修为是知己功夫、知觉运动，先知己才能有知人。知人的时候，一定不要顶匾丢抗；知己的时候，一定要“粘黏连随不丢顶”——不能离开这个顶。这个“顶”顶的是什么？方圆之至，顶到这个圆，不能够出圈，顶到这个圆的徼、边。所以杨家的前辈杨露禅讲“诚于中，发于中”。从哪儿发？从中发，达于四围，就是到圆的边——不足不行，过了不行，无过不及，只有到了圆的边，才是最合适的、平的状态。所以在修为过程当中，要体会顶之意的真义内涵。

当我们在抻的时候，要顶着圆的边走，从抱球势开始，这个内方外圆就形成了，由方始圆，在做四正手的时候是四方，而四方一直不离开这个边、这个圆，在旋掌转指抻的时候，是抻着圆走，外圆在变化，但是永远不离顶——不丢这个顶。顶丢了，顶不到位，球就瘪了；顶出去了、过了，球就破了。所以，所有的变化是开展和紧凑的变化，在变当中要保持住方圆——内方外圆。在变化过程当中，保持着“粘黏连随不丢顶”这样一个“掤进捋退自然理”。这是很重要的一个意上的要求。

试手体验

现在这位学员按着我，就像按到这个球，按到圆上了。现在我这个圆不能离开这个方，圆是随方就圆，这个圆所有的变化不是自己的变化，是内里的方的开展的变化，出现了掤捋挤按进退的变化，圆是随着方的变化而变化。但是方圆之间，两个谁也离不开谁，因此就不能离开这个顶，顶过去了、顶不足了都不行。这时候我做抻的时候，不是我抻他的身体，是我抻这个圆，推着这个圆，是这个圆在动。可是我们往往在动的时候，没有圆的概念，也没有方的概念，没有这个规矩的把握。所以两个人一接手，动是方动，要顶着圆走。力不向敌发动，就发到圆的边上，永远顶着圆走。有圆有方，用方走圆。这个时候虽然在变化开展，但是不离方和圆之间的关系。这时候你体会，在走动过程当中“不离腰顶后与前”。一步一步来，我们要明这个理，在抻的时候要很清楚地把它体现出来。

大家要注意，在做四正手过程当中，一定“不离腰顶后和前”——进退、内外、上下、左右不离此方，不离此圆，离了这个方、离了这个圆就不是了。一定是不管怎么动都不离，这才是我们要把握住的腰顶的内涵真义。四正之意、腰顶之意，让我们形成了一个“方圆规矩之至”，形成了一个完整的、合太极的状态。

3. 重申“簧”之意：虚空处求真实

刚才讲了，我们要通过抱球势，由形求出意，但是“离开己身，无物可求”，我们是要通过这个身体，把身体有而回无、实而虚了以后，虚出一个真意。所以求意不能离开身体，但也不是死守着身体来找意，要在虚空处求真实。

我们讲过内外三合，有形的身体手与脚合、肩与胯合、肘与膝合，怎么合？不是把手脚捆在一起，是在手和脚之间虚空处找到它的真实。也就是说，我们所求得的意在虚空处、在手脚之间。在做抻功的时候，手脚之间的关系是什么？我们抻的不是手，也不是脚，抻的是手脚之间，它们之间存在着一个内在的联系，也就是在虚空处求出真实来。怎么才能抻出真实？用意。也就是在虚空处求出一种真意。

怎么求真意？前人揭示了一个妙法，就是簧之意，既把两者联系起来，又在两者之间产生了一个弹性的连接，它可以产生各种各样的变化。所以簧之意是在虚空处求真实的一个重要的法门。

当手抻的时候，要体会手和脚之间是有拉簧的，当往出拉抻的时候，是拉着簧走。这个簧上面拉着手，下面拽着脚，当手一拽动的时候，就拉着这个簧，使脚和手产生了一个相反的作用，这时簧被拉开了。当做抻功的时候，要抻出手脚之间簧之意的真实，这个簧之意要出现真象。

虚空处永远有簧，把两个不同的部分连接在一起，让它们合二而一，“一动无有不动”，只要手一动，簧就要动，跟手起到一个相反的作用。抻是对拉拔长，抻是向前拉，一定有一个向后拽的相反的作用。

手和脚是这样，肩和胯、肘和膝也是这样“遍体似弹簧”，所有的虚空处，不是拉簧就是压簧。做抻功一定要把簧之意体会出一个真实的意味、真实的成效。大家要记住，我们所有的意都是在虚空处求真实。这是抻功意的要领当中的弹簧之意。

4.“节节贯串”

对于弹簧之意，我们还要把握一个要领，就是“贯串”。大家会发现，所有的意，由于簧的存在，是在空处、在间隙中去求出一种真实的体悟、真实的作用，那个作用就是意的真实。在做抻功的过程当中，还有一个在虚空处求真实的意，那就是贯串之意。抻功要抻出一个贯串。

首先我们要对“贯串”这两个字的内涵真义有一个了解。说到“贯串”，从前边几个功法，特别是开合动桩功，对它有过详解，大家可以参考《开合动桩功》这本书。

在内功八法当中，如何通过抻功体会“贯串”的真义内涵？杨澄甫大师在《太极拳之练习谈》中告诉我们：“周身轻灵，节节贯串。”周身要想轻灵，就必须要贯串。对贯串不能够把握和理解的话，就做不到“周身俱要轻灵”。

到底如何理解“贯”和“串”？这两个字其实是两个含义。从中国的汉字来说，贯是贯、串是串。贯是绳。在古代，钱是内方外圆的，这就代表中国的太极文化。钱要用绳从孔中间给穿起来，穿成一串一串的，一千个铜钱穿成一串叫一贯。“串”这个字，中间一穿，把分地合起来了，合成一串。一千个铜钱不好拿，但是穿成一串以后，一拿就走。所以“贯”和“串”这两个字我们先要明白它的意思。

太极内功的修为很重视“贯串”，可怎么贯、怎么串，拳论上没讲，只是告诉了一个结果。太极内功八法就是通过具体的功法，特别是抻功，要做到贯串。

要贯串有两个前提，第一得有绳、有贯，第二得有孔，用绳穿过那个孔把它们穿成一串。那太极内功当中的“贯串”用什么来做绳呢？我父亲告诉我：“一以贯之，一气。”气就是这个绳。这个气怎么穿呢？四个字“穿针引线”。这根线就是气。穿的是什么？穿的是针。就像缝衣服，有一根针，穿的是针，引的是线。气是线。什么是针？意是针。也就是用意与气相合，合起来贯串，动的、走的、穿的是意，被引的是气。

我们一再强调，“凡此皆是意”“在意不在气”，气是被针所引的，只要意气这两个合在一起——针线合在一起，只要针过去，线就过去了，也就是杨澄甫所说的：“意之所至，气即至焉。”不要管气，而是要看是不是意和气合了，是不是以意导气了，是不是“凡此皆是意”了，这是修为的关键。所以大家要牢牢把握住“贯串”的内涵真义，在做抻功的时候，要做到穿针引线。

穿针引线，针在哪儿穿？在虚空处、在两者之间。在实处穿不过去。气也好、水也好，总是在缝隙当中走。能够在缝隙当中，气由意引，气随意走，就“贯串”了。所以《十三势歌诀》第一句话就讲：“十三总势莫轻视，命意源头在腰隙。”有的版本记为“命意源头在腰系”（或是“在腰际”），我个人理解，还是“腰隙”对，隙是空隙、缝隙。所以意要在缝隙当中走。缝隙在哪儿？两者之间，在间隙。

意在走的时候，怎么才能够“气遍周身不稍滞”？意要在间隙当中走，也就是骨肉之间——意在骨肉之间。不是走肉，也不是走骨，是在骨肉的缝隙当中穿行。当意过去的时候，“意之所至”，气就到了。而且人的一身只要有骨就有肉，骨肉之间就有缝隙。缝隙看不见，但是意能够真实感觉到缝隙的真实。只有意在缝隙当中、在骨肉之间，一定是川流不息的，这样就能做到意到气到，“气遍周身不稍滞”。

《老谱》当中前面引用的几篇拳论很重要。作为杨氏太极拳内功传人，假如不精通《老谱》，就没办法真正体会到杨氏内功的精髓。同时，作为一个修习太极拳的后人，不认真研究前人留下的经典，真是对不起古人，也对后人没有尽到自己的责任。所以几十年来，我是《老谱》不离手。

《太极力气解》第一句话讲：“气走于膜、络、筋、脉。”气就在膜络筋脉当中。“力出于血、肉、皮、骨，故有力者皆外壮皮骨，形也；有气者是内壮于筋脉，象也。”象，形象。象就在内壮筋脉上。“气血功于内壮，血气功于外壮”，“明于‘气血’二字之功能，自知力气由来矣”，“自能知用力、行气之分别。行气于筋脉，用力于皮骨，大不相侔也”。用力和用气完全不一样，太极内功修为要“意气为君”，意领气行，以气催动形、催动我们的身体，身体是被动。气走膜络——骨肉之间，怎么走？以意穿针引线。不这样修为，内功怎么能够在身上有所真得呢？练了半天还是练的皮肉。所以我们要对“贯串”有一个清晰的理解。

5. 两个需要注意的问题（一）：“虚空处”

抻功意的要领有四个，在讲到弹簧之意的时候，特别强调了“贯串”。也就是说，内功八法所有的动作，包括抻功、搓功、转功、抖功等，只要一动，实际上就是意气的动，也就是以意导气、以气催形。翻回头来说，我们做抻功，动作是抻，但是所求的是为什么要去抻，是什么动力使得我们完成了抻的这个动作，就是意、气——动力源是气，但是气的关键在于意，在意不在气。

这里我要给大家解答两个问题，这两个问题很具有代表性。这两个问题跟下面要讲的内容密切相关。第一个问题，如何理解虚空处。

我们要求意的真实。穿针引线，气是线，意是针，也就是说，用意穿、引的是气，气是被针、被意所引。气和意本身是虚的，是看不见摸不着的，虚的意要引气，在哪儿找到它的真实？

虚而实。也就是说，意和气只有在虚空处求真实。你要想穿针引线、以意导气，就要创造一个环境，这个环境就是虚空处。

怎么理解虚空处，或者说怎么理解“空”。在《以拳证道》“何为空”这一章，对空的概念进行了解说，大家可以参考。只有知道了空，才能够在虚空的地方寻求到意的真实，从而才能够实现穿针引线、意领气行。有的同学会问：“我们在骨肉之间来穿针引线，走这个意、行这个气，这个虚空和我们身外的虚空有什么关系？”同时还问：“骨肉之间这个虚空和我们本身的肉体到底有什么关系？”我在这里告诉大家，宇宙万物的本体是虚空，不管是身体内的虚空、骨肉之间的虚空，还是身外的虚空，我们都要在空中寻求真意。

现在我们追求意的修为，就不能离开己身，要用有形的身体寻求虚空的真意。因为身体是抓手、是载体。如果在身外的空间当中去寻求真意的话，很难体会到它的真实。王芗斋大师曾有一个经典论述，他说“离开己身，无物可求”。要想求虚空、求意气的流行，必须在自己身体中寻求虚空的真实，从而得到意气的流动。这是我们修为的一个法门。

离开有形身体求虚空的真实，是求不到的。但是虚空处是不是只在骨肉之间？不是。我们在骨肉之间找到的是意气的流行。王芗斋大师还讲：“执着己身，更为不妥。”就是说只把虚空停留在骨肉之间，是不对的，我们是用它找到了意气的真实感觉——只要意气一流动就得到了一个空间，只要是空间我们的意气就能够随意而流、随时而动。所以从修为来说，给大家规定了一个在骨肉之间是方便法门，这是一点要清晰认知。

同时，我们要打造一个“意之所至，气即至焉”，打造出一个气血流注的身体，就要让整个有形的身体有而回无、实而回虚。所以我们就要对虚空处有一个了解，要对空的内涵真义有一个认知。空在哪儿？空在两者之间。空在“中”。也就是说，只要有两个——执两，找到了两头，在两者之间就是空。

作为有形身体，最容易把握的两者之间是骨肉之间，虚空处就在骨肉之间。但是不是说虚空处就是那儿？不是。比如左手右手，左右之间虚空处就在两手之间。所以对在虚空处一定要有一个明确的认知。

太极内功的修为归根结底要解决一个“间”。什么间？空间和时间。我们说宇宙就是时空，四方上下谓之宇，古往今来谓之宙。在两点之间是空间，两点之间的变化是时间。时间离不开空间，空间离不开时间。这里不再展开讲解，但是大家一定要记住，虚空处就在两者之间。

我们的意在哪儿求？既不在左也不在右，既不在前也不在后，在中上求、在间上求。我们要“执两用中”，“中”是空间当中的那个中点。得到了这个中以后，意要“守中”“用中”——“得中用中，妙用无穷”。“中”这一点是虚的、是空的，我们要求出一个真实的意来。

6. 两个需要注意的问题（二）：“气”

第二个问题，关于“气”。一旦要动起来，既不是左动，也不是右动，左右都是静的，谁动？只有“中”动。“中”怎么动？一开一合——不离开这个中，无非一开一合。当“中”一动，一动无有不动——中一动，两者之间都跟着开合。所以意在开合变化过程当中，中是虚的，左右两点是实的、静的，但是当“中”一动的时候，实的就要变虚，虚的、无的要变实——实的要虚，虚的要实，这就是“变转虚实须留意”。

当“中”一动，左右就随之而动，在意动的开合变化过程当中就产生了一种鼓荡的感觉、觉知，古人把这种真实的鼓荡的觉知，定义为“气”（炁）。不要认为“气”就是呼吸、鼓肚子，不是的。我们要进入太极思维，太极思维一再告诉我们，虚而实、实而虚——虚的意在变化过程中就产生了气的鼓荡，因此气的鼓荡就是意的开合，意的开合产生了一个真实的觉知，就是气的鼓荡。所以意和气是这样一个关系。

王宗岳在《太极拳论》中讲道：“虚领顶劲，气沉丹田。”“虚领顶劲”是一上一下、一天一地。“气沉丹田”是对气的真实觉知。很多人没练气沉，而是练成了沉气，因为他把气当成了呼吸，当成有形的呼吸以后，他就使劲地往下鼓肚子，这不是气沉丹田的真义。“气沉丹田”的“沉”就是气，气有了沉的真知真觉，就有了气的鼓荡，沉就是气的真实。许多同学虽然练了几年、十几年，但是思维习惯还是改变不了。包括前面讲的起势，是“我起”还是“起我”，是“我练”还是“练我”，是“气沉”还是“沉气”，是“我要”还是“要我”，等等，“颠倒颠，赛神仙”，一切都要颠倒过来，这样就能够进入太极思维，并用来指挥我们的行为习惯。

上面是对两个问题——一个是虚空处、一个是真气——所做的解答。

7. 根催—中随—梢领

前面讲了节节贯串，用穿针引线做比喻，意和气在骨肉之间、在缝隙处穿行，我们要得到一种真实的感觉。要得到意气真实的变化的感觉，就要做到实而虚、虚而实——意气真实了，整个身体松通、实而虚。这个身体用意不用力，用意在于穿针引线，不用力在于身体能够出现了气的运行空间。在意领气催的情况下，我们在做抻功的时候，一定要把握住节节贯串。什么叫节节呢？

我们知道一年分二十四节。虽然是一气周流，但是分了二十四个节气，人也一样，也要分节。人体总共分了三盘九节，但归根结底是三分法。在讲无极桩功时讲过，任何一个完整体都分三部分，一棵树有树根、树干、树梢——根中梢。所有的事物永远是分根中梢，这才形成一个完整的整体。同样，人也要分出来根中梢，胯以下为根，胯到肩为中、肩到指为梢。因此在做抻功的时候要记住，其根于脚，意要从根开始；抻时要梢领，指是梢，指领，根催，中随。因此，分出根中梢以后，就分出来一个领、一个随、一个催。根中梢在前面的课讲过，在抻功当中要把它体现、检验和运用，这里就不过多展开了。

前面讲把整个身体分出了三盘，也是根、中、梢。下盘又分根中梢，到底有多少个根中梢？无数个根中梢。也就是层层可分，我们要先求大后求小。做抻功时候，先从大的根中梢——梢领、中随、根催来体会它。但是在这里我要强调一下，根催的时候，产生的结果是向前催——催这个中和梢向前抻，但是根怎么催？反向求——后发，根向后发才产生了前催的结果。这是需要大家注意的。

大家体会一下这两个动作的不同。现在要抻，根要催，如果身体整体向前，这种催是梢往前，根也往前。这是一个。第二，梢往前的时候，根向后，为什么要这样？因为“不离腰顶后与前”，后发先至，是向后发出现一个向前催，开和合，相反相成。大家在这一点上要理解和注意。

整个身体分了根中梢，这是大的根中梢。每一节又分了根中梢，脚为根、膝为中，胯为梢；胯为根、胸为中、肩为梢；肩为根，肘为中、手为梢；腕为根，手心劳宫为中，指是梢；指根为根，指中节为中，指尖为梢，所以可分出无数的根中梢。用什么分？意分。只有意能够其大无外、其小无内，永无止境。

8. 按抻之意：动分静合、两意合一

抻功前三个意的要领给大家做了介绍，现在说第四个意的要领，就是按抻之意，这是跟抻功具体功法密切相关的要领。抻功是以“抻”作为功法的核心，但是大家会发现，在抻的同时还要有一个意的变化，动之则分，一个意一定是由动之则分的两个意；静之则合，两间合为一个意。也就是说，在有一个抻意的同时，还伴随着有另外一个意跟它“此两者同出”，这个意就是按之意，这两个意合成了一个按抻之意。

我们在抻的时候都是由按转为抻，因此在抻的过程当中一定还要有按。按之意与抻之意是相反相成的，也可以说是一横一竖。在前抻的时候，如果抻是横的话，一定有一个向下的按之意，这两个意要合出来一个意，这个意就是按抻之意——既是按又是抻（见图 5–2）。

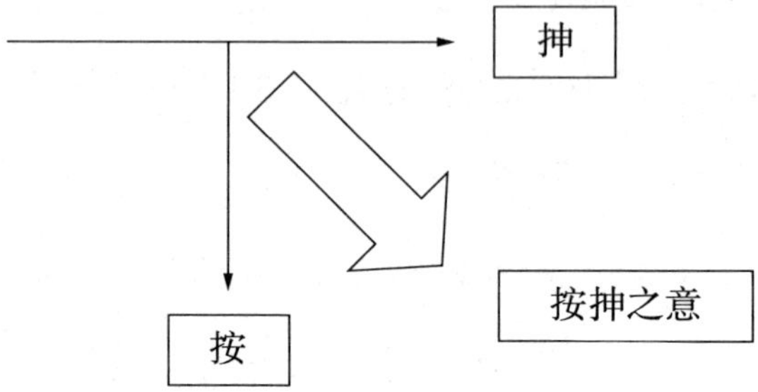

图 5–2　按抻之意示意图

我们所有的一动，动之则分，每一个意都会有两个相反之意，静之则合，两个意合出来一个意。前面给大家讲过，真气从之，那么真气从哪儿来？由真意来。什么是真意？有意无意是真意。有没有意？有意，有抻有按；但是这两个意合了以后，无抻无按，你说哪个是抻、哪个是按？有意无意，无了抻和按，才有了一个真意，就是按抻之意。不但在抻功当中是这样，所有的太极内功、所有的变化过程当中，都是两意合一意，所以王宗岳才告诉我们，“动之则分，静之则合”。

试手体验

由抱球势开始，这位学员现在抻，在抻的过程当中一定有按，抻和按合起来以后，既不是向前的抻，也不是向下的按，而是直接在虚空处走，走了虚空处以后，产生了一个气的流行，气的流行就产生了一个劲。一个阴一个阳，如果前抻是看得见的，我们叫阳，下按是看不见的，叫阴，阴阳相济，合出来一个按抻之劲。

抻功绝不只是抻筋拔骨，是要抻出我们的真意、真气，最后得到一个真的劲。从这个角度上去做抻功的话，大家会感觉不一样了。为什么？因为我们最终是要实现“阴阳相济，方为懂劲”。

前面讲过，抻功是重点讲的一个内容，所以内容比较多，初学者一步一步地消化和理解。

讲到这里，大家会发现，我们的太极内功的修炼，从无极桩功开始到浑圆桩功，到动桩功、开合动功，再到这次的内功八法，实际上练来练去，就是在练一个东西，没有两个，就是“一”。但是这个“一”是通过不同的角度、不同的理解，最后要得到一种真实的觉知——把自己的身心最后合成一个完整的状态。把身心合出来一个完整的状态从哪儿入手？四君子：神、意、气、形。

太极拳修为的主要内容是两部分，一个身、一个心，有形的身体是看得见摸得着的，我们将它叫形；那个心看不见摸不着，但有神、意、气这三个关键要素。太极拳修为身要静——形是虽动犹静，心也要静，身心俱静。有人说心不动吗？心本体不动。

但是如果心不动的话，那作为主宰的神也不动、意也不动、气也不动，这个心就死了。心不动心才活，它才会有灵性的反应。也就是说，我们修为了半天就是要求得一个身心俱静，同时静出来一个神宜内敛——作为主帅、主宰的神不能散乱。在神的主宰下，我们要意领、气催、形随动。所以神意气这三者之间的关系，我们修为了半天，依然还是要解决这个问题。

回顾一下内功八法重中之重的第一个功法——抻功，在形的要领基础上，归纳总结了四个意的要领：四正之意、腰顶之意、弹簧之意、按抻之意。到现在为止，抻功的四个意的要领给大家做了一个基本的讲解。

9. 空体的球

在这里强调一下，太极内功八个功法，第一个功法是抻功，并不是其他功法不重要，每一个功法都重要，只是它们的侧重点不同，但可以说抻功是八个功法当中的基础功法。

在讲搓功意的要领之前，要强调一点，搓功意的要领是在抻功的基础上展开的，也就是说，抻功给搓功打下了一个基础。为什么这么说？

通过抻功的修为，解决了一个什么问题？在抻的过程当中，我们以意引气，意气像穿针引线一样，在骨肉之间的缝隙当中进行“气遍周身不稍滞”，进行意领气行。经过抻功功法的练习，最后达到“意之所至，气即至焉”。同时气血流注，把我们打造成一个充满了气的、空体的球。

前面讲过，在意领气行的过程当中，意气如穿针引线般在骨肉之间穿行。《太极力气解》明确告诉我们，气走膜络筋脉，也就是内气的运行通道是沿着骨肉之间膜络筋脉进行穿行的。当内气在意的引领下能够穿行于筋膜间的时候，使得那层筋膜恢复了弹性，也就是说，产生了“筋膜腾起”的变化，产生了弹性的作用。

人的衰老主要表现在骨肉之间的筋膜失去了弹性。我们通过平时按摩、运动可以刺激那层筋膜，延缓它的衰老、恢复它的弹性，但是这是外在的手法。如何让自己的筋膜恢复弹性，太极内功重要的有为方法就是穿针引线，以意行气，游走于骨肉之间，使得这层筋膜产生了波动性，以恢复它的弹性。

当意气在筋膜穿行时，意到气到——“意之所至，气即至焉”，就产生了一个真实的感觉、觉知，骨肉之间那层筋膜就产生了弹性的变化，我们叫“筋膜腾起”。通过抻功的练习，能够产生这样一个结果的话，最后就会实现“得意忘形”。意在骨肉之间得到了一个筋膜的弹性的真实的觉知，这个时候我们有如把自己的身体——骨也好、肉也好，全部似有若无，忘掉了。尽管它还在，但是我们的意不在骨也不在肉，而在骨肉之间，这样我们就把自己的身体打造成了一个充满了气的、空体的球。

在讲无极桩功的时候，我给大家讲过，正是因为筋膜的特殊结构，才把有形身体所有的组织都合二而一，合到了一张筋膜上。从医学角度上讲，当把人体所有的组织解剖完以后，就保留了一张完整的筋膜。因此，我们最后要得到这样一个完整的筋膜。当我们把身体打造成一个充了气的、有弹性的球体，这个筋膜就是这个球的外皮，在外皮之内——球的内空当中——充满了内气的鼓荡。

通过抻功把我们打造成一个触之即弹——非常有弹性、触之即旋的空体，就恢复了整个身体的弹性。为什么要通过抻功把自己打造成一个空体？因为太极内功修为的一个核心主旨就是修空。宇宙万物的本原是空，所有的“实”、所有的“有”都是空出来的。我们的本体属性应该是空，因此要让自己回到这个空体的状态，这个空体才能够成为一个有用之体。

太极内功修为是体用结合。现在很多太极拳爱好者习练了几十年，不能得门而入，一个很重要的原因，就在于重用轻体，总想怎么去用，但是没有这么一个空体如何有用呢！所有的用都是在空体的基础上所产生的真实的作用。所以太极内功修为的关键，就是要把自己打造成一个空而实的有用之体。它充满了弹性，一经触碰，就会内气鼓荡。

试手体验

当我没有能够把自己打造成一个空而实的、充满内气的空体、一个球的话，对方一推，就产生了一个不是丢、就是顶的用力和对抗的作用。我现在通过意气把自己打造成一个空而实的球体，这样对方再推，只是推到了皮，而我动的是里面内气的鼓荡，这样一个体才有弹性。我们所有的变化就是这样一个空体所产生的弹性作用，内劲是由内气的鼓荡所产生的一个弹性的作用。

让自己形成一个空体，意不在外，在内之空，空出一个不空的真实，就是内气的鼓荡。内气怎么鼓荡？用意，“意之所至，气即至焉”，所以在意不在外、在空不在实。太极内功要守住这个空体不受破坏，这才是修为的主旨。因此，我们说在抻功的基础上，经过久久练习，就是要把每个人打造成一个有弹性的空的球体。

第六章　太极内功八法之搓功

我们求的是意，但不是不要形，而是通过这个形要求得一个有无之间的真意，通过这个真意翻回头来作用在我们的形体上，使这个有形的身体真正变成一个能够灵动的、随意而为的、“因敌变化”的有用之身。

这一章开始搓功的讲解。我尽量讲得明白和清楚一点，把前人留下的东西、把我自己几十年的体悟，毫无保留地和盘托出。因为这不是我个人的，它是老祖宗留下的，也是我们民族的瑰宝，应该留下它。

大家要记住，我们求的是意，但不是不要形，而是通过这个形要求得一个有无之间的真意，通过这个真意翻回头来作用在我们的形体上，使有形的身体真正变成一个能够灵动的、随意而为的、因敌变化的有用之身。

一、搓功形的要领

搓功同样要分两个部分进行讲解，一个是形的要领，一个是意的要领。

从形的角度上讲，搓功分有上下搓、前后搓、左右搓，搓功跟抻功有一个不同处，就是抻功有合手抻和分手抻，搓功只有合手。但是搓功的上下搓、前后搓、左右搓，具体分有上搓、下搓、前搓、后搓、左搓、右搓六个小的功法。我们下面就把形的要领给大家一个一个讲解。

1. 上下搓

先讲上搓。和前面的抻功一样，形的要领依然是从无极预备势开始，经过起势到抱球势，然后由抱球势进入搓功。现将上搓功法在形上的三个动作要领介绍如下。

第一动，掤进捋退。左右掌先掤进、后捋退，即以中指为轴，拇指向内旋转，小指向外旋转，双臂随掌旋转先向前掤进、再向后捋退。前掤掤中有合，后捋捋中有开。双臂定势在中丹田之上，劳宫穴朝下。由抱球势去掤，掤是进——前进、向前。一般理解掤进就是直进，这里我要提醒大家，太极的直、直进，没有绝对的直，所有的直都是曲中求直，它总是有两个东西，所以当掤进的时候，大家注意，从形的要领上是旋掌掤。也就是说，掤进是在曲当中曲出一个直，这与前面所讲抻功的按和抻两个意合成一个意一样，搓功的曲和直“此两者同出”才是真正的掤。现在很多练太极拳的朋友，掤进就是直出直入，直而不曲，这不是我们所传承的太极的掤，我们的掤是以曲而掤出一个直。这一点大家一定要注意。

王宗岳的《太极拳论》是修为太极拳的圣经，非常清楚地告诉我们“动之则分”。只要一动，就要问：“分了吗？是两个东西合出来的一个动吗？”如果不是的话，就违背了“动之则分”这个太极内功的核心要领。

试手体验

我现在开始掤进。如果我的掤只是直进的话，直对直、力碰力，单打一，我与这位学员两个人之间就是顶。现在，这位学员还是想要顶住我的直，但顶不住，原因是我的直是曲中直，我是二——一个曲一个直，他是一——只有直。所以太极内功总是二打一，我总有一个他看不见的东西。直是结果，我不是就直去求直，我是在曲中求出一个直来，这才是太极，这才是“阴阳既济，方为懂劲”，这与按抻之意是一样的。所以只要一动，动之则分，进就是两个东西合出来的“一”。对方拿住了直，但拿不住曲；拿住了曲，却拿不住直。所以任何一个动作变化，一定是动之则分，有两个完全不一样的相反的要素。大家记住，前面讲过横和竖的关系，我们要用横和竖来体会两个对立的相反相成的动之则分、静之则合，找出这么一个意，一气合成一个劲。

从抱球势开始，在掤进的基础上捋退，捋是向后。当捋退的时候，依然是旋掌后退，也就是退是直，旋掌是曲，曲中捋，出来一个直捋，这个直是曲中求得的一个结果。从形的要求上讲，由抱球势的掤、捋开始，掤的过程中不但有一个前，还有一个合——向中合。捋的时候，不但旋掌向后曲中直，还有一个开——由中而开。开到哪儿？开到两肩同宽。这是第一动形的要领，掤进捋退。

第二动，旋掌按挤。在上一动掤进捋退的定势上，拇指向上旋转，小指向下旋转，双掌随着旋转边向下合按、边向中线合挤。随后，双掌边合挤边向上推至百会穴之上，双掌劳宫穴相对，指尖朝上。这里要注意，这一动“旋掌按挤”的过程走的是掤捋按挤。抻功的四正手是掤捋挤按，搓功的四正手是掤捋按挤。

第三动，合掌对搓。在上一动“旋掌按挤”的基础上，双掌在头顶之上相合，手不离手，一上一下、一出一入，两手合掌对搓，同时一定要记住，是两掌对搓，我们把它理解成手和手相搓也可以。左上则右下，右上则左下——一出一入地搓。

以上是上搓功法的三个形的动作要领（不包括“抱球势”），当然这里面多少也有意的一部分内容，这里大家主要把形的动作要领先熟悉，要把握它。这是上搓形的动作要领。

接着讲下搓。下搓形的要领跟上搓是一样的，不同的是合掌向下搓。也就是说，当上搓回到了抱球势，然后转为下搓功法，也是由抱球势开始，第一动形的动作要领依然是掤进捋退，跟上搓是一样的。第二动形的动作要领也是旋掌按挤，与上搓不同的是，下搓是旋掌转指向下按。双掌按至下丹田后向中线合挤，两掌掌心劳宫穴相对，指尖朝下。下搓的第三动形的动作要领是合掌对搓。当双掌在下丹田之下合掌后，手不离手上下对搓。

上搓和下搓，形的动作要领基本上是一致的，只不过下搓的时候是旋掌下按到下丹田，开始挤合，合掌以后开始搓。这是上搓、下搓形的要领。

2. 前后搓

搓功又分前搓和后搓。我们先说前搓。依然是从抱球势开始。第一动形的动作要领是掤进捋退。“掤进捋退自然理”，跟前面讲的掤进捋退要领没有区别。具体动作是双掌以中指为轴，拇指向内旋转，小指向外旋转，双臂随掌旋转向前掤进，然后向左右两侧，继之向后捋退。向前掤，掤中有合；向后捋，捋中有开。双掌与肩同宽，劳宫穴朝下。

第二动形的动作要领是旋掌按挤。拇指向下旋转，小指向上旋转，双掌随着旋转先向前按，再转掌向中线合挤，劳宫穴相对，指尖朝前。

第三动形的动作要领是合掌对搓。在上一动双掌挤合的基础上，合掌一前一后对搓。

大家会发现，前面的动作要领都是掤进捋退要旋掌，旋掌呈按，由按到挤，所以搓功的四正是掤捋按挤，最后是合掌搓。搓的时候，实际上是一出一入、一前一后。要注意，从形的要求上，手、肘和膝是相合的，肘不过膝，上下是相合的。这是前搓形上的几个动作要领。

另外，前按有一个位置的要求，就是当旋掌—掤进捋退—按挤的过程中，一定不离中线——横穿膻中穴这条中线。开是由膻中穴开，合是向它而合，挤是向它而挤，搓是由它、顺它而搓。当然这里面，既有形的要求，也有意的要领。

下面讲后搓。后搓形的动作要领与前搓相同。第一动掤进捋退。也是从抱球势开始，然后旋掌掤进，旋掌捋退，双掌向左右体侧捋按与肩同宽。

第二动形的动作要领是旋掌按挤。双手拇指向上、向前旋转，小指引领其他指自左右体侧向下、向身后旋转，双掌随着旋转逐渐由下向身后按推并向体后实中线合挤。双手劳宫穴相对，指尖朝后下方。

第三动形的动作要领是合掌对搓。在上一动“旋掌按挤”的基础上，双掌沿着命门与下丹田之间的横线朝身后方向对搓，既有一前一后分搓之意，又有左右两手向中合挤之意。

前面讲前搓是以横穿膻中穴这条线为中，这后搓的时候则以横穿命门这条线为中。搓功形的要领，大家会发现，关键在于按和挤，在不同的方位上产生了作用，最后一定是合掌搓，不管是上搓、下搓、前搓、后搓，一定是合掌，手不离手——两个劳宫穴对着合搓。从形的角度就是搓手——搓我们的双手。这是前搓和后搓。

3. 左右搓

搓功还有左搓、右搓。先说左搓。也是从抱球势开始，大家要注意，左搓身体要转向左，就是在抱球势的状态，要抱着这个球坐胯转腰，形成一个左抱球势。由左抱球势开始掤进捋退，旋掌按挤，合掌对搓。其形的动作要领跟前面讲的是一样的，不同点就在于抱球势由前抱球势转换成左抱球势。

有同学会问："脚下要不要转？"目前这个动作只是坐胯转腰，脚下还是前抱球势状态，双脚不用转动。我们就是要体会"其根于脚"这种状态下，腰和胯之间相互的变转。这是左搓。

同样，右搓也是坐胯转腰形成右抱球势，旋掌掤、旋掌捋，合挤、合掌、对搓。也就是说，这个搓功分出来了上搓、下搓、前搓、后搓、左搓、右搓，是用不同的形式来体会一个滋味，在变和不变当中寻求一个意的变化。这里我们给搓功规定了上搓、下搓、前搓、后搓、左搓、右搓，其实当在形的变化过程当中，体会了意的一个不变的状态和滋味的话，在不变的情况下就能够主宰万变了。

比如说，前面讲左搓是转腰 90°，左搓也可以转腰 45°，甚至转的角度还可以再大一点。所以变化是无穷的，但是不管怎么变，以搓功来说，当掌握了形跟意之间的变和不变关系的时候，就可以随意而为了。

这里要注意，我反复强调，人为规定的几个动作不是为了练形，而是求意。关键在意。当掌握了以意为主，动的是意，形是随意而为，随意而变化。在意的引领、气的催动、神的主宰下，形就产生了灵性的变动。也就是杨健侯告诉我们的："轻则灵，灵则动，动则变，变则化。”化境极矣，就可以有无穷无尽的变而化。所以大家一定要牢牢记住，不是为了练形，而是让我们有一个随意而为的能变之形，这样才能够做到“因敌变化示神奇”。所以说，前面讲的形的动作要领，是为了让大家求里面的那个意。

试手体验

现在我带着大家从预备势开始完整地做一次。

无极预备势，身未动意先行，现在要开步——右开步，向左摆重锤，提重锤，然后落。大家记住，这时候是提着重锤，当一落步以后，步先落了，但是重锤没落。落重锤，回中了。

接下来做起势，欲起先落，随落而起，起中有落，起而回落，形抱球势。

由抱球势开始，旋掌掤进，旋掌转指捋退，至肩宽，翻掌呈上托，向上按举至百会，旋掌转指合挤，合掌对搓。

接下来，两掌开，呈下按，按至肩宽，合，回抱球势。

由抱球势转下搓，旋掌掤，旋掌转指捋，呈下按，按至下丹田，旋掌转指向下丹田挤合，合掌，对搓。

现在旋掌开，掤，旋掌起，合成抱球势。进入前搓。旋掌掤、捋、按、挤合，合掌，前搓。

然后两掌开，捋，捋到与肩同宽，旋掌，向下向后按，到命门，旋掌转指，合——劳宫穴相合，合掌，搓。

这个时候，由合掌到开，旋掌掤——只要进就是掤，抱合，回到了抱球势。

现在左搓。抱球坐胯转腰，形成左抱球势，然后旋掌掤、捋、按、挤，对掌搓。

两掌开，合，呈抱球。坐胯拧腰呈右抱球势，掤、捋、按、挤、搓。

两掌开，这时候要随着坐腰胯，掤，挤合，回抱球势。

如果要收功，就由抱球势回到收势，然后合步，回到无极预备势。

这是搓功一个整个完整的动作。当然可以分着做，由抱球势上搓只练上搓，或者下搓只练下搓，也可以合在一起，自己可以随意组合。

二、搓功意的要领

1. 四正之意：内方外圆、内外合一

下面，我们进入搓功意的要领的讲解。第一个要领还是四正

之意。在讲抻功的时候，我给大家讲了，四正之意、腰顶之意、弹簧之意，这三个意是内功八法中的共用之意。在搓功当中，首要意的要领还是四正之意。我们通过抻功功法的修为，修为出一个空而实的有弹性的球体，所以在搓功的时候，抱球势所抱的这个球则是一个空体——抱的是空。搓功就是在抻功修为的空而实、有弹性球体的基础上来把握四正之意。

搓功四正之意应该要抱出一个什么意？抱出一个外圆内方。外圆内方体现在什么地方？《太极下乘武事解》给出明确答案：“内要含蓄坚刚而不外施，终柔软而迎敌”。方代表坚刚，圆代表柔软。前人非常高明地指出了方和圆所代表的内涵真义。而且告诉我们，内含坚刚，外示柔软，内在的坚刚永远含在外在柔软之内。又如老子所说“负阴而抱阳”，也就是说，外面柔软的阴，永远要抱住内在坚刚的阳。

许多人有一个认知的误区，一说内方外圆，人们总用常态的思维习惯去理解什么是方什么是圆。我曾一再强调，我们的修为在明理的基础上，首先要改变自己的思维习惯，进入太极思维。我们所说的坚刚绝不是形上的四正方，而是用“方”代表内在的方正的品质。因此，“方”不是在身体里面画出一个方形来，“圆”不是外面抱出一个圆形来，这是误解。拳谱讲的“方”体现了内在的坚刚的品质，而且这个坚刚需要练。

从太极修为角度讲，每个人都有一个内一个外。内是自己的心，是无形无象、看不见摸不着的那个内心世界；外指的是有形有象的骨肉之身。内要坚刚，指的是内心世界要有个强大的、坚韧不拔的刚强之心，我们要用这个刚强、刚毅之心来主宰有形的身体，以应对外界所有的变化。外界所有的客观变化，不管困难、顺利，都不能改变和干扰内在的刚毅之心。大家要记住，一说到形跟意、身跟心，许多人总是分不清，总是不能建立在太极思维之上来理解，太极思维说的方，是指方正的品质；说的圆，是指柔软的品质，并不是要把自己抱出一个圆形和方形来。

我们的误区都是认知的误区，因为不能改变常态的思维习惯，造成久久徘徊在门外，进不了太极之门。王宗岳告诉我们，“差之毫厘，谬之千里”。前面我给大家讲了，什么是太极思维？太极思维不是“我要练”，是用拳来“练我”；太极思维在抻功当中，不是“我抻”，而是“抻我”。同样，搓功不是“我搓”，而是“搓我”。所以“阴阳颠倒颠”就是活神仙。你不用舍近求远跑到山里面去修仙，只要一颠倒，就是神仙。修为就这么简单。

就如同气沉丹田，不少太极拳爱好者把气沉练成了沉气，把呼吸的气往下沉、往下压，错。太极思维告诉我们，“气沉”的“沉”是我们用气的品质找出“沉”的真实的感觉，并不是要找出一个真实的气——我们理解的呼吸之气。

气的品质是什么？虚而不屈，动而愈出，无形无象，说有就有、说无就无，而且它总是能够让人在无形无象当中产生一种真实的感觉。当能够气沉丹田的时候，你就会放松自己的身心，让自己沉住气、沉下来、松下来。当有任何干扰变化的时候，你还能保持这种沉住气——“每逢大事有静气”的不屈不挠的状态，你将无往而不胜。所以千万不要混淆“气沉”和“沉气”。

搓功四正之意第一个要领，就是要做到内方外圆。内里让自己的心静下来，让自己知止而后有定，定而后有静，保持住这么一种内抱外撑、内方外圆，内外合一的状态。

四正之意第二个要领是掤捋挤按四正手。掤进、捋退、挤合、按出，看似是四个动作，但是这四个动作须完整一气，四个动作是谁也离不开谁，是一动无有不动。也就是说，掤捋挤按四正手——既然是正，四正是一，虽然是四个方面，但是合一的，缺一不可的。在掤的时候，不只有前后，还有左右，是这个球整体的掤。当整体掤的时候，大家就要注意了，拳论上说：一动无有不动，一掤无有不掤。

《五字诀》是非常经典的一个拳论，作者是李亦畬。在这篇拳论当中，第一个诀是心静，“心不静则不专。一举手前后左右全无定向。”这是说不要用我们自己的判断，到底是往前还是往后呢，只要一动就是一起动，就像花开一样，一开全开；又像球一样，触动任何一点，都会产生一个全体的周身一家的动。因此说，有方向吗？没有方向。没有方向，才是方向。我们修为的方向是有而回无、永远合一。

顺便说一下内外刚柔。通过太极内功的修为，就是要打造一个刚柔合一的身体，我们既有一个内心的强大的支撑，在任何时候，泰山压顶，面不改色心不乱，同时又能够应付一切的变化，内含坚刚而不施，外示柔软以应敌。这才是我们修为的主旨，绝不是练一套有形有象的拳。因此我再次强调，我所传承的太极内功的修为核心是，练的是拳，修的是心，证的是道，得的是劲。拳只是修心、证道、得劲的一个工具。

2. 腰顶之意：中在丹田，定在腰顶

理解了刚才我讲的两点要领，就把握了搓功四正之意的内涵。下面讲搓功的腰顶之意。前面讲到，通过抻功，已经把自己打造成了一个空而实的球体，进入到腰顶之意要把握什么？关键要把握住“发落点对”。

《老谱》告诉我们，怎么就是成功了？“欲知环中法何在？发落点对即成功”。也就是说，太极内功是找点之功，就是要找点——点找对了，你就成功了；你总是背点、点背，就不可能成功。

不是说一个人比另外一个人有多聪明，一个人比另外一个人有多能干，关键是他点踩对了，就成功了。一个人的能力体现在哪儿？体现在怎么找准自己的点。怎么找这个点？内功八法的搓功就是找点，找什么点？发点和落点。其实人的一生就这么两个点，一个是发点——你从哪儿来；一个是落点——你要到哪儿去。人的一生就是要解决这两个问题。在这两个点找对以后，你寻求一条什么样的路，能够由出发这一点直通到最后的终点，你就成功了、胜利了。其实人生就是这样，不管贫穷还是高贵，谁也离不开这个点。

通过搓功怎么找准一个发点、一个落点，这是搓功当中的腰顶之意的重要的要领。这个点在哪儿找？为什么说“不离腰顶后与前”？我画一个简单的示意图（见图 6–1）。

右边是一面墙，人背靠着墙，百会到会阴是我们的虚中线。发点由哪儿发？由中，由丹田发。问题来了，这个发点是由中而发，中往哪儿发？发到哪儿去？这是关键。很多人都是往外发（身前），错，我告诉你，要往后发——腰顶，后发以后，产生了一个前劲。

宇宙万物运动的规律都是后发先至。火箭，一定是向下喷，才向上走，向上的力量从哪儿来？是由下而来。我们划船，桨一定向后拨，船才向前走。这是不以人的意志为转移的，所有的运

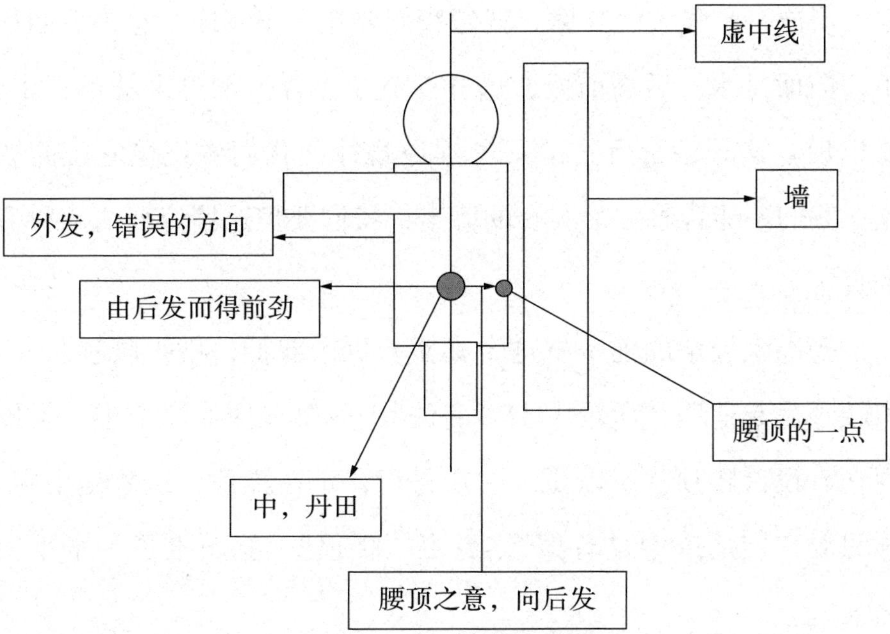

图 6–1　腰顶之意示意图

动变化都要遵循着这样的规律。因此，不管你怎么发，往前也好，回来也好，永远不离“腰顶”的这一点。所以你去体会一下，当你靠在墙上的时候，有了支撑，你才有一个向前发的强大的动力。

有同学会问：“李老师，我哪儿找这面墙去？我现在没有墙啊？”对，太极内功的修为，通过搓功，就是要无而生有，要把这个无有的墙，用意找到真实的作用，这个真实的作用就是腰顶。所以《老谱》中《太极圈》这一篇第一句话明确地指出：“退圈容易进圈难，不离腰顶后与前。”不管前和后，都要背靠这面墙，形成一个强大的支撑。就像我们要建一座寺庙，总是后面是山，前面是水，后高前低，这样就有了支撑，倒过来就不行了。所以说，这是宇宙万物的一种本原规律，我们要遵循它。问题是，我们不能背着一个实有的墙走，我们要把这堵墙变成一种意的真实。

杨氏太极拳的前辈把这个真实告诉了我们，就是腰顶，“不离腰顶后与前”。“所难中土不离位”，你要守住的这个中，就体现在有没有腰顶。所以说，中在丹田，定在腰顶，这才是中定。你只要“定之方中足有根”，有了“腰顶”，就产生了一个平衡之根。

这是搓功意要领的腰顶之意。刚才讲了一个发点、一个落点，我们练的是拳，修的是心，证的是道，最后要产生一个有用的劲。其实太极内功修为，最后就落实在劲上。在修为过程当中，我们要抓住意、气、劲这三个要素。我们说太极内功修为一直是意气为君，最后阴阳相济，方为懂劲，懂劲后才阶及神明，最后的结果要得劲——有劲。

对于意、气、劲，很多同学问：“李老师，你讲了半天意、气、劲这么重要，到底什么是意、什么是气、什么是劲？”其实我讲了这么多年，到今天不客气说，意、气、劲我没讲明白，不但没讲明白，根本就不可讲。意、气、劲用语言、文字说不清楚，因为它只可意会，它是抽象的真实。是不是真实？是真实，但是它无形无象、看不见摸不着，你说它是圆的、方的，还是扁的？因此说不清、道不明，说了就不是了。

很多同学又说："李老师，这么重要的意、气、劲，你又不能说，又说不清楚，那你讲了半天讲什么呢？"我告诉大家，讲的是"说不清"，正因为说不清才讲它说不清，告诉你为什么说不清。同时告诉你，在说不清的基础上，我讲什么？我讲说不清的意、气、劲在我身上的真实体悟，我讲的是我的体悟，这是我要讲的。具体到意、气、劲，我觉得真的很难讲清楚，因此我们不费那个劲，不去讲它。它不可说、不好讲，只可意会不好言传，《虚实诀》第一句话就告诉我们："虚虚实实神会中。"它是一种意领神会的真实，你得到以后才知道，原来就是这么一个滋味，这才是意的真实。所以说，大家一定要进入太极思维，有一个新的认识。

说不清楚还要说，说什么？第一，讲为什么——讲理，理可以讲，到底是什么我说不清，但是它的表现是什么，为什么要练它，我们可以讲为什么。第二，讲练什么。它们是说不清、看不见、摸不着，但我通过看得见摸得着的去体悟到它，我讲这个，讲练什么你就能够真正感悟到它。第三，讲怎么练，怎么用看得见摸得着的法去练，去体悟这个看不见摸不着的意、气、劲，这是我要讲的。当年我父亲、我师爷就是这样给我讲的，所以同学们从这个角度上去理解它。

3. 弹簧之意：如簧相系、意在牵拉

在腰顶之意基础上，我们进入第三个意的要领，弹簧之意。搓功的弹簧之意，也有自己的特色和特点。在做搓功的时候，要注重手与脚、肩与胯、肘与膝之间的交叉相系的关系——左手和右脚、右手和左脚、左肩和右胯、右肩和左胯，同样，左肘和右膝、右肘和左膝，它们之间有拉簧把它们系在一起。

在搓的时候，当右手向前，右手和左脚之间的簧就产生了相互抻拉的作用。虽然手在搓，但在搓的过程当中，由于这个看不见、意想的簧的相系的作用，产生了一个分而合。也就是说，当搓的时候，手跟脚是分开了——左手、右脚分开了，但是开当中，由于有这个簧把它们相系在一起，它们又向一起合。合出来一个动之则分、静之则合，合出来一个虽然是动，但是里面有个静的簧在主宰着它的动。通过搓功，用我们的意把这个簧的抻拉作用真实地体悟出来。这样手在向前搓的时候，会产生一个难搓之意——手脚之间产生了一个相反的作用。这是搓功弹簧之意的一个重要的要领。

这三个意的要领是内功八法的共用要领。虽然每一个功法的

四正之意、腰顶之意、弹簧之意是共用，但是每个功法在前一个功法的基础上，都有自身的特点。所以在共用的基础上，要抓住这个功法意的要领的核心主旨。

4. 挤搓之意：以身搓手、搓不离挤

在共用的三个意的要领基础上，下面进入搓功特有的意的要领。前面讲抻功的时候，讲到抻不离按，看得见的动作、表现出来的形是抻，一定有一个按不离其中，要按中抻——在按的基础上抻。前面给大家讲过了，按本身是向下的。为什么在抻的过程中会产生一个向下的按之意呢？这是因为我们受到了地球的重力作用，重力作用永远是指向地心的，永远是要向下的。因此，在抻的过程当中，永远存在着一个地球对于身体的向下的沉垂作用，我们不能丢它，这是根。

同理，搓功第四个意的要领是挤搓之意。从抱球势开始，抻功是掤捋挤按，搓功开始是掤捋按挤，挤的过程当中要合掌——合掌挤搓。在搓的过程当中，这个合掌挤之意始终如一，搓不离挤。大家会发现，在搓的时候，这个挤在哪儿？挤在两者之中、两者之间。也就是说，两个劳宫穴相对以后，合于一中。我们搓功搓的是中。

在修为的时候，怎样把挤搓之意感受到真实呢？我们要假

借、假想。有一种玩具叫作竹蜻蜓，一根竹棍上有两个翅膀，合手一搓，它就飞了。我们在搓的时候，这个意动的是手，搓的是这个中。我们练习搓功，手上虽然没有竹蜻蜓，但是我们的意要真实的有它。

再比如拨浪鼓，合手搓它，它就响。现在我们手中没有拨浪鼓，要用假想之意，把手中这个无而有、虚而实的拨浪鼓搓响。你一定要听到它真的响了，这个虚的意就出现了真实作用。所以挤搓之意，动的是手，搓的是中。

挤搓还有一个很重要的含义，就是以身搓手——手不动，手不是自己动，是身搓手。身搓手一个重要的内容，是其根于脚、主宰于腰，由胯搓肩，肩搓的是中线。大家要记住，搓的是中线。也就是说，我们有一条虚中线、生命线——穿过百会、膻中、会阴这条线，所有的搓，其根于脚，主宰在腰，由胯到肩，它们互相作用的过程是围绕着这条中线的。中线是定的，腰、胯是动的，是搓的，如同两个手一样。

正因为这样，当搓起来以后，由胯带动了肩，由肩催动了肘，由肘催手，手动又搓动了手之中，所以搓的是中——搓中线。大家在搓的时候，还有一个挤之意，在搓的过程当中，要挤住这个中。由脚而腿而腰，由胯到肩，最后表现在手上，“手不自动，勿自伸缩”。

搓功意的四个要领，四正之意、腰顶之意、弹簧之意、挤搓之意，大家在习练过程当中要牢牢地把握住它。

5. 三手：接、回、出

在搓功当中，对于手的要求，我在这儿给大家讲一个很核心的认知。在讲抻功的时候，讲了“三顶”。在搓功当中，关于手的要领我要讲“三手”。太极内功修为到最后，得到一个内劲，我们在用的过程当中，既能够健身养生，又能够防身对敌，这个功用就表现在手上。手在搓的过程当中，要搓出“三手”：第一是接手，第二是回手，第三是出手。

很多太极拳爱好者练了多年，和对方接手的时候就接错了，所以肯定要挨打，因为他对接手的真义没有把握住。接什么手？接虚手——虚手接。不能用实手，手是实实在在的手，但是这个手要实而虚之。怎么虚？它自己不动，自己也不用力，它要“勿自伸缩”，这样一个手是虚手。

回手呢？我们要“引进落空合即出”，要把对手来的力引到我们空的体当中来，是通过哪儿引呢？手接意引，在接手的过程当中去引，也就是我们说的要回手。回这个手是引进落空，回的时候，手要空。

回来以后，我们本来是空体，把它来的力装到我的空里面，我不住——不把它留下，要给它还回去，就是要出——把它出去。这叫出手。出什么手？出无手。

这三手作为太极内功来说很重要，因为做动作表现在手，要用这三手：接手虚、回手空、出手无。这三手合一手，这一手要表现出这三个不同的意的作用。

我曾给一些老学员讲过，在对敌——和别人进行打手的时候，要接蓄发，接是接手虚，回手是蓄，怎么蓄？回空。接、蓄了以后就要出、就要发，发就是出，出的时候手是无，这个手一定没有，这样才能把我们的劲“气遍周身不稍滞”。所以这三手很重要。

试手体验

先说接手。我这个手是实实在在的，我要跟对方的手相接。接的时候，对方按住我的手，摸到一个实的手，也接到了一个手的实。同样一个手，现在我的手实而回虚了，对方就摸不到我的手的实了。他的实因为我的虚——我的手虚，我能够以虚接到他的实，对手的实在我的虚里，我就接到了——我用我的虚手接了对方的实。如果我用实接对手的实，实碰实，这是双重，我和对方就对上了。

我用虚手接对方的实以后，怎么办？我要回空——回来到空里面，也就是让对方进来了，进到我的空里面。这个时候，我要回空，回来以后，我还要把对方来的力还回去，怎么还？若手不空，不无这个手，那对手还能顶住。要出无手，虽然出，这个手依然是虚无，对方永远摸到的是一个虚的手，永远摸不到它的实。正因为虚，虚当中才出来一个实。所以要通过搓功来体会这三手，缺一不可。

更主要的是，在做搓功时，接、回、出是一气周流，一个是接、一个就是蓄——回，一个就要出，所以它们总是同时存在。当我们把这三手合一时，在一个点上就产生了接、回、出的变化。在这个变化当中是一气的变化，是分而合的、是无断续的、是一个全过程、是完整如一的。如同看似是直，这个直是直中曲，是通过直，直出来一个曲，划了一个完整的圆，从而接手、回手，再发，又回来，划了一个圆。我们修炼搓功要牢牢把握住这么几个意的要领。

搓功意的要领讲完了，希望大家去领会、消化。很多同学说："李老师，你讲了这么多内容，我们一下子理解、掌握不了。"对，肯定掌握不了，我这几十年到现在也还在掌握过程当中，你真的一下子全掌握了，是不现实的。但是我这次要给大家整体讲解，让大家对内功八法有一个整体的认知和把握，然后在具体的修为当中，要层层递进，步步把握。这是我们这次讲课的一个主旨。

第七章 太极内功八法之转功

太极内功的修为，练的是拳，修的是心，证的是道，得的是劲，最后只有一个结果，即成人——把自己重新打造成一个真正的、合道、合太极的新我。

现在进入内功八法的下一个功法，转功。大家会发现，这八个功法从名称上就已经把它的形的要领给凸显出来了。

一、转功形的要领

1. 拳空意不空

转功依然始于抱球势，第一个形的动作要领也是走四正手的掤捋按挤，前面都已经讲过，这里不再细讲。掤捋按挤，关键在

“挤”上，挤的过程当中，要挤出一个蜷指成拳，就是蜷手指而成抱拳。

请大家注意，修习太极内功，特别是我传承的太极内功，一个重要要求是空为体，作为拳来说，要空拳。修内功的拳没有攥紧的拳头，拳头攥紧没有了变化，就是死的，而空拳的五指之间互相作用，才能产生变化的具体作用。

在《以拳证道》理法篇第二章《何为拳》当中，我已经讲了，虽然名叫太极拳，但是从我所传承的，不管是桩功，还是拳架，还是推手，拳无拳，没有一个招势叫拳。我传承的拳架当中有五捶：肘底捶、搬拦捶、撇身捶、指裆捶、栽捶，都是叫锤，不叫拳。

握指成拳，成一个空拳。大家注意，拳里是有一个意的，空手不空意。拳是空的，但是手中劳宫穴的意不空。这个时候，手心需空，却空出一个不空的意。

在练习转功的时候，要转出什么来？假想一个意，分别把着左、右两个手柄。当年我学转功的时候，我父亲跟我说：“看见那个小石磨了吗？石磨上面有一个手柄，转功就像攥着手柄转动石磨。”他这么一说，我就有了概念，我的手上不是空的，掤捋按挤以后，这一挤让两手空而不空，握住了这个石磨的两个手柄，这就是转功形的要领其中的一个要领。

2. 合手转与分手转

在这个基础上，开始进入转功形上的动作。其中一个是合手转。怎么转呢？大家注意，两个手一起转，正转——顺时针转，转八圈；然后逆时针转，转八圈，这是合手转。

在合手转的基础上进行分手转，就是两只手不向同一个方向转，是反向转，在形上又产生了变化。两手还是握着手柄，一个是左往里、右往外，一个是右往里、左往外，这两个虽然是同时转，但是有了一个方向的变化——一个是向外转，一个是向里拉；一个由里向外，一个由外向里，转八圈以后反过来；一个是左向外、右向里，一个是左向里、右向外。这是分手转。在这个基础上还有两个手相对着转，由外向里、由里向外。总之，这些动作的变化，一个是合手，一个是分手，虽然变化万端，其理是一，是在变化当中去体会转的内涵真义。

转功还分有前转后转、上转下转和左转右转。在前转的基础上，我们来说后转。当后转的时候，大家注意，掤—捋，往里外按，挤的时候，转指，意想身后有两个柄，左手右手各攥一个，转的时候，一个是顺时针转，一个是逆时针转，这是合手转。还有分手转，一个向上、一个向下，一个是顺转、一个是逆转，这两个总是相反相成，同时产生了变化，各转八圈以后产生了一个形的变化。这是后转。

3. 上下转和左右转

我们再说上下转。上转，如搓功讲的一样，掤—捋—上按—挤，这一挤以后，两手相合，也是各攥一个手柄，先是左、右手顺时针转，然后再逆时针转，这是合手转。接下来是分手转。大家注意，一定要空手，空手不空意，攥住两个手柄，意不在手，在这两个虚而实的手柄上，也是各转八圈产生形的变化。这是上转。

下转也一样。掤—捋—下按—挤，先是左、右手顺时针转，然后逆时针转，这是合手转。再进行分手转。下按的位置跟前面讲的抻和搓是一样的，按至下丹田，然后挤、握、转。这是下转。

还有左右转。左右转跟搓功左右搓一样，从抱球势开始，坐胯转腰向左，掤—捋—按—挤，同样跟前面前转是一样的。然后右抱球势，掤—捋—按—挤，同时左转的动作是一样的。

转功分了前转后转、上转下转、左转右转。大家注意，蜷指握手的时候，前转、左转、右转是立握，上转、下转、后转是横握。这里再次强调，我们是用形来求意。这几个形的变化是我在修为过程当中，在前人传承的基础上，自己提炼总结的。是不是就是这几个？“功夫无息法自修”，你可以根据自己的条件和情况，创造出适合自己的方法。但是，形虽变化万端，其理唯一，通过形的变化，最后还是要求出一个理。我们只有找到这个唯一之理，才能够在这个理的指导下去运用和产生各种各样不同的变化。

二、转功意的要领

1. 四正之意（一）：方圆规矩

前面对转功形的要领进行了讲解，我们修为的关键是通过形要求意。转功意的要领依然是四个方面，前三个——四正之意、腰顶之意、弹簧之意，是内功八法的共用之意，转功第四个意的要领——拧转之意，这是转功功法所独具的意的要领。

转功第一个意的要领还是四正之意。它的四正之意有什么样的特点？我们需要如何把握呢？下面作具体讲解。

前面给大家讲了，太极内功的修为，练的是拳，修的是心，证的是道，得的是劲，最后只有一个结果，成人——把自己重新打造成一个真正的、合道的、合太极的新我。什么是成人？其实我们从小到长大到上学，这一生当中都是成人的过程。成人有没有标准？有。不管是张三李四，不管是任何人，真正成人的标准就一个，就是知规矩——在任何时候都能够知规矩，做任何事情都能守规矩。我们练内功八法，所有的功法都是围绕着“知规矩而成人”这个主旨。

通过转功四正之意的修为，要收获到的结果就是更加知规矩了，而且通过转功四正之意——由形求意，让我们把这个规矩在身心当中得到了具体的落实。

这个规矩得到落实具体表现在什么地方？前面讲了，在《太极正功解》当中就告诉我们什么是规矩，“方圆规矩之至”，也就是要想知规矩，就得知方圆。怎么通过转功四正之意把“方圆规矩之至”得到更具体的把握、理解和运用呢？这是下面要给大家讲的重点。

四正之意的关键是规矩，规矩用来成人。怎么成这个人？我们有一个身、有一个心，要成人，身心就要合一。具体到修为当中，身是外，心是内——一外一内、一身一心。作为规矩来说，身是外，外是圆；心是内，内是方。方和圆“之至”就是知道规矩。

圆要柔，方要刚。也就是说，有形之身外要圆、要柔，无形的心反而要方、要刚。从这个角度讲，做到内刚外柔，就是身心合一、内外合一、方圆之至，这是通过四正之意要把握住的。

《太极下乘武事解》也告诉我们：“内要含蓄坚刚而不外施，终柔软而迎敌。”外示柔软以应敌，内含坚刚而不施。一内一外、一刚一柔，一个应敌——要对外应敌，内永远不能出去，要内刚——内含坚刚而不施。我们练了半天，刚体现在哪儿？不是体现在有形身体的坚刚，而是体现在你有一个强大的、刚正不阿的内心世界。正因为有强大的内心世界，才支撑着整个一个人。对外，有形的身体要柔、要弱；内心要坚、要刚，只有内外刚柔并济了，才能够做到外圆内方，才能内外合一，才能够身与心合，最后才成人。

具体到转功修为的四正之意，身是外，是看得见摸得着的，是形；心、内心世界是抽象的，我们说它是意。也就是说，四正之意的四正手——掤捋挤按是看得见的，是有动作的，因此它是形。但是我们不是就练这个掤捋挤按，而是通过这个形，以形求意、以意领形，形意才能够合一，才能够达到外柔内刚、方圆之至，才合了规矩。转功通过四正手不是练别的，就是让我们知了规矩、守了规矩。

在修为当中，内刚外柔、一个动一个静，怎么就合了规矩？我们说形是动、心是静。我们做动作有形，掤、捋、挤、按，看得见摸得着，它是动。心要静。前面讲过《五字诀》，第一句话是“一曰心静，心不静则不专”。要得这个意，心必须要静。动静这两个合一以后，才是“规矩之至”。动静怎么合一呢？我们所说的外形的动是表象，是表现出来的，实际上它自己不动，因此这个动是动之不动，是虽动犹静。心要静，但是这个静是动，是不动之动，是静出动势。做到了形的动之不动，意的不动之动，动静合一了，动中有静、静中能动。这才是我们修为的重要法门。

同其他功法一样，转功所修炼的无非一个动一个静。“动分静合屈伸就”，也就是动和静这两个既分又合，动之则分、静之则合。在做转功四正手的时候，要体会到它们之间的内在关系，这样知规矩就不是一句空话，通过转功四正之意的修炼，我们就能把这个规矩在自己身上做到心知肚明。

2. 四正之意（二）：变转虚实

太极心法告诉我们，借假修真、反向求、层层分，这是三大修为心法。

在转功修为当中，要明确地体现出这三大心法。我们要假想。借假修真，是太极内功修为很重要的一个法门。怎么借？前人告诉我们，动和静要静如山岳，动如江河，一个山一个水，所以心静如山、身动如水。在做转功掤捋挤按的时候，要分清楚山和水两者之间的关系，什么关系？转和不转的关系。我们要在身上得到实证，山跟水，就要做到一个转一个不转。什么转、什么不转？山不转水转。为什么要假借山水呢？在自然界当中，山水给我们最深刻的印象就是，水一定围着山转。

山水之间的关系，我们在转功过程中要清楚地把握住它。

《十三势行工心解》说“静如山岳，动如江河”。太极拳前辈孙禄堂有一个歌诀，我记得是这样说的：“道本自然一气游，空空静静最难求。得来万法皆无用，身形应当似水流。”这四句话，一个是一气游、一个是似水流，通过这个诀把身跟心、山跟水、形跟意分得非常清楚。有形的身体是不是能柔弱似水，能不能像水一样逢高就低、随屈就伸，外示柔软而应敌，而内在那座山内含坚刚而不施，坚如磐石，这是我们修为很重要的一个主旨。

现在的实际情况，我们的身体做不到似水流，总是用这个身体刚强的力量去对敌，我们的心总是受外界的干扰而乱动。我们通过转功的修为，就是要牢牢地把握住一个“规矩之至”。这个规矩通过外圆内方、内刚外柔，通过形与意、动与静、山跟水，要在我们身上有一个真实的体悟和觉知。也就是说，知道了这个规矩，在做任何变化时，都要守住这个规矩——静如山岳、动如江河。现在我们的身体流不动，为什么？身体冻着冰呢。我们通过转功功法的修为就是要将身体化成水，柔弱似水。所以，转功的四正之意，是在抻功、搓功的基础上，进一步让我们知规矩，这样才能够做到身心相合——“方圆规矩之至”，最后才真的成人了。

转功四正之意第一个意的要领就是知规矩，通过掤捋挤按四正手的变化，寻求山不转水转、“规矩之至”这个真义。

转功四正之意第二个意的要领，分清变转和转动。中国的汉字，一个字可以有不同的声，同样一个字也会有不同的意。转功这个“转”字，其实含了两个意思，一个是变转（zhuǎn），读三声，还有四声转（zhuàn）。这是两个不同的意思。

先说山不转水转的转（zhuàn）。这个转是指看得到的、外在的变化。做转功四正手掤捋挤按，在这个过程当中，有看得见的转（zhuàn），比如旋掌转指就是在转。

转（zhuǎn）呢？转是内，变转虚实须留意，所以转（zhuàn）的是形，而转（zhuǎn）是转换，是意的变化——一个是形的变化，一个是意的变化，一个是外变，一个是内变。做转功四正手的时候，意的要领要求我们把转（zhuàn）和转（zhuǎn）此两者同出。也就是说，内方，外显出来是掤捋挤按的变化——内要方，内方要变转。变转一个重要的含义是什么？变转虚实须留意，这个意要进行虚实变转。作为我们来说，一个方一个圆，方在圆之内，我们叫中；这个方之外是圆，我们叫环——一个中一个环。中和环这两个一内一外，中是空、是心、是虚的，我们要把虚的变转成实——内方要实。外边的圆是环，我们的身体就是环，实的环要实而虚——有形的身体要虚、无形的心要实。只有虚实变转了，我们所做的动作才是在意的引领指导下，完成了形的随意而动。所以，一个是变转、一个是转动，此两者同出才是内外合一，才是方圆规矩之至。以上是转功第一个意——四正之意的要领。

3. 腰顶之意："车轮两命门，一纛摇又转"

转功第二个意的要领是腰顶之意。从转功来讲，要理解腰顶之意，大家要认真研读《老谱》中《太极平准腰顶解》这一篇。这篇是专门讲腰顶的，我们就用它作为理论基础，去理解和把握腰顶之意。

《太极平准腰顶解》第一句话告诉我们"顶如准"，顶是腰顶、头顶、手顶这三顶，是准；"故云'顶头悬'也"，我们常说立如平准。准是什么？准在顶头悬。在做转功的时候，是不是拿住了这个准，"顶头悬"很关键。"两手即平左右之盘也"，平是什么？平准，平在"两手即平左右之盘"，像两个盘一样。一个是上——中间顶，一个是左右。关键在下一句，"腰即平之根株也"，上有顶——顶头悬，左右像两个盘一样，下呢？腰是平的根、根株。所以平不平体现在哪儿？全在腰上。接下来说，"'立如平准'，所谓轻重浮沉，分厘毫丝则偏，显然矣"，也就是说，轻重也好，浮沉也好，我们以腰为准以后，偏不偏都是由它来决定的。

如何做到"立如平准"？具体说，一个顶头悬，一个平如盘

(左右两盘)，一个根下株。通过转功的修炼，我们要通过腰顶之意来进一步地把握、理解和运用它。怎么用?《太极平准腰顶解》下面讲得很清楚。前面是一个总论，下面是具体的方法论。第一句“有准顶头悬，腰之根下株”，“有准顶头悬”指的是百会，“腰之根下株”指的是命门。如果没有顶头悬，就没有了准；没有命门的腰顶，就没有了根。所以我们在做转功的时候要把握住两点：一个是悬顶、顶头悬，转的时候，你的意有没有顶头悬，这个意有没有头顶；一个是腰之根下株，你的意有没有腰顶。要想做到这两点，就要尾闾中正。

在做转功的时候，腰一顶以后，大家会发现，臀就回收，尾闾这个时候向里合，合到虚中线上。“尾闾中正神贯顶，满身轻利顶头悬”。要想满身轻利就要做到尾闾中正，要做到尾闾中正，必须要做到腰顶，所以它们之间存在着这种内在的必然的关系，我们要在练转功的过程当中去体悟。

对于腰顶的重要作用，在《十三势歌诀》当中很明确地告诉我们“刻刻留意在腰间，腹内松静气腾然”，又说“十三总势莫轻视，命意源头在腰隙”。也就是说，腰顶是根，这一点很重要。我们在做转功的时候，要牢牢地把握住腰、命门这个地方，要有腰顶之意。

接下来，《太极平准腰顶解》进行了具体说明，你做到了

“有准顶头悬，腰之根下株”，最后表现在哪儿？表现在手上，不管是合手转，还是分手转，不管是前转、后转还是上转、下转。我们的意要得到一个真实的话，就不离上下一条线。这是下一句告诉我们的：“上下一条线，全凭两手转。”翻回头来说，两手转全凭“上下一条线”，上下这一条线是什么？大家已经很清楚了，穿过百会、膻中、会阴这一条虚而真实的虚中线，我们管它叫生命线。这条线一定是“中”，不管怎么转，都要做到“上下一条线”，而两手的转，只是一种表现。

这里再强调一下“上下一条线”。在修为的过程中，虚中线固然是百会、膻中、会阴，但大家切记，上下一条虚中线是穿过百会、膻中、会阴，可不只是百会、膻中、会阴。上下分天地，上是天、下是地，“上下一条线”指的是天地之线。因此在做转功的时候，一定不要局限在有形之身，要有上天之意、下地之意，这条线才是我们要“立如平准”的顶头悬。悬顶是为了把这条线提起来。所以从这个角度上讲，转在哪儿？转在中。这条线上至天、下至地，中在哪？我是中，我围着天地之间这条线转。我们的转是要把什么转真实了？通过“全凭两手转”把天地之间的这条“上下一条线”要转真实。通过这条线的真实，才能够做到天地人三合一。从这个角度去理解“转”，这个四正的意就不一样了。

在修为过程当中，我们还要牢牢地遵循前人告诉我们的虚领顶劲、气沉丹田。所谓虚领顶劲，是通过转的过程，有一个通天的虚领。所谓气沉丹田，是通过整个身体的松沉和大地相沉垂，也就是上通天、下通地，这样我们就做到了“上下一条线，全凭两手转”。

在转功当中，怎么把腰顶之意体现出来呢？《太极平准腰顶解》说：“车轮两命门，一纛摇又转。”对于“车轮两命门”，当年我也有疑问，我们的腰只有一个命门，怎么叫作两命门？后来我父亲跟我讲，命门就是一个，但是命门两侧有两个轮子，一边一个，这是命门。“一纛摇又转”。纛是什么？纛就是军旗。古代打仗，大旗向前挥，将士们一看大旗向前就向前冲，大旗往回一挥，大军赶紧就撤退。那时候不像现在有通信工具，将士们就看旗的“摇又转”，来决定前进和后退。

具体到功法修为，在做转功的时候，哪儿是这一纛呢？腰——腰为纛，腰为主宰。腰怎么转，决定着我们应该怎么变化。腰怎么决定呢？腰顶、命门通过两个轮子决定怎么转、怎么变。我们在修习转功的时候，要从意上、从命门两侧，一定要假想有两个轮子——要假修真。这两个轮子怎么就决定了进退呢？意——腰顶之意。这时候，腰顶之意就包含了命门和两个轮子的“一纛摇又转”，这是它的真义。

原来给大家讲过，命门是变速箱，这条实中线就是汽车的主轴、传动轴，左右是两个轮子。当向内对转的时候，它们同时转。也就是说，两个轮子都向内转了就是前进，向外转的时候是退。所以在腰顶的基础上，进和退取决于两个轮子怎么转。

同时，在体会腰顶之意的时候，一定要体现两个轮子和“全凭两手转”的内在关系——两手转完全依赖命门的两个轮子，两个轮子决定了到底是进还是退。所以形于手、主宰是腰。

前面说过，表现在手上，怎么表现？在说形的要领的时候，两个手握空拳转动。怎么转？画圈——圈之意。当年我父亲是这么告诉我的：“手如握笔。”一只手握一支笔，干吗？画圆、画圈。所以这个手握笔的意要真实，空手不空意。虽然我们练的时候不是拿两支笔练，但是手如握笔，要把这两支笔用意假想真实。当画圈的时候，怎么画才能把圈画圆了？不在两手，全在上下这一条线，全在腰顶的这两个轮子怎么转。所以我们要通过手如握笔画圈来体会两个轮子腰顶之意的真实。

我曾跟我父亲说：“我干脆一手握一支笔，底下铺张纸，天天画圈就可以了。”他说：“错，我们是凡此皆是意，不是把实的站实，是把无的要有，你要画出一个没有而有的、真实的意的圈。”所以我们不是实上练实，这很关键，这是太极内功修为的一个必要的法门，必须要假修真。

进一步，在寻求意的真实的过程当中，意在变化，当初我父亲跟我说：“现在是我们握笔来画这个圈，下一个意是什么？下一个意是圈画我。”最后是这个圈转，我的笔是随着这个圈转，意在圈不在笔了。所以只有意才能产生这种无穷的变化。希望大家在练习转功的时候去体会。

腰顶之意的重要性就在这里，因为进也好、退也好，全在腰顶、命门这两个轮子如何转动。因此，《老谱》中《太极圈》第一句话就说：“退圈容易进圈难，不离腰顶后与前。”也就是说，进也好、退也好，都由腰顶决定。“所难中土不离位，退易进难仔细研。”中土不离位，这条中线一个是要有准，顶头准、顶头悬；一个是要不离腰顶，它们就决定了轮子怎么转。这是转功的腰顶之意。

4. 弹簧之意：满身轻利体似簧

转功第三个意的要领是弹簧之意。通过内功八法的转功，我们修为的目标是什么？目标就是要做到《太极平准腰顶解》告诉我们的“满身轻利”——“满身轻利者，金刚罗汉炼”。我们要把自己练成一个金刚罗汉，金刚罗汉怎么出来的？满身要轻利。所以，练习转功就要达成满身轻利的结果。

《太极拳经》第一句话是“一举动周身俱要轻灵”，周身如果不轻灵，做不到满身轻利，必定是滞重的。所以我们要把自己练成一个金刚罗汉的话，一个重要的标准是满身轻利。要想满身轻利，《十三势歌诀》告诉我们："刻刻留意在腰间，腹内松静气腾然。尾闾中正神贯顶，满身轻利顶头悬。"通过顶头悬也好，腰之根下株也好，就是要实现满身的轻利。只有满身轻利了，才能够"因敌变化示神奇"。

杨氏太极拳前人杨健侯在《太极拳约言》当中告诉我们，满身轻利体现为："轻则灵，灵则动，动则变，变则化。"要想做到"因敌变化"，你得能动，怎么能动？灵则动。怎么才能灵？轻则灵，这个路径说得很清楚。能不能做到满身轻利，是我们修为的一个标准。怎么才能满身轻利？用意不用力。我们就要做到用意把我们这个球充满了气，而且遍体似弹簧。

我很欣赏大成拳王芗斋这段拳论，他说："所谓掤者，如水负行舟，先实丹田气，次要顶头悬，虚领顶劲、气沉丹田；遍体似弹簧，开合一定间，任凭千斤力，漂浮并不难。"身体有了弹性以后，才能够满身轻利。我们在做转功的时候要达到这个满身轻利，就要遍体似弹簧。

通过遍体似弹簧这个意，我们取得一个真实的效果，就是满身轻利。"任凭千斤力，漂浮并不难"。因为有了弹性以后，这种弹性的变化可以产生一个"如水负行舟"，像在水里面漂着一样，你能不能够体会到它？只有遍体似弹簧以后，这个意才能达到这样一个效果。所以我们用这样一个结果把遍体似弹簧这个意落到了一个真实上。也就是说，所有的转，都是遍体似弹簧——有弹性的、满身轻利的变化。

试手体验

现在这位学员攥住了我的两只手，我要转，如果用力转，他就拿住了我，我转不了。只有满身轻利以后，才能全身有弹性，才能够漂浮不定。对方用千斤力按到了一个弹簧上，就被弹出去了。我们通过转功，要把满身轻利、遍体似弹簧做到一种真实的觉知。也就是说，对方在按、我在转的时候，是按到簧上以后的转。全身遍体似弹簧，是一个簧，遍体就是合到了一个簧上。

5. 拧转之意：拧腰转胯、拧转合一

在四正之意、腰顶之意、弹簧之意的基础上，我们进入下一个很关键的意的要领，它是转功特有的一个意的要求，前面抻功是按抻之意，搓功是挤搓之意，转功呢？转功是拧转之意。我们说上下一条线，全凭两手转，但是腰是根下株，所以转的关键在于腰胯，拧转之意在腰胯。

这里我想强调一下腰胯怎么转，要拧腰转胯。我们所有的转都是其根于胯，转的是胯。胯怎么转？拧腰。一个拧腰、一个转胯，腰不离胯、胯不离腰。我父亲当年跟我讲：“腰离了胯没有腰，胯离了腰没有用。”所以腰胯这两个是合一的，腰不离开胯、胯离不开腰。而且关键在胯。

胯是承载着整个人的基础。我经常用小汽车来比喻，胯是汽车的底盘，不管是发动机、变速箱，不管是控制系统，还是油路、水路，全部都合到这一个底盘上。底盘一动，汽车才完整地动起来，这个胯就是底盘，非常重要。

在这儿我顺便给大家讲一下，拳论上讲腿、讲脚、讲腰，没有一个地方讲胯，在《老谱》当中也没有讲胯。当年我也问过白师爷，我说：“胯这么重要，怎么前人没有讲呢？”白师爷是这么说的：过去传拳有几不传、几不讲。据杨家后人说有三不传，传拳不传桩，传桩不传步，传腰不传胯。为什么呢？过去的师傅老担心徒弟学会以后，师傅就没有饭碗了。他为了保住饭碗，总要留手不传。所以不传桩传拳，传了拳、桩的话不传步。过去说传步打师傅。有步以后，你就活了，所以他不传。传腰不传胯，尽管胯很重要，他不讲，他就讲到腰。今天不一样了，今天没有秘密，我们要把前人留下的所有宝贵的东西都亮出来，我们要把它传承下去。

所以说转功很重要的一个意是拧转之意。也就是“全凭两手转”的关键在于拧腰转胯，表现在手上。拧腰转胯，拧和转、腰和胯，这两个是分而合的，是两意合一意——拧腰和转胯最后合出一个意。这一点大家一定要理解和消化。

试手体验

现在这位学员攥住了我的手，他在用力，现在我要转。我如果只是全凭两手转，就转不起来。怎么转呢？拧腰转胯，力由脊发是由腰胯出来的，手是表象。关键是不用力，手的力是从腰胯这儿来，是由拧腰和转胯这两个合出来的。

拧腰转胯怎么体会？当年我练的时候，总是体会不出来，总是手上用力。最后我父亲告诉我要“无手”。练的时候，腰部转动，手不动——拧腰转胯不用手。这是一个练法。再一个练法，我父亲那天拿了一条湿毛巾，让我把它拧干。两只手握着这条毛巾，一前一后、一上一下，相反相成才是拧。所以拧和转很重要的一个区别，手相反相成是拧；手顺或逆时针同一方向转动是转。拧转要合一。这是拧转之意。

转功四个意的要领都做了介绍。四正之意要抓住两个关键，一个是方和圆的规律，一个是变转和转动之间内在的联系，这是四正之意要掌握的。

腰顶之意要体会出顶头悬和根下株。从意上讲，要体会“命门两车轮，一纛摇又转”。

在前面两意的基础上，要有弹簧之意。我们在修炼转功时，要把这种弹性转出来，要转出一个真实的、完整的遍体似弹簧的一个真意。

转功最关键的意的要领是拧转之意。我们表现为转，转是胯转，胯转的关键是腰顶，一拧一转合起来才是拧转之意。

第八章　太极内功八法之抖功

通过抖功的修为，就是要把自己打造成一个完整如一的，动之则分、静之则合的，总须完整一气的，触之即弹、触之即旋的，能够“因敌变化示神奇”的球，这就是太极。

下面进入抖功的学习。抖功是内功八法当中比较重要的功法。之所以说重要，倒不是说它讲起来有很多内容，因为很多内容在抻功当中反复讲过。它的重要性体现在，别的功法都可以暂时放一放，抖功要天天做。可以说到今天为止，我是天天抖。前人说“百练不如一站，百站不如一抖”。

为什么“百站不如一抖”？通过抖功，要把身体抖落开、抖落通、抖落整——松开了、松通了、便完整了。这是所有功法动作的一个重要的基础。如果松不开、不能通、不能完整，那下面做所有的功法都不会得门而入。它的重要性体现在这里。

一、抖功形的要领

直抖、圆抖、弹抖

具体到抖功形的要领，分三个内容，一个是直抖，一个是圆抖，一个是弹抖。这三个内容在形的要领上又有不同的要求。

第一个是直抖。直抖就是上下抖。我们在做的时候，开始于抱球势。抱球势当中有四正手掤捋按挤，这跟前面讲的搓功、转功形的要领没有区别。作为直抖来说，四正手是掤捋按挤——掤进捋退下按挤合。也就是说，按的时候，两个手掌向下，劳宫穴向下按；挤的时候，按到了下丹田，旋掌，两个劳宫穴相对而合，合到左右腿外侧裤线中，但不要贴上——似贴非贴。这个时候，对手的形有一个要求，跟抻功一样，当合起的时候，旋指成丁八指，食指向下探地。

在这个基础上开始直抖。抖的时候，大家注意，从形上讲，是提上抖下。就像提着一个书包，上有一提，下有一抖。在直抖里面会有变化，什么变化？分了快慢、大小的变化——都是直抖，但是它有变化了。一个是微抖、颤抖，颤动幅度很小。很多同学曾问过我："李老师，为什么叫颤抖，叫颤动不行吗？"不行，颤抖和颤动是两个意思。颤动是外在的刺激产生了身体的动。颤抖是自发的、从里向外的一个抖、颤，很微、很轻。这是直抖第一个变化——颤抖。

直抖第二个变化是慢抖。慢抖也叫轻抖。还是直抖，但抖的幅度比颤抖要大。第三个变化是快抖。快抖的幅度又比慢抖要大。就像汽车一样，发动起来（颤抖），然后给油（慢抖），车子完全走了起来（快抖），最后收油——由快抖渐至慢抖至颤抖，最后完全静下来。在抖的过程中，身体要放松，两手自然垂下。抖时要提抖，仿佛头顶有一只手提着身体。提不起来就抖不了。这里面就牵扯到意的要求了，顶头悬要提起来，不是我要抖，是我被提起来以后，上天把我抖起来了。所以说直抖分了颤抖、慢抖、快抖。在直抖的时候，大家可以随意组合，由快到慢、由小到大。同时，可以产生变化，什么变化呢？静时两手下垂，食指探地，然后抖起来，两臂随着抖劲自然伸展向上。这是直抖。

第二个是圆抖。圆抖是将自己当作环，围绕着虚中线，做环上的抖动。直抖是上下抖，圆抖是横向左右、前后抖。在形的要领上，自抱球势开始，然后四正手挪捋按挤，再回到抱球势，然后开始抖——抖开了它。这里要注意，手中的球不能掉，要抱着球抖。圆抖分有前后、上下、左右。一定要抖圆，人球是合一的。

第三个是弹抖。什么是弹抖？是以内抖外，抖到梢节——抖梢。它的关键问题是梢节。弹抖分有合手弹和分手弹。合手弹在抱球势四正手掤捋按挤后，两手同时向前弹。合手弹又可以有前后、上下、左右的变化。在合手弹的基础上，还有分手弹。分手弹是在抱球势四正手后，两手分开，一前一后弹出。分手弹也有前后、上下、左右的变化，大家可以自由组合，但关键要抖梢。

在形的要领上，抖功分了直抖、圆抖、弹抖。

二、抖功意的要领

1. 四正之意：以方抖圆，抱着球抖

前面把抖功形的要领做了简单介绍，下面讲解意的要领。前面我给大家介绍过，内功八法有三个功法是重中之重，一个是抻、一个是抖、一个是揉。我们说这三个功法重要，并不是说其他功法不重要。这三个功法，特别是今天要讲的抖功，形的动作并不复杂，重要之处，不在于形的动作，而在于意的要领。所以这一讲就把抖功意的要领作为重点进行较为详细的讲解。

抖功依然有四个意的要领，在展开讲之前，我先把这四个要领给大家做一个归纳性的介绍，然后再一个一个地进行详细的讲解。

抖功意的要领，第一个是四正之意。抖功的四正之意核心要领是以方抖圆。在具体修为当中，如何把握这一意的要领进行修炼呢？用意抱着球抖。

第二是腰顶之意。从意的要领来说是以横抖竖。在具体过程中如何以横抖竖？用意顶着腰抖。

第三是弹簧之意。弹簧之意的修为主旨是以上抖下。具体在修为过程当中，如何以上抖下呢？在顶着腰抖的基础上，用意提着顶抖。

前面这三个意是内功八法的共用之意，第四个意则体现了抖功意的要领核心，也就是吊抖之意。它的意的要领主旨是什么？是以中抖环。在具体修为的时候，如何运用吊抖之意呢？我们在提着顶抖的基础上，要吊着重抖。

前面反复给大家强调，内功八法是通过八个形上的动作来求出内在之意。形是看得见的，抻、搓、转、抖都看得见，特别是形于手——表现在手上。但是修太极内功不是单纯为了练这个形体的动作，而是通过每一个动作、通过形要求出内在之意。

前面对抖功四个意的要领做了简要介绍。下面先讲解四正之意。在讲解四正之意的要领之前，我想有必要给大家再重申一下四正手，因为内功八法都是始于抱球势，抱球势是通过四正手的掤捋挤按进入每一个具体功法。前边讲的每一个功法对于四正手都有意的要求。

四正手有两个含义，一个是手、一个是四正，合起来才叫四正手。在修为过程中，怎么才能真正把四正和手合出来一个我们所修为的掤捋挤按四正手呢？我们说手是外，四正是内，一外一内。手是形，看得见摸得着，四正是意。也就是说，四正是内是方，手是外是圆。一个是方、一个是圆，内方外圆。内是什么？内是方、是刚，坚刚，是正方，刚在其内。外是什么？外是圆，是圆柔。所以外属于圆、属于柔，内属于方、属于刚。

具体做四正手的时候，要形于手，掤捋按挤都表现在手上，所以手就要柔、要虚、要不用力。因此，拳论说，太极不动手。我们所看到的掤捋挤按，看到它在动，可它犹如不动——好像在动，实际上它自己不动。谁来动呢？完成掤捋挤按变化的原动力在哪儿？在四正、在意。所以，由抱球势做掤捋挤按四正手过程当中，手不自动，勿自伸缩，它表现出来的掤也好、捋也好、挤也好、按也好，这是形，形的动，体现的是内里的方的进退开合。

所以拳论告诉我们，“在内不在外，在意不在形”。从抱球势开始，我们是由这个形——四正手掤捋挤按，要求得里面意的变化，也就是进退开合。这是四正手当中一个重要的意的要领。我们在做的时候，要把握住内和外、形和意、方和圆、动和不动的关系。掤捋挤按是看得见的动，但是这是不动之动。看不见的进退开合是内、是意、是看不见的动，但它是真动。一个是动之不动、一个是不动之动，合起来才是四正手。

不管将来是盘拳架，或是做推手，“挪捋挤按须认真”。认真在什么地方？认真在以形求意，认真在在内不在外，认真在形意合一，这才是这句拳论的内涵真义。这是抖功从抱球势到四正手，大家要把握住的意的要领。

抖功四正之意是以方抖圆。刚才讲了在内不在外——外不动，形要静；内里动，意要动。意是什么？是四正，在圆之内，是动的。也就是说，在抖的时候，要以方抖圆，要抱着球抖。大家要注意，你所看到的、外在的有形身体是被抖，不是身体自己抖。不管是直抖、圆抖、弹抖，只要是抖，都是被抖，是不动之动。这个时候，意在内不在外、在方，是由方的进退开合，产生了直抖、圆抖等的变化。所以在抖的过程当中，意要内求，要内视、内观、内感，感知到我们的内里有一个支撑着这个圆随意而抖的这么一个内四方，这才是抖功四正之意的核心。也就是说，抱着球抖，以方抖圆、以内抖外。这是抖功的四正之意的核心。

我们做抖功，要做到内外合一——一个动一个静，动静合一，合起来是以内抖外，内要含坚刚而不施，外以柔软而应敌，做不到这一点，就是拳论上所说的病手。什么病手？“双重之病未悟耳”。

试手体验

现在这位学员按着我，我抱着球要抖。如果我是病手的话，不能够以内抖外、以方抖圆的话，就是互相较力。现在我要按四正之意以方抖圆、以内抖外，外不动、内要抖——这是内抖起来以后产生的外变，所以在抖的时候，要回到方当中，要随抖，随方就圆。方圆两个分开又合在一个动作上，就完成了四正之意。要有敌似无敌，在抖的时候，你不是抖对手，是把对手和你的这个球合起来，你是以方抖圆。

所以大家要知道，抖功对意的要领是必须要遵守的。这是四正之意，以方抖圆、抱着球抖。

2. 腰顶之意：以横抖竖，顶着腰抖

腰顶之意是以横抖竖。所谓的竖，是天地之间的这一竖，也是我们的生命线，我们的虚中线——经百会、膻中、会阴，上通天、下达地。这一竖是本原的、是固有的，它是我们要守住的。现在抖起来的是横。中线是竖，我们要抖这个横。在抖的时候，意在哪儿？意在丹田。以横抖竖是意的主旨，但是具体的要点在哪儿？在丹田。所谓丹田就是横竖相交的那个点，那一点既是横又是竖。

丹田一动，丹田的开合就产生了横竖之间的变化。竖和横，一个静一个动。横在抖起来的时候，总不离开竖，这个竖是中、是中定的。所以大家要注意，以横抖竖，意在丹田。刚才说四正之意，意在什么地方？意在方圆——抱着球抖的时候，意在球。因为球是虚的，是无而生有、虚而实的，这个虚的意通过抖功要让它真实了。

腰顶之意以横抖竖，意在丹田。在具体修为当中怎么修？主要在丹田这个位置进行修为。丹田是指下丹田。虽然无处不丹田，但是在抖功修为过程当中，腰顶之意要守住的是下丹田。下丹田既是中又是重，是中重相合的一点。我们这一横就在下丹田，下丹田的一横前后拉开以后，后面就是腰、就是命门，在以横抖竖的过程中，发于丹田，由丹田而抖。有形的身体体现在顶着腰抖，这个时候意在命门。所以腰顶之意以横抖竖，大家要把握住的意的要领，一个是意在丹田、一个是意在命门。只有这样，在抖的过程当中，才有了一个横竖相交的支撑点。关于腰顶这个问题，我查了很多资料，到现在为止，只有杨家的传承有腰顶这个概念。

如果太极内功的修为离开了腰顶，就离开了太极内功修为的核心主体。我们不是空修，而是实修实证。实修实证一个很重要的要求，就是《老谱》当中告诉我们的，“不离腰顶后与前”。

“不离腰顶后与前”难在哪儿？太极内功的修为，不管是抻、搓、转、抖、荡、拍、提、揉，所有功法难就难在“所难中土不离位”，就是守住中土，也就是中定。

中定前面给大家讲了，从我的传承来说，中在丹田，定在腰顶、定在命门，一中一定。为什么定在腰顶？我们做任何的动作，人生所有的变化时候，要想成功，都要找到一个支点、一个支撑点。我们经常说要背靠大山，要有靠山。有了一个依靠，就给你提供了一个很重要的基础力量。现在很多人不成功，是因为支点没找到，就没有支撑。所以腰顶作为太极内功修为来说，就是负阴而抱阳，这是我们强大的支撑。

我们在修为过程当中，是通过具体功法明了这个理，这个理是重新改造、打造我们人生的一个大智慧。阿基米德曾经说过，只要给他一个支点，就能撬动地球。所以关键问题是找支点。作为太极内功，不管是抻功、搓功、抖功，从动作来说，拳论告诉我们无非两个，一个直、一个屈，一个折叠、一个转换。折叠也好，转换也好，都要靠命门腰顶作为支点，离开了腰顶就没有了支点。没有了支点，就不可能把两个同时存在的动作合二而一。腰顶的重要就在这里。在做抖功的时候，像搓功、抻功一样，都需要腰顶之意。在抖功以横抖竖的时候，要牢牢把握住顶着腰抖。

试手体验

现在这位学员用力按住我，如果没有腰顶、没有后面强大的支撑，我抖不起来。我一有腰顶以后，马上就抖起来了。为什么太极拳讲力由脊发，由脊发就是腰顶的重要运用。《老谱》关于腰顶有几篇详细的论述，凸显出它的重要作用。

抖功的腰顶之意，从意的角度上，它的要求是以横抖竖，在修为过程中，要顶着腰抖。不管是直抖还是圆抖，还是弹抖，都不离腰顶。

不只是内功八法，任何功法都不能离开腰顶，要“穷研”腰顶。内功修为很关键的一点，就在于是不是对腰顶有了真实的理解和把握。所以大家要认真地去消化它。

3. 弹簧之意：以上抖下，提着顶抖

弹簧之意是以上抖下。以上抖下这个意是主旨，具体修为过程当中，怎么才能做到呢？提着顶抖。举个例子，我们洗完衣服，或者外出回来，衣服上有土，我们要抖一抖。必须要提，不提就没有抖。提哪儿呢？这是关键，我们常说提纲挈领，纲领在哪儿？在领，衣服是在领子，而人的领在百会——最上端、顶端，也就是要提着百会这个顶抖。

当提着顶抖的时候，意在三个圈——肩圈、胯圈、膝圈。一抖以后，这三个圈簧就抖出了一个开合的结果。所以提着顶抖，很重要的一点，意在三个圈簧——由提顶抖出一个三圈簧的开合变化。

提着顶抖，提的是百会这个顶。大家注意，实际上提的是我们的虚中线。虚中线是天地之间的一条永恒的垂线，上通天、下达地。这是不以人的意志为转移的。我们在抖功的时候，对于这条线，既然是提着它抖，我们就要把它抖出一个真实的反映、一个真实的作用。虚中线看不见摸不着，但它是真实存在，天地之间到处都有。我们怎么体悟它的真实存在？通过抖功提着抖，把虚中线虚而抖出实来。

怎么把虚中线抖实了？我们除了有三个圈簧，还有拉簧，手和手之间、手和脚之间、肘跟膝盖之间、胯和肩之间，两者之间都有簧相牵相系，最后这些簧完整合成一个弹簧之意。这虚中线也是一个簧，是天地之间的一个有弹性的簧。所以当你提着它抖的时候，会产生一个在天地之间的开合，天和地两者之间，上提下就要拉，下拉就要合，所以是一开一合。也就是说，虚中线本身就是一个簧，通过人体的百会、膻中、会阴，通天通地，当人在抖起来的时候，就是这个簧的抖动的变化。

当这个簧一开一合抖起来的时候，所有的圈簧和牵引的拉簧全都跟着抖了起来。也就是说，最后这个弹簧之意要合为一意，这么多个簧最后就产生了一个意，弹簧之意。只要一动，就产生了开合屈伸，这就是“屈伸开合听自由”。

通过抖功把弹簧之意的虚中线抖成一个簧，开合最终归结于一，所有的动合成一动，就是天地之间的这个簧的开合——一开万开、一合万合。所以弹簧之意以上抖下，要抖出虚中线的这个虚而真实的簧。

在抖的时候，大家要注意，这个意动之则分、静之则合，合成一意。我们说守中，就是守住这条虚中线，它会把整个身体形成一个分而合的、具有灵动弹性的完整体。

4. 吊抖之意：以中抖环，吊着重抖

作为抖功来说，抖是形的变化，是看得见的动作，其关键问题是通过形，要抖出一个内意来，这个意是什么呢？前面做介绍的时候讲了，是吊抖之意。通过抖功，要抖出来吊之意。许多人修太极内功遇到最大的问题，就是把自己吊不起来，都是落地的。

通过抖功的修为，要把自己吊起来、悬起来。因为，只有悬起来才能够永恒，才能够“轻则灵，灵则动，动则变，变则化”，才能有无穷的变化。大家想一想，我们生活的宇宙空间，不管是

地球，还是其他星球，都是悬着的，所以我们能不能把自己悬起来、吊起来，是修炼的一个关键。

当年白旭华师爷在消防队和杨健侯学习太极拳、太极内功，最后健侯爷和白师爷分手的时候讲："我告诉你个秘诀吧，你记住，一要体似悬球，二要吊起来打。"这句话很简单，但是内涵很丰富。通过抖功，我们要抖出来一个吊起来的我——把自己吊起来。

试手体验

现在这位学员按住我也好，或是推我也好，我俩现在都是脚踩地，双脚依赖着大地。我现在用力，不管是发也好、打也好，是既发不了，也打不了的，因为我与对方是在较力的大小。只有把自己吊起来了，也就是脚看似还落地，但是已经不依赖大地，因为我已经把自己悬起来了。当年我父亲讲，落地为死，脚只要一落地，人就僵死了。所以只能吊起来打。脚只要一落地，就死在地上了，所以不是对手把你打死了，而是你自己就僵死在这个地上了。所以关键的问题，是能不能把自己吊起来。

抖功要吊着抖。看似脚还在大地上，这个时候整个的意是什么？我是一个球，我是地球，地球就是我。一抖以后，整个我和地球一起在抖——天提着地球抖，我随着地球一起在抖。

抖功不是为了练外在的身体，而是要练出来一个提天抖地的大胸怀和大格局。绝不能执着己身。只有无了我，才能练出一个“大我”。大我就是天地人合一。这个大我如同一个球，是悬浮在宇宙空间里的。所以从意的角度，大家一定要去理解吊之意。

我们说吊之意是以中抖环，抖的是中——中抖，最后的结果是环被抖。如何以中抖环？要由中而抖，最后抖的结果是环被抖起来了。从意的要求上，要吊着抖。吊着抖是无天、无地、无我，只是有球。在具体修为当中，吊抖之意怎么体会？吊着重抖。重是什么？重锤。我们在无极桩功的时候就讲了，最后合到一个重上，这个重是地球赋予我们的。

我们脚下是一个大的地球，这个地球浓缩到我这儿，我就是地球，因为我就是地球所给我的重力的组合，所以这个时候我要和大地相合，我要把地球和我一起合起来抖的话，意不在我，在哪儿？在裆下虚空的这个重锤上。这个重锤就是大地重力作用在我身上的重的总和。也就是说，我就是这个重，重就是这个大地。吊起来这个重锤，把这个重锤一抖起来以后，我和大地一起被抖起来了。

大家要注意，要想把自己吊起来和大地融合一起，意一定不要在我，也不要在大地，而是在这个重锤，要吊着这个重锤抖，其结果就是我和大地融为一体被抖起来。所以在练抖功的时候，抖的是重锤。怎么抖？定中而抖重。用中——重锤吊在中上，提的是顶，重锤吊在中上。这样中和重一开一合地抖起来。

无论是直抖、圆抖、弹抖，都要吊着重锤。无论是前弹还是后弹，都反映在重锤的提落开合上，反映在中和重两者之间的开合关系上。吊抖之意的“意”在哪儿？意就在中重，吊的是重锤，意在中重的开合上。实际上抖功就是抖一个中重的开合，不是抖这个形，抖的是这个意。

抖功四个意的要领给大家做了讲解。它们之间有密不可分的内在联系，需要大家在具体修为中体会，但是一定要把握住在内不在外、在意不在形。不是形不重要，形的重要作用在于离开形，就找不到意。要想找到意，必须通过形，但是一定不是就形找形，而是通过形找意。这一点要明确。

5. 抖功三个关键：开、整、活

对于抖功形的要领和意的要领，我们在修习抖功时，必须要抓三个关键，也可以说，要抖出三个结果来。通过形抖，抖出吊之意，最后会出现什么结果？我归纳为三个关键，这三个关键是三个字，开、整、活。也就是说，在修习抖功由形求意过程中，除遵循四个意的要领外，还要掌握这三个字：开、整、活。

说到“抖”，大家并不陌生，北方人经常说抖搂抖搂，我不知道南方的朋友怎么说。抖和搂这两个字，抖是向外开，搂是向内合，抖搂就是一开一合。通过抖功，要抖、搂合一，就要抓住三个关键，一是抖搂开，二是抖搂整，三是抖搂活。通过抖功的修为，若不能把自己抖搂开、抖搂整、抖搂活，那就是没有掌握抖功的核心要义，也背离了抖功修为的本质。

抖搂开、抖搂整、抖搂活，具体到我们修为当中，怎么把握运用？这是下面我要给大家进行讲解的，也是抖功意要领的核心内容。

先讲抖搂开。大家都知道京剧大师梅兰芳先生，他指导学生，不管是唱腔，还是动作，都强调：“抖搂开。”你得抖搂开，唱腔不能抖搂开的话，唱不出那个韵味。过去的唱不像现在有各种音响，还有DJ，那会儿没有。我曾在吉祥戏院、长安大剧院听过戏，坐在最后一排，台上的角一张嘴、一道白，在后面能听得清清楚楚。由于没有音响，所以嗓子必须得开。梅先生抖水袖，那是功夫，水袖一抖，整个抖直、抖圆，一直抖到水袖的最尖端，这是很了不起的功夫。所以要抖搂开。

现在的问题是我们在修为过程当中，怎么才能抖搂开。抖搂开的“开”，关键在于形松。讲无极桩功时就强调周身松通，一定不能用力，一定要松。所以在抖的时候，要抖搂出一个松通，能不能抖搂开首先得抖搂松。所以要想抖搂开，就要松。如何松？松是一种结果，在抖功修为当中怎么就能够松而开了？开的关键在于松。那松的关键在于分、分开，得能分。

遵循抖搂开这个修为主旨，在具体修为的时候，我们怎么练呢？要分着抖搂、分开抖。人身分了上下、前后、左右。我们怎么就分开抖了？拳论说，抖上不抖下，抖上的时候下不抖，抖下的时候上不抖；抖前不抖后，抖前的时候后不抖，抖后的时候前不抖；抖左的时候右不抖，抖右的时候左不抖。能不能分得开，能不能把形的十八个部位都能够分开了抖，在练的时候我们要从分去体会到它们松开了，最后才能整个抖搂开。最终，从意的角度上，能够控制和调整整个有形的身体，需要哪儿抖哪儿就抖。这样才是把整个身体分而开，这是修为很重要的一点。

抖的时候，必须得能分得开。因为太极内功的修为，杨澄甫讲“以分清虚实为第一义”。你必须分清两个：一个虚一个实、一个动一个静、一个变一个不变。只有把这两个分清了，才有它们之间的配合，这两个合起来才是合二而一，才是真正的抖。

在抖的过程当中，要把虚实、动静、变不变这两个分得很清楚，要做到想哪儿抖哪儿就抖——说抖下就抖下，说抖上就抖上，说抖左就抖左，说抖腕就抖腕，要分得很清楚。只有松开了，才能分开，分开了才能够抖整，这样你的意才能得到控制，才能随意而为，才能左右你的身体。

试手体验

现在这位学员攥住我的右手，我现在要抖，我抖右手，左手就不抖。但是如果两手的抖不能合一的话，就会出现病手。因此要有一个中定，要由中抖环。右手是环，它是不能用力的，用力抖不了，所以它是虚的，实的在中，由中抖环才是抖，所以必须得分开。我们所有的修为，一动一静、一分一合，一动就要分，分的过程当中两个不同的要素同时存在，同就是合，所以大家要从这个角度理解抖搂开。

在分的过程当中，不但分出上下、左右、前后，还能在抖的时候分出不同的意。例如，抖的时候要有按，按着抖；抖的时候要有搓，搓着抖；抖的时候要有转，转着抖。当你的意能够分开时，就能够组合了。内功八法实际上最终求的是一个意，

抖搂开，有开就有合，合什么？合中，中就要定。刚才说了以中抖环。当年杨露禅告老还乡，跟他的徒弟说："我该讲的都给你们讲了，最后叮嘱你们一句话，站住中定，往开里打。"一个是中定、一个是开。所谓中定，一要意守丹田，二要定在命

门——定在腰顶。站住了中以后，往环、往开里打。所以抖搂开就是要体悟到“站住中定，往开里打”。这是抖搂开。

在用意抖搂开的时候，要牢牢地把握住一个核心主旨，那就是形松——周身松通。周身松通从哪儿体会？松三节。什么是三节？根、中、梢。梢领、中随、根催。虽然是领随催，但是要在松的基础上领、随、催。梢领、中随、根催指的是意，是用意不用力，因此要想用意就不能用力，不用力就一定要松。松的一个重要标准就是不用力，要用意。用意梢领、中随、根催。领、随、催这三节——梢节、中节、根节，都是建立在松的基础上的。所以，要想抖搂开，形要松，而松三节是关键。我们说永远要分三，永远有根、中、梢，永远层层可分，所以层层要松。

第二个是抖搂整。前面讲了分，这里要讲整。整是什么？整是合、整合。把分开的要合起来，合而一，合到一上。这个时候，抖搂整，意的关键是什么？抖搂开的意的关键在松，抖搂整的意的关键在紧。

《太极拳经》讲“一举动周身俱要轻灵”，特别告诉我们，“无使有缺陷处，无使有凸凹处，无使有断续处”。也就是说，最后“总须完整一气”。我们的修为最后就是要在分的基础上，合成一个完整的状态。什么是完整状态？宇宙间最完整的状态——既无凸凹，又无断续，又无缺陷的状态，圆满的状态——就是球。所以球才是整，我们就是要把自己修为成这样一个球。

前面讲了，我们是抱着球抖，抖的是这个球。特别是当我和整个大地合成一个球的话，一抖起来，要随着整个天地之间这么一个球而抖，这个状态就是整的状态。

那怎么就能够整了呢？关键在“意”。《太极拳经》上告诉我们“凡此皆是意”，上下左右皆然。也就是说，在抖的时候，意要有上有下、有前有后、有左有右，要能够意达四梢。

为什么意达四梢以后就能够让我们形成一个完整的状态呢？杨澄甫在《太极拳术十要》当中告诉我们，“意之所至、气即至焉”。也就是说，意达四梢以后，意到气就到。在意不在气，气是结果。这个意产生了一个真实的感觉、觉知，就是气感。产生了一个气感为什么就完整了呢？《十三势歌诀》告诉我们“气遍周身不稍滞”，只有能够气遍周身、气达梢节，才能够形成一个完整的状态。这个状态是什么？由脚而腿而腰，总须完整一气，表现在手上。实际上，所有的变化都在一气的鼓荡当中。因此要想抖搂整，关键是意要达梢，这样才能够做到“气遍周身不稍滞”。

在抖的时候，我们整个身体要感觉到是一个充了气的球，一个吊着的、有弹性的、灵动的球。这个球不是死的，在抖的过程当中，气宜鼓荡。气是什么？意的一开一合。在意的开合的过程当中产生了一个真实的觉知，我们就把它定名叫气。这种气是非常有弹性的，是充满了所有空间的，是“总须完整一气”的。所以我们通过抖，要抖搂出这个整；要想达到这一气，达到这个整，从意的要求上，刚才讲抖搂开是松三节，抖搂整是意的紧，紧的是什么？紧三顶。所谓三顶，一个是百会头顶，一个是指顶，一个是腰顶。头顶、指顶、腰顶，这三顶要牢牢地把握住，紧的是这三顶。但是要注意，紧是意紧，而不是形紧。

意要达到哪儿？头顶是百会，腰顶是命门，指顶在中指。中指的指尖叫中冲，也就是意一直要达到梢节，达到最顶端，意一定要到中冲。所以抖搂开是形松，松三节；抖搂整是意紧，紧三顶。

第三个是抖搂活。抖功抖搂开、抖搂整，最后要归纳到一个关键的要领，就是活——抖搂活。所有的太极内功修为最后都为了活，因为活是生命的象征，修为就是要让自己的生命充满了活力。所以修为的关键就在这个“活”上。

人的一生只有两个结果，一个是死，一个是活。我们修为为什么呢？死管不了，什么时候死、怎么死，这不归你管。我们能管的是怎么活，特别是今天怎么活，这是我们修为的核心。能管的你不管，怎么活的更自在、更自由、更自然，你不在这上面下功夫，整天怕死，整天想我怎么不死，那不归你管，该死就得死。只要把握住该怎么活，那个死是必然的一个结果，根本不需要操心，放掉它、放弃它，把我们的重心放在怎么活上。

怎么活呢？抖搂活。怎么抖搂活？活的关键、活的意的关键在于“灵”。我们经常说灵活，“灵”这个字，杨健侯在《太极拳约言》明确指出：“轻则灵，灵则动，动则变，变则化。”我们所有的动，最后要落到“因敌变化”，因客观的变化而变化，“因敌变化示神奇”。要想变化，就要动则变；要想能够动则变，就得灵则动、得灵动。灵动是什么？灵动是该怎么动就怎么动，不是我想、我要怎么动，这是关键。能够灵动了，你就活了。不能灵就不能动，不能动就得死。所以我们所有的修为过程，永远要让自己能够灵而动、动而变。

太极内功修为是让人能够活、能动。现在最大的问题是什么？当你有对手干扰的时候，就活不起来，就动不了了。

试手体验

我现在抖，很灵、很活，没有干扰。现在的问题是有了干扰，刚才很灵活，现在活不了了。我们要解决的是，有干扰和没干扰、有人和无人是一样的。这位学员现在拿住我，我如果用力是动不了的。再看，没有对手的时候和有对手的时候，我都能够灵活而动。怎么做到这一点的呢？这涉及我们修为的关键问题，就是怎么练。怎么练呢？刚才讲了轻则灵，也就是说，刚才这位学员攥住我的时候，他用力我就用力，我就灵动不了。我要想灵动，我这手必须要轻、要虚、要不用力，越想用力越用不了力。所以为什么说轻则灵，怎么练呢？从轻上练，怎么就轻了呢？不用力。

太极内功八法都形于手，不管是抻、搓、转、抖，都表现在手上，所以关键要把手的问题解决了。太极内功把手分为三手，一是上手，二是平手，三是病手。我们内功修为要追求的是上手，起码要做到平手，我们要克服和解决的是病手。

什么是上手？上手也称作妙手，上手的重要标准就在于轻灵。《老谱》当中有一篇《太极轻重浮沉解》，关于上手、平手、病手说得很明确："夫双轻不近于浮，则为轻灵；双沉不近于重，则为离虚，故曰'上手'。轻重半有着落，则为'平手'。除此三者之外，皆为'病手'。"要想轻灵怎么办？杨澄甫在《论太极推手》当中告诉我们"其拿人之时，手极轻"，极轻是什么？手要虚。所以我们在抖搂活的时候一定要把握住这一点。

在修为当中，抖搂开是松三节，抖搂整是紧三顶，抖搂活呢？是空三心。太极内功修为有三心，这三心指的是手心、脚心、胸心。手心劳宫，脚心涌泉，胸心膻中，这三心要空。在修为过程中，怎么空这三心？大家要记住，空是结果，用意不用力是关键，但是如何用意才能真正达到空？要想空、要想用意不用力，就要空而不空，形空意不空，意一定不空。意不空，不空在哪儿？不空在球。空手心，手如握球，劳宫穴像握球一样；空脚心，脚如踏球，涌泉踏着两个球；空胸心，膻中穴含着一个球。所以在做抖功的时候，要做到三心空而不空，一直手如握球、脚如踏球，胸如含球。在抖的过程当中，意要三意合一，这个球不是死球，是有弹性的球。

抖功很重要，重要性就体现在意上。在意的要领上，大家一定要认真消化。通过抖功的修为，就是要把自己打造成一个完整如一的，动之则分、静之则合的，总须完整一气的，触之即弹、触之即旋的，“因敌变化示神奇”的球，这就是太极。

第九章　太极内功八法之拍功

要把我们的手练成太极手——太极不动手、太极无手之手，这掌和捶相互之间的转换就变得非常关键了。很多练了多年太极拳的朋友，忽视或者不重视这个问题。我们在每一个盘拳架的过程当中，都离不开捶和掌之间的转换，这个细节很重要。

内功八法一共有八个具体的功法，如果把前四个功法作为上部，那后四个功法就是下部。拍功是下部四个功法的第一个。

现在我们开始对拍功进行讲解。讲解同样包含两部分核心内容，一是形的要领，二是意的要领。

一、拍功形的要领

1. 指掌捶手解

先说拍功形的要领。和其他功法一样，源于抱球势。从抱球势开始，拍功形的第一个核心要领就是四正手。这里我想再给大家强调一下，不管哪一门派的太极拳，四正手都是修为的一个核心要领，因此对于掤捋挤按四正手要有一个清晰的认知。

什么是四正手？“四正手”这三个字里面有两重含义，一是四正，二是四手，四正四手合起来才是我们所要修为的四正手。四正是什么？正是四方，四方是前方、后方、左方、右方，合起来才叫四正。四正是以方作圆，方圆相生，方在圆之内。

什么是四手？四手是在圆之内的四正，在运行过程当中所表现出来的、手上的四个动作。也就是说，四手的手是外，四正是方，方是内，也就是一内一外。

我们修为的是什么？四正——前进、后退、左顾、右盼——内在的变化，表现出来的是四手。也就是拳论上说的“形于手”，手只是内动、内变的表象，随着四正表现出四手：掤捋挤按。这是做拍功首先要清楚的问题。

拍功也叫拍手功。为什么叫拍手功？因为拍功要解决的核心问题就是手。前人常说太极无手、太极不动手。为什么太极无手、太极不动手？如何在太极内功当中真的把握和运用太极不动手、太极无手？这是拍功要解决的几个关键问题。

在讲拍功具体形的要领之前，我想给大家重点讲一讲手的问题。太极拳爱好者比比皆是，但对练太极拳解决什么问题，特别是手的问题却被很多人所忽略了。也就是说，现在很多练太极拳的朋友，忽略或是轻视了手的认知和把握。如果对双手的认知，不能由常人思维进入太极思维当中来，不能解决好手的问题，也就不能重新打造出太极手，我们的修炼就是一句空话，就不能真正达到修炼的目的。

常人认知的手和太极内功所求得的手，它们的不同之处在哪儿？不同之处在于：一个是有，一个是无；一个是用，一个是不用；一个是动，一个是不动。我们要通过太极内功的修炼，特别是通过拍功的修炼，就要把自己的手拍无，拍到太极不动手，也就是手不自动、手不乱动、手不盲动，这是我们要解决的问题。

既然要解决手的问题，就要从理上明确，什么才是太极手。我所传承的杨家太极拳对于“手”非常重视，《老谱》当中有一篇专门说手，篇名就叫《太极指掌捶手解》。这篇拳论告诉我们太极内功所言之手的定义是什么。

常人把臂前端的一部分、由五根手指及手掌组成的部分叫作手，这很正常，常人的认知就是这样。但是太极无手，太极所说的手不是常人认为的手，它是怎么认为的呢？拳论说：“自指下至腕上，里者为掌。五指之首为之手。”也就是说，太极内功所说的手是指作为“首”的拇指，所以手的定义就很清楚了——五指的首指是手，“五指皆为指”，只是这个拇指是手。“五指权里”，五指向里合，“其背为捶”，手背是捶。

这里说了四个内容，一是指，也就是手指。二是掌，从指下到腕上、里者为掌。三是捶，指往回收为捶。四是手，只是这个拇指是手。所以这与常人对手的理解有了一个根本的不同。太极内功所说的手，是无了常人的手，才有了指、掌、捶、手。这篇拳论告诉我们什么是指、掌、捶，接下来是怎么用。

“如其用者，按、推掌也”，掌干什么？“按、推掌也”；指干什么？“拿、揉、抓、闭，俱用指也”。太极内功的修为有拿法、揉法、抓法、闭法，“拿、揉、抓、闭，俱用指也”。手的特殊作用是什么？是“挫、摩，手也”。关键在捶，捶有什么用？“打，捶也”，捶着打。

通过拳论可知，手是拇指，指是五指，关键问题是掌和捶。掌和捶都是指的变化，第一是里，里为掌，伸指为掌。第二是背，背为捶，蜷指为捶。一个是展指，一个是蜷指。

为什么在讲形的要领之前，要对四正手的手给大家做一个讲解呢？只有对掌指捶手有了一个清楚的认知、把握和运用，才能明白拍功用什么拍。拍手功的核心是要用“掌”和“锤”来拍，拍功当中形的要领和意的要领，离不开掌和捶的运用和变化。所以在讲形的要领之前，要把四正手、太极内功所言之手的概念，以及掌和捶之间的内在关系给大家做一个具体的讲解。

具体到四正手，四正手形的要领在这里先不讲，留在讲四正之意的时候，结合意的要领再具体讲解。

2. 抡拍、直拍

下面讲拍功当中的形的要领。拍功第一个形的要领是什么呢？抡拍，或者叫圆拍。

首先我给大家演示一下。始于抱球势，经过挪捋挤按，最后回到拳。这个拳我们现在要抡起来。这里需要说明一下，我们抡的“拳”不是指我们所说的拳头的“拳”，我们抡的是捶。谁来抡这个捶？是用什么把这个捶抡起来的？用中轴。对于我们来说，就是用有形的身体把两个捶抡起来。这就像拨浪鼓，由于中的转动，带动两旁地捶摆动起来，打击鼓面而发声。

抡捶的过程当中，是不是就用捶？在捶和有形的身体抡起来以后，谁来拍呢？掌拍。不是捶拍、捶打，是掌拍。也就是说，抡的是捶，拍的是掌；以身抡捶，以掌拍身。我们在做的时候，可以单手，可以合手。

这里需要注意的要领，第一是以身抡，尽管最后是掌拍身，但是掌是自己不动的，是身把掌抡起来。这是第一个要注意的要领。第二，捶掌互换，抡的是捶，拍的是掌。第三个要领很关键，掌拍完身以后是弹回来的，不是手自己回，手是撞到了一个充满气的球上被弹回来了，这个要领很关键。第四个要领，当弹回来以后，弹的是掌，回的是捶。大家注意，回的过程当中，这个掌要回捶。也就是说，要转，手蜷指往回一弹一抓又回到捶了，这是抡拍要把握住的几个要领。

抡拍可以拍上、拍下、拍前、拍后，但是一定要把握住上述几个要领——关键不在这个动作，而在动作过程当中的细节。也就是说，要牢牢把握住以身抡、以掌拍、以捶回——以身抡捶、以捶换掌、以掌拍身，以掌拍身以后，掌随捶回，又回到捶上来。这几个要领，大家做的时候要注意细节，并把握它。

形的要领第一个是抡拍。从功法上，形的要领主要有两个，一个是抡拍，还有一个是直拍。如果说抡拍是以身抡捶、以掌拍身的话，那直拍最主要的要领是以身拍掌。直拍是以身拍掌，要把握如下要领，以身抡捶的时候，捶变掌——手不动，以身拍，抡捶变掌。在具体修为的时候，身拍要把握住这样几个要领，一腕拍、二肘拍、三肩拍、四胯拍、五膝拍。

这里补充说明一下，捶和掌，展指为掌，蜷指为捶。但是前面讲了，我们所说的捶是空的、是空捶。指蜷回来，拇指和食指、中指之间相合，可不是攥一个死拳头，死拳头不是捶。

先说腕拍。腕拍是左右手呈捶状，以左手腕拍击右掌。拍击时，两手捶变成掌，拍击后，腕与掌由于互相反弹而分开，分开后，掌重新变为捶。反之亦然。

拍的时候，起始是两个捶，捶出掌拍。捶拍掌时，掌是不动的，它是被拍。这里面大家注意一个要领，出于捶，由捶开始到掌拍，同时拍到掌以后，回来是掌回捶。所以拍的时候，掌和捶是相互发生转换的、是有变化的，这个变化非常关键。也就是说，要把我们的手练成太极手——太极不动手、太极无手之手，掌和捶相互之间的转换就变得非常关键了。很多练了多年太极拳的朋友，忽视或者不重视这个问题。我们在盘拳架的过程中，离不开捶和掌之间的转换，这个细节很重要。

肘拍要领与腕拍相同。肩拍是左肩拍右掌、右肩拍左掌，要点是以身拍手、以肩拍手。千万不要用手拍肩，手是不动的。

胯拍，既可以左胯拍左掌、右胯拍右掌。也可以左胯拍右掌，右胯拍左掌。膝拍是提膝拍掌，左膝拍左掌，右膝拍右掌。

大家在做的过程当中，动作上的形式大家可以任意组合。

除了动作上的形式以外，更重要的是把握掌和捶相互的变换。为什么必须要变换？这在讲意的要领时候再详细讲。形的要领有三个关键，前面讲了什么是手，手的几个关键，特别是什么是掌、什么是捶，因为下面所有功法形的要领和意的要领，离不开掌和捶这两个关键。抡拍和直拍具体形的要领，抡拍是以身抡捶、以掌拍身。直拍是以身拍手，在以身拍手的过程中，又分出来腕拍、肘拍、胯拍、膝拍，其中的核心是手是被拍，以身拍手。我们虽然分了五个部位，但是身上任何部位都可以拍，甚至都可以拍脑门，关键掌握住“手是被拍”这个要领。同时，还要掌握捶和掌之间互相变换的关系。这是拍功形的要领。

二、拍功意的要领

下面讲拍功意的要领。拍功意的要领跟前面几个功法是一样的，分为四正之意、腰顶之意、弹簧之意，还有一个具有拍功本身特点的意的要领，就是拍打之意。我先把拍功意的四个要领的核心主旨给大家总结出来，然后再逐一讲解。

第一个是四正之意。拍功四正之意的核心是掌捶互换、开合变转。以四正之意来练习拍功，要牢牢地掌握住两个方面的内容，一个是掌和捶互换，一个是开合要变转。

第二个是腰顶之意。拍功的腰顶之意主要把握两个方面，一个是立如平准，一个是后发前拍。

第三个是弹簧之意，拍功的弹簧之意要掌握的两个核心要领，一个是卧虎盘龙，一个是胯脊合拍。

第四个是最关键的拍打之意。拍功的拍打之意重点把握两个方面，一个是柔发刚落，一个是掌拍捶打。

下面分别讲解。

1. 四正之意：掌捶互换、开合变转

第一是四正之意。前面形的要领讲了，由抱球势到四正手，拍功的四正手跟其他功法的四正手有所不同，我们通过四正手要解决什么问题呢？掌捶互换、开合变转。四正手——掤捋挤按——是内里的四正的变化在外在的体现，在内不在外，外面所有表现出来的变化都是内变的结果。另外，对于四正之意，我们还要掌握方圆相生，以方做圆。圆的外在的表现为掤捋挤按四手，完全是内在四方的运行结果。所以在做拍功的时候，从抱球势到四正手，大家要牢牢地掌握住以方做圆，以内主外。这个内是意气，外是有形的身体。

通过拍功和所有的功法，练的是内功，练的是以内的意气为主宰，所有外在表现的变化都是内在意气开合的体现。这一点是四正之意的核心要领。

第二个要领，在做的过程当中，外面表现出来的掤捋挤按四手是捶掌互换。捶掌互换内在的表现是什么？以内主外，有内变才有外动，手不自动，不管是掤手、捋手、挤手，都不是它自己的变化，都是随内而变。外在表现出来的是掌捶互换，内里的变化是开合变转。这是四正之意要牢牢把握住的要领核心。

通过外在要表现出内里的开合变转，表现在外是什么？表现在外是掌捶互换。为什么是掌捶互换？因为展指为掌，掌是开。蜷指为捶，捶是合。所以掌是开，捶是合。当外在手的掌捶变化的时候，体现的是内在的开合变转。所以我们说内和外这两个谁也离不开谁，离开了外，内在的表现就是一句空话；离开了内，外在表现出来的就不是太极内功的变化。

具体到四正之意，掤捋挤按四手，表现的是内在的开合变转。我们在做的过程当中要注意，由抱球势开始，首先四正手，掤从哪儿出？记住，一定是从捶出，因为合即出。出一定是合即出。抱球势的时候，大家注意，这个手的变化，既不是掌也不是捶。是什么？前面功法已经讲过，丁八手，既捶又掌、既掌又捶，非掌非捶，可称作是似掌，在掌捶之间，就是这么一个状态。

我们在出的过程当中转化，由丁八手要收回，要合，合什么？合捶，由捶出掌掤，掤的过程当中是由捶去掤这个掌，也就是由合到开。所以掤的过程当中是掌捶的变化、是开合的变化，由捶合掤开，展指为掌，掤是开，由合而开，所以这个意大家要记住。

在做四正手的时候，掤是进，掤之意的开合就体现在掌和捶之间的互换。同理，捋也一样，捋是收、是退，“掤进捋退自然理”，捋是往回退，退的过程当中，由掌回捶。也就是说，掤开捋要合，捋是向内合，因此要回捶。在盘拳架、走掤捋挤按的时候，大家要注意这些细节。

太极拳是内家拳，主宰在内，用外来体现内，每一动都是内在开合的表现。在盘拳架的时候，不是表现形，而是通过掤捋挤按四正手来体会内在的开合，而开合就体现在掌和捶之间的变换。所以捋的时候，要由掌回退，退到成了捶。由捋到挤，还是捶出变掌。由挤到按的时候，大家要注意，它有一个开合变换的要求，当我们挤的时候是掌，变按的时候还是要先回捶，由捶合，由合再开——换掌按。所以四正手体现的是内在的开合变转，表现为掤捋挤按，掌和捶相互的变化体现了内在的开和合。掌为开、捶为合。

刚才讲四正之意的核心是掌捶互换、开合变转，一外一内。

我再次强调，并不是太极内功不要外、外不重要，不是，是以外体现出内，所有的内在变化都通过外在体现出来。

2. 腰顶之意：立如平准、后发前拍

下面是腰顶之意。腰顶之意要立如平准、后发前拍。不管是直拍、抡拍，拍的是前，但是发是由后发，以后拍前。如何才能够做到后发前拍呢？关键在腰顶。《老谱》中《太极圈》这一篇很明确地告诉我们："不离腰顶后与前。"你要想后发前拍，离开腰顶是不行的，因为主宰在腰顶。顶的真义内涵是什么？顶者，定也，就是要定下来。

太极内功所修炼的顶是什么？立如平准。《太极拳论》里面讲了，太极内功修炼的就是平、准。也就是说，准在于平，阴和阳两个对立的东西平了、合了、平和了，这个状态是准，以它为准。变化是在平准的基础上，或是上或是下，或是前或是后，或是左或是右。

太极内功修为首要的问题不是变化，不是怎么变，而是先要修炼太极内功的体，体是什么？立如平准。如果修炼了半天没有一个平准、没有一个准头的话，所有的变化都是乱变——没谱的乱变。

我们要做到所有的变化都是因敌变化，因敌能够变化就要有一个“立如平准”的基准，在这个基准基础上产生变化，才是有序的，才是随势而为、随机而动的，才是该怎么变就怎么变，才能做到“因敌变化示神奇”，所以关键问题在于顶。

这个顶在哪儿找？关键在腰顶。如图 9-1 示，如果左侧是前，右侧就是后。为什么我们说不能前发前至呢？因为有了顶以后，就会发现，我们要想让左侧起来，只要后发——反向求，就能产生一个后落前起的结果。为什么要这样做呢？就是因为在平的基础上，“偏沉则随”，拳论上讲“立如平准……偏沉则随”。平是准，用的是偏，只要一偏就能够随之而起。太极内功能够“四两拨千斤”“因敌变化示神奇”的原因就在这里。

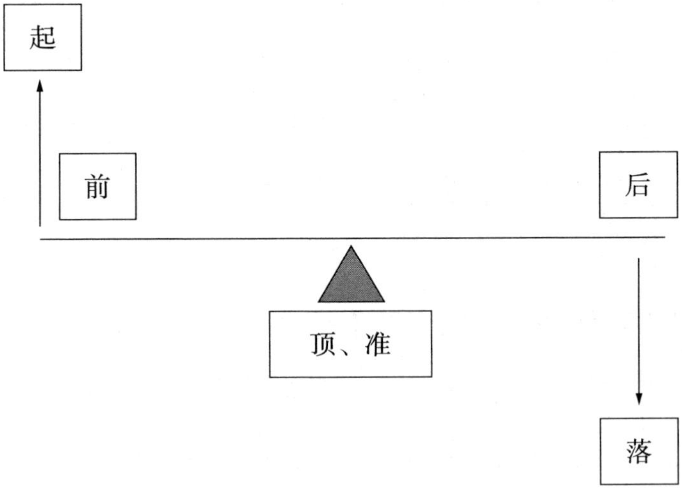

图 9-1　立如平准示意图

如果“前”是对手的话，想从“前”起，对手让我起吗？起得来吗？我要想起得来也行，他有 100 斤，我得有 101 斤，那样就是以大打小。太极内功不是这样，太极内功要四两拨千斤，要以小博大、以弱胜强。那好，我把我的前给对手，当我的前不用、不动的话，我用我的后，这时对手就管不了、拿不住了。我在腰顶平的基础上，后只要稍许一动，前就能够随机变化了。这就是太极内功所求的动之则分。你一动，分出来前、中、后没有？你是不是很清楚地知道哪儿动、哪儿不动？用哪儿、哪儿不用？

试手体验

我的手是前，前面是对手，他跟我的前相接。现在很多练太极，或者其他拳术的爱好者，都是你前我也前。我们是前反而不能用，前是给对手的、是舍己的，舍给对手就要跟他相合，静之则合。我的前要静，手不能动，因为对方抓住我，不让我动。现在，我前静后动，自然就把对手推开了。这时关键在腰顶，道理很简单，但是要在我们的身上，通过修为把它做出来。

一接手，前后分清楚了——意要分清。前不动后动，前静后动，必须“不离腰顶后与前”，看似是手动了，实际上，前动是后动的结果。后动了以后，腰顶住了，守中了，前就起来了。我们说把敌人发于丈外，完全不是力量比力量，完全不是形上的事。

腰顶之意要牢牢地抓住立如平准、后发前拍。练拍功就是要体会腰顶、后发前拍，这样才能够出来一个前后中，才成为一个“总须完整一气”，一个完整体。

3. 弹簧之意：卧虎盘龙、胯脊合拍

拍功意的第三个要领是弹簧之意。拍功的弹簧之意要抓住两个要点，一个是卧虎，一个是盘龙。什么意思呢？不只是太极内功，包括形意拳，都借助了自然界当中很多的动物所表现出来的特征，并在我们的身上体现出来。虎是卧、龙是盘。虎卧是横，龙盘是竖，是用虎和龙来体会横竖相合。也就是说，太极内功最后要出太极内劲。

什么是劲？劲是一个重要的品质，我们叫弹性之劲，它很有弹性、去回合一。刚才讲了，抡拍时，手是弹回来的。这个弹性劲就是内劲的一个重要标志。弹性是怎么出来的呢？劲是两个对立的要素——出跟入、去跟回——合一的结果，也就是阴阳相济，方为懂劲。体现在拍功的修为当中，“一横一竖打天下”，拍

功的内劲就是横竖相合出来的，一竖永远要有一横，合出来一个既有横又有竖的“一”——一个劲里面有两个对立的要素相合了。

在修为的时候，怎么把内劲真的通过功法在身上得到具体体现呢？在讲无极桩功的时候讲过，太极内功一个是劲、一个是意，意上体会出两意合一意。这两意是什么？叫熊鹰合一。熊是沉厚在下；鹰是轻灵在上。厚重不失轻灵，轻灵不丢厚重，这两个合起来就是“有意无意是真意”，就是太极所求的合之意。在拍功修为当中，要出太极内劲，还要借助龙和虎，出龙虎劲。也就是熊鹰意、龙虎劲。但在修为当中，要在我们身上找到哪儿是龙、哪儿是虎，然后把它们合起来。

拍功的弹簧之意就是要解决这个问题。我们所有说的虎，对应身体来说就是胯，胯就是这只虎；哪儿是龙？大椎、脊椎，一虎一龙，一胯一脊，一横一竖，虎是横卧，龙是盘上，所以这两个合起来以后，合出来一个龙虎劲——胯脊合出来的一个合力，就是劲。

前面给大家讲过，内功八法实际上就是懂劲之功。通过修为，我们真的懂劲了，真的能够把阴和阳——具体到我们身体，借助虎与龙，把胯和脊——合二而一，合出来一个完整的状态，劲就出来了。所以弹簧之意就是要借助虎卧龙盘，把胯和脊合起来。胯要坐胯，落胯出，到脊发，形成一个簧。

胯、脊就是一横一竖。胯非常重要，我们从无极桩功开始要坐胯、要开胯，胯要开，因为胯是承上启下，胯下面连接着下肢，胯上面通过脊——这条大椎承载并把上肢全部合成了一个完整体，这样一横一竖把整个身体合成一个完整状态。胯和脊之间的关系非常重要，如果把胯比作汽车的底盘，不管是发动机、水箱、油箱、变速箱，全部都要放在底盘上。也就是说，胯起到一个强大的支撑作用。胯的重要作用就在这里。

在胯的强大支撑的基础上，腰、命门就是变速箱，这条大椎主传动，将力传动到一身当中。所以要把力传递过去，没有强大的支撑、没有传动装置，就不可能形成一个动力的完整状态。劲是怎么出来的？就是胯脊之间相互作用合出来的。一个是虎卧，一个是龙盘，一横一竖，这个意就在横竖之间去把握。

4. 拍打之意：柔发刚落、掌拍捶打

在开始讲内功八法的时候，曾经有学员问我："李老师，我们太极内功能不能打？"我告诉大家，肯定能打。但是对我来说，到现在为止，我跟谁都没打过。因为我练的是能，到底打不打，那不归我管，我管的是自己能不能、有没有这个能力。也就是说，太极内功的打要落实到"能"上，一定得能够打。

打怎么体会？我们说拍功就是能打之功。拍是掌，打是什么？《太极指掌捶手解》告诉我们："打，捶也。"所以在内功八法的拍功当中，通过具体的功法——抡拍、直拍和我们既要把握住的内功八法三个共同之意的要领，还要掌握好拍打之意。

拍打之意的核心，一个是柔发刚落。前面给大家讲过，太极内功修为关键在于"点"，你要找点，点对就成功。平时不管是做事还是生活，常说"点很背"，就是没找对点。点在哪儿找？就是从动之则分中找。一个发点、一个落点，"发落点对即成功"。发点是什么？开始，你是从哪儿来的；落点是什么？你要到哪儿去。把这两个点找对了，知道从哪儿来，要到哪儿去，就能寻找到一条通达目标的大道。所以这是整个太极修为、人生修为一个很重要的主旨，只要找准了这个发点和落点，再找准一条虽然曲曲折折，但是始终坚定不移、由发点向落点前进的通道，你的人生就一定会成功。

然而，我们要清楚地知道，找的是什么点。很多人说是找落点，其实太极内功修为落点要找，但是落点落在哪儿？"发落点对"，就是发点和落点得对上，否则就像枪打偏了一样，没打到靶子上。

要做到发落点对，就要将发和落这两个点合起来。也就是说，发点就是落点，落点就是发点。但是，发点从哪儿发？拳论上告诉我们，“柔行气，刚落点”，也就是发表现在外——表现在手上、表现在身上，身拍手、手拍身，都是外在的表象。关键在哪儿？关键在内，由内而发，内是刚，由刚而发，“内含坚刚”，因为这个发表现在外，表现在有形的身体上，所以外要以柔软而应敌。也就是说，有形的身是条通道，内刚要通过外在有形的身体发出去，要发到那个落点上。这条通道是什么？通道是曲、是折、是柔，因为是由刚发柔，柔才能表现出来内在的刚，所以我们有形的身体是柔发。

内刚是看不见的，外柔是看得见的。内刚的点通过外柔，要发到最后的那个点，那个点和我们的发点要对上，发点就是落点。发点是由内发，内里含坚刚，最后到落点上，落点一定是刚。拳论不但把理告诉我们，修为的路径也告诉了我们，就是“柔行气，刚落点”。换言之，有形的身体像水、像气一样，非常柔，通过它来发，发到最后那一点的时候一定是刚，一定是非常迅捷干脆，不能拖泥带水。你要达到这一点，在发的过程当中要柔，过程要虚，落点要实，这就是变转虚实。

所以拍打之意一个核心要领就是由内发到外是柔发，柔发最后要刚落，刚落就是内刚具体的落实。在拍功修习的时候，如何体现柔发刚落、发落点对就成功呢？就体现在拍打上，拍和打两个意要合起来。修习的时候，掌拍捶打——由捶出，捶即合，合即出；到掌拍，拍即开，再到最后要合。所以拍打之意是合—开—合。拍功通过掌和捶的互换，体现在开合的变转——合出—拍打（开）—合回、捶出—掌拍—捶打。大家会发现，包括前面讲的弹性劲，只有这样开合的变转——拍和打、掌和捶之间互相的分合，才体现出内劲弹性的变化。

弹性劲是去回合一的。当年我父亲带着我去故宫外面的金水河边捉虾。我总是向前探手抓虾，可老抓不住，一抓虾就跑。我父亲告诉我要往回抓。往回这一下才是抓。而抓要用指，“拿、揉、抓、闭皆用指”，拿、揉、抓、闭体现的是指的开合变化。所以拍打之意要牢牢地把握住柔发刚落、掌拍捶打。

试手体验

掌拍捶打、柔发刚落咱们也展示一下。

对手抓住我，我现在要发，可是掌发不行，为什么不行？掌是开，只有合了，这才能发——合了发，发的时候要开。如果合着发是不行的，这就像要把手里的东西扔出去，如果合手攥着东西是不可能扔出去的，只有把手张开才可以。拿在手里，撒手把它扔出去，这是合发，但是在最后发这一下的时候，要在发的过程当中回——真要发的那一下是回。也就是说，对手拿住我的时候，我合了以后不回，这就是推了，关键是在回。所以射击的时候，子弹出去那一刻，枪身要回来一下，不能有去无回。所以拍打合起来，才合出来弹性的内劲。如果只有拍，没有回，那就拍死了，只有拍的同时回，拍打合一了，才有了劲。

以上是对拍功形的要领和意的要领的解说。希望大家能够理解和把握。

第十章　太极内功八法之荡功

在做荡的过程当中，身和手的关系是以身荡手——形于手，以身荡，手是被身荡。在形于手的过程当中，在手被身荡的过程当中，形于手的“形”表现了掌捶之间的关系。在荡的过程当中，捶和掌这两个是同时合出一荡。

在内功八法拍功的基础上，我们进入了荡功的讲解。这一讲围绕两个方面、解决三个问题进行讲解，两个方面是荡功形的要领和意的要领；解决什么是荡功、为什么要练荡功、荡功怎么练这三个问题。

一、荡功形的要领

1. 以身荡手、掌捶合荡

我们依然先讲功法形的要领。和其他功法一样，荡功形的要领还是从抱球势开始，然后四正手。上一讲对四正手的问题进行了提炼、总结，根据《老谱》中《太极指掌捶手解》，我们修习内功八法要掌握两个方面，一个是掌，一个是捶，它们之间的关系在于展指为掌、蜷指为捶。在荡功中，对于手的要求依然如此。

从抱球势经过四正手进入荡功功法，从形的要求上，一定要掌握住它的规律和要求，我们的前辈杨澄甫在《太极拳之练习谈》有一节专门谈道："两臂骨节均须松开，肩应下垂，肘应下曲，掌宜微伸，手尖微曲。"这是对于形的一个要求，下面讲荡功具体要领的时候就会运用它。

在做四正手（掤捋挤按）的过程当中，杨澄甫又提出来"以意运臂"，"勿自伸缩"，掤捋挤按不是自己动，是意领形随，以意运臂，以气贯指，这一点很关键。

意气是"意之所至、气即至焉"。当"以意运臂"的时候，一定会得到一个结果，气贯梢节——以气贯指，一直到了指尖。"日积月累，内劲通灵，其玄妙自生矣"。杨澄甫的这段论述，把形的规矩和具体练的要求讲得非常明确，荡功从形的要领、从抱球势开始就要检查，是不是骨节都松开了，你的肩、肘、掌、指，是不是符合这个规矩要求。在做掤捋挤按四手动作变化过程当中，是不是以意运臂、以气贯指，如果能够做到这一点，你就日积月累，经过久久练习，内劲通灵，那个玄妙就在这个过程当中自生矣。

在具体修为过程中，荡功要掌握以身荡手、掌捶合荡。也就是说，在做荡的过程当中，身和手的关系是以身荡手——形于手，以身荡，手是被身荡。在形于手、手被身荡的过程当中，形于手的“形”表现了掌捶之间的关系。在荡的过程当中，捶和掌这两个是同时合出一荡。也就是说，捶是合、掌是开；捶是入，掌是出，一去一回、一捶一掌，这是荡功形的要领要掌握的很重要的法则，以身荡手、掌捶合荡。

荡功的形的要领要遵守的法则是以身荡手、掌捶合荡，在这个要领的基础上，下面进入荡功功法的学习。

2. 合手荡和分手荡

荡功的功法分有合手荡和分手荡。在具体功法当中，合手荡和分手荡又分有前后荡、上下荡、左右荡——分出来了前后、上下、左右。在做的过程当中，在遵循荡功形的要领的同时，还要遵循无极桩功、浑圆桩功所有的功法要领。

首先说合手前后荡。从抱球势开始，合手抱球，做掤捋挤按四正手，掤之前要回、要入，要曲指，先蜷指成捶，再展指成掤，捋挤按也要遵照先入再出、先蜷再展这个规则，最后成掌按状。从这儿开始，如果做合手荡，第一个动作要领是蜷指成捶，身手相合——此时捶向身合，然后进入以身荡手——由捶变掌，向前荡出。两手向前荡出，随着重力向下落，形成向后荡，同时随着掌落，掌要变捶。这是前后合手荡。

第二个是合手上下荡。蜷指成捶以后，以身荡手，两手向上荡开，荡的过程中，由捶变掌；然后随重力下落，落下时，由掌变捶。

第三个是合手左右荡。先是合手左荡，成抱球势，坐胯转腰向左，做四正手，然后展指荡出，荡出后，手随重力落下，荡到右侧，又随荡势回荡向左。再是合手右荡，成抱球势，坐胯转腰向右，动作要领同合手左荡。

这是合手的前后、上下、左右荡。大家要注意，前面讲的两个要领，一个是以身荡手，也就是身荡，手被身荡，手勿自伸缩，不是自己荡，是手被身悠荡起来了。这是一个荡的形的要领。在手被荡起来以后，掌跟捶一开一合，一出一入，一去一回，就是荡的过程当中，两个相反的动作互相之间牵拉的变化，最后形于手，就表现在掌和捶的变化当中。由捶出，捶出掌、掌回捶，一出一回。大家不要忽略手上的动作。这是以身荡手当中很重要的一个要领，手上的动作要完整、准确，要做到位。像其他功法一样，最后是表现在手上——功夫在手上的表现就是形于手。这是合手荡。

接下来是分手前后荡。从抱球势开始，四正手掤捋挤按，回捶。如果这时候要前后荡，左手应展指向前，右手则成捶向后，然后左手回落向后荡，同时由掌变捶；右手自后向前荡，同时由捶变掌。如此一前一后、一捶一掌，这是分手的前后荡。

分手上下荡与分手前后荡要求一样，只是方向由前后变为上下。大家一定要注意，掌和捶相合的这个变化，一个伸一个屈、一个去一个回，在荡的过程当中要很准确地做出来，表现出来。

分手的左右荡也同样，由抱球势做四正手，再由按掌到回捶，从这儿开始，左右两手交叉荡于身前。同样要注意掌和捶的变化关系。从形的要领上，左右荡要注意两点，一个是当左右荡时，左右两臂交叉，一个在前、一个在后，左前右后、右前左后。另一个依然是掌和捶在荡的过程当中产生了开合、去回的变化。

荡功形的要领主要介绍这几种形式和基本要领，在具体修习荡功的过程中，要认真地消化、理解。

二、荡功意的要领

1. 四正之意：屈伸动静、掌开捶合

荡功和其他功法一样，形的要领很重要，但我们是通过形来求意。我反复强调，不要轻视形，但是不要只重形，形是一个求意的过程，形是求其中内意的一个载体和工具，可以说离开形找不到里面的真意，要找真意就要通过形。可是就形练形，是不会找到内在的真意的。所以形和意是对立的、是分的，但是要合，分而合一。形是外在表现，意是内在的主宰。形上所表现出来的所有动作，都是内意的主宰，在形上的具体体现。我们就是要以表入里，由形求意，这是内功八法以及太极内功修为一个重要的修炼门径。

在形的要领的基础上，下面进入荡功意的要领。大家都知道，内功八法所有的功法，在由形求意过程当中，从没离开意的四个要领，一个是四正之意，一个是腰顶之意，一个是弹簧之意，以及每个功法特有的意的要领。荡功同样是四个要领，我先把每个要领的核心主旨，以及要找什么意，给大家做一个纲领性的介绍，然后再分别讲解。

第一个是四正之意。我给提炼为：屈伸动静、掌开捶合。通过四正手，我们先要掌握屈伸动静，通过掌开捶合来体悟屈伸动

静的真义内涵。

王宗岳在《太极拳论》中把太极内功的修为分了三个阶段，“由着熟而渐悟懂劲，由懂劲而阶及神明”——着熟、懂劲、阶及神明三个阶段。王宗岳把内功修为的三个阶段，很明确地摆了出来，但是，如何理解着熟、懂劲、阶及神明这三个阶段的内涵，如何认识从理法到功法、到用法它们之间的内在关系，我所传承的杨氏太极拳内功，对以上核心内容做了系统阐释，对实施内功修为三个阶段的心法、理法、功法、以及它的用法，最后能得到什么结果，都阐释得非常明确。

我们要想最后“由着熟而渐悟懂劲，由懂劲而阶及神明”，就要牢牢地把握“屈伸动静”这个修为的核心，这是理论基础。张三丰曾说，“动分静合屈伸就，缓应急随理贯通”，同时又说“拿住丹田练内功”，这是一个理。也就是说，要想修炼太极内功，特别是现在讲的荡功，就要牢牢地掌握住一个理论核心，这个核心就是屈伸动静。

屈伸动静，在修为过程当中，怎么去体会？用什么样的功法来贯彻屈伸动静这个理呢？王宗岳讲“由着熟而渐悟懂劲，由懂劲而阶及神明”，前后的顺序不可逾越、不可断掉，一气呵成——由着熟开始，进而懂劲，进而神明。《老谱》有一篇叫《懂劲先后论》，里面详细论述了先怎么懂、先谁懂，这就牵扯到后面具体功法的入手功夫。《懂劲先后论》把这个先后告诉了我们，前后是什么？先要求知己，从知己开始入手。不知己就去知人达不到懂劲的结果。因此先要求知己。

先求知己怎么求？《懂劲先后论》说得很清楚，“由于懂劲，自得屈伸动静之妙”。太极内功修为最后就妙在屈伸动静。《十三势歌诀》讲“屈伸开合听自由”，讲的也是我们修为的理论核心，就是要抓住屈伸动静。在遵循这个核心的基础上，拳论又告诉我们有“屈伸动静之妙”。下面讲到，屈伸动静体现在哪儿呢？体现在“开合升降又有由矣”，屈伸动静这个理在功法的修为当中，就体现在开合升降。开合升降又是功法修为的一个核心的主旨，荡功就是要围绕着开合升降进行修为。

从功法上来说，掌握什么样的方法就能够实现“开合升降又有由矣”，就能够符合屈伸动静这个理呢？下面讲得很清楚，“由屈伸动静，见入则开，遇出则合”，在具体功法修为时，要一个见入、一个遇出。不管是拍功、荡功、搓功，无非一出一入，一出一入就体现在一开一合上。这里面有一个关键，“见入则开，遇出则合”，一个出一个入对应着开合。“见入则开”，入是向里来，开是向外走——见到入，你一定要开，反向求。这里将修为的法门告诉了我们，要反向求，不是见入则入，不是见入则合，是见入则开。“遇出则合”，合是向内。所以一出一入、一开一合，在具体在修为当中，你是不是掌握了？在荡功当中能不能做到“见入则开，遇出则合”，这是具体修为必须要遵守的要领。

刚才讲过，具体功法修为的主旨是开合升降。升降是怎么体会的呢？开合是“见入则开，遇出则合”，升降是“看来则降，就去则升”，一个来一个去、一个升一个降。“看来则降”，一见来，你就得要降；一见出、一见去，就得要升。所以《老谱》把修为的核心主旨、具体练法的路径和要把握住的关键要领，阐述得非常清楚，能够做到由屈伸动静，见入则开、遇出则合，看来则降、就去则升，“夫而后才为真神明矣”。我们要想“由着熟而渐悟懂劲，由懂劲而阶及神明”，就要做到，既遵循了屈伸动静之理，又把握住了开合升降之功，最后我们就能够做到出入来去，能够“阶及神明”。

四正要抓住屈伸动静、掌开捶合。屈伸动静、开合升降、出入来回，最终都体现在手上。在以身荡手的过程当中，表现在掌和捶相互之间的屈伸、动静、开合、升降、出入、来去这几个方面。所以非常感谢杨氏太极拳的前辈，给我们指明了具体修为的方向和路径。这是荡功意的第一个要领四正之意。

2. 腰顶之意：意在身外，主在腰顶

第二个意的要领是腰顶之意。腰顶之意在哪儿求？意在身

外，主在腰顶。荡功腰顶之意要牢牢把握住两个要领，一个是意在身外求，一个是主宰在腰顶。下面我就分别把腰顶之意的两个要领给大家做一个讲解。

首先说意在身外。荡功是以身荡手，这个没有问题。但是在荡的过程当中，“发落点对即成功”，从哪儿发呢？前面给大家讲过，所有的发都是发于中——都由中发，达于四围。《老谱》中讲“诚于中，达于四围”，一个中、一个环。四围是边界的意思。人身的边界就是四梢、梢节。梢节是什么？是最顶端。我们的顶，不管是搓功、拍功，一定要到梢节，荡功也一样，也就是到指尖，到梢。作为有形的身体来说，力达四梢、气遍四梢，四梢也叫四顶。哪四顶呢？形于手，手顶；其根于脚，脚顶；虚领顶劲，百会顶、头顶；主宰于腰，腰顶。也就是其根于脚，主宰于腰，形于手指，虚领顶劲。在荡的过程当中，开和合、出和入要能够由中开而达于四围，一直到四个顶，这是我们修为很重要的一个意的要求。

在荡功修为过程当中，怎么到达头顶（百会）、脚顶（涌泉）、手尖、后腰这四个顶呢？意在哪儿找，这个顶就出来了？在这儿我要强调一下，通过荡功修为所求得的意，很核心的一个意的要领是顶，没有问题，但这个顶是被顶，不是用头顶、用指顶、用腰顶、用脚顶。四顶是结果。这个结果是由因而得到的果，因什么？因是身外有意。也就是说，我们要在身外求顶之意，这个顶之意怎么求？有这四顶的结果，是因为我们身外无而有、虚而实，有四只大手。

在无极桩功的时候讲过，有一只大手在提着我们的顶，上面这只大手是天，天之手。大地还有一只大手，向下沉落、拽着我们——一上一下、一天一地，一只是天手，一只是地手；还有两只身外之手，前面有一只大手，后面还有一只大手，前面这只大手和指尖相合，向前拉；后面这只大手和命门相合，向后拽，形成一提一落、一拉一拽。这四只大手在拉、拽、提、落的过程当中，产生了一个四顶被顶之意。

在做荡功的时候，我们的意确实是以身荡手，但是身怎么荡这个手的呢？前面有一只手拽着，在前面拉，拉着我的指尖；当它拉的时候，后面这只大手向后拽，所以一开一合、一拉一拽，前后产生了开合鼓荡的作用。在前后开合的过程当中，上面这只大手一提，下面这只大手向下一拉、一落，就形成了一提一落，这四只大手就使我们产生了被顶之意。在做荡功的时候，身外求意，把这四只大手的开合变化之意、在虚空处的真意，要无而有、虚而真实。

这四只大手在开合过程当中，产生了四个被顶（上顶、下顶、前顶、后顶）。而这四个被顶，要以腰顶为主——主宰在腰顶。也就是说，永远不离腰顶——要想让这四个顶产生开合达于四围这样一个完整的作用的话，必须以腰顶为主宰，这是由人的身体构造所决定的。我们的意在身外求的过程当中，上、下、前这三顶都要服从后面腰顶的主宰。

前面一直在讲，腰顶之意的要领是太极内功、杨氏太极内功传承的核心理论，可以这么讲，离开腰顶无内功。在《老谱》当中，有三篇谈到腰顶，既准确又清晰，我把它归纳为“腰顶老三篇”。第一篇是《对待用功法守中土》，第二篇是《身形腰顶》，第三篇是《太极圈》。这三篇专门阐释了腰顶在太极内功修为当中的重要作用。

第一篇是《对待用功法守中土》，这是太极内功站桩功的一篇核心的拳论。后面有一个说明，俗名“站桩”。也就是说，你要站桩，必须要遵循它，它讲道：“定之方中足有根，先明四正进退身，掤捋挤按自四手，须费功夫得其真。身形腰顶皆可以，粘黏连随意气均。”从内功八法前面几个功法，到现在的荡功，没离开这一段的论述，一直是在遵循着这个论述进行具体功法的修炼。

第二篇是《身形腰顶》，这一篇重点要告诉我们：“身形腰顶岂可无？缺一何必费功夫。”我们最终要身外求意，求意的目的是把我们这个有形的身体打造成一个合乎阴阳之理、太极之道的有为的身体，要打造这么一个完整的身形。“腰顶岂可无”，身形和腰顶这两个是密不可分的关系，“缺一何必费功夫”。如果修炼了半天，只是修炼身形，不从腰顶入手，这个功夫就白费了。所以拳论告诉我们：“腰顶穷研生不已，身形顺我自伸舒。”腰顶要穷研，可不是囫囵吞枣，只知个大概，不是的，要认认真真地、深入细致地、见隐见微地去研究它。拳论告诉我们：“舍此真理终何极，十年数载亦糊涂。”不遵循着“身形腰顶岂可无”这个真理，舍了这个真理，不要说十年了，修为几十年依然是门外汉，依然是糊涂的。所以我们要想练明白，就要明白地练，就要遵循这个理。

第三篇是《太极圈》。第一句话告诉我们“退圈容易进圈难，不离腰顶后与前”，所以腰顶一直是主宰。为什么“不离腰顶后与前”呢？因为“所难中土不离位”，一旦离开腰顶，中土就保不住了——守不住中了。所有论述都清楚地告诉我们，在意的修为过程当中，腰顶起到的是主宰作用。

这是荡功要掌握的第二个重要意的要领，腰顶之意。大家要把握住，意在身外求，主在腰顶，定在腰顶。意在身外求，最后得出所有的顶都是被顶。

3. 弹簧之意：弹在脚下，簧在手牵

通过四正之意、腰顶之意，下面就进入荡功的第三个意的要

领，弹簧之意。前面也给大家讲了，通过太极内功的修为，就是要找到一个身体灵性的反应——“因敌变化示神奇”。神奇在哪儿？能因敌变化。为什么能“因敌变化”？因为我们的身体充满了弹性，像一个充了气的球一样，触之即旋、触之即弹。

太极内劲和力的一个区别，力是向敌发、向实处打；劲是内气的鼓荡产生的弹性，所以不是向敌发，不是用力把敌给推出去，而是对方的力作用在我这个充了气的球上被弹出去了，所以得没得内劲、得没得太极内功，很重要的一个分水岭，就看得没得到弹性和灵性的变化。

前面也给大家讲了，生命就在于弹性，你看有生命的树枝，有韧性、有弹性，能曲能弯，可是当无生命以后，它是硬脆的，一折就断了。人的生命就表现在你的弹性怎么样，太极内功修为很重要的一个意的要求就是弹簧之意，用弹簧之意来寻求身体里面弹性的灵变。我所传承的太极内功修为的一个重要的心法，借假修真——我们的修为借什么来修？借弹簧来修。在我们生活当中有拉簧、压簧，有各种弹簧，大家理解起来比较直观，因此我们就借助弹簧来修。借助弹簧怎么找到弹簧之意？有两个关键，一个是弹之意、一个簧之意，弹簧之意是二意合一意——弹之意、簧之意合起来是弹簧之意。

弹之意在哪儿找？弹在脚下。簧在哪儿找？簧在手牵。也就是说，弹簧之意从两个意的要领寻求到弹簧的真意，作用到我们的身上，用这个意来主宰身体弹性的变化，这两个意一个是弹在脚下，一个是簧在手牵。如果拍功主要是体现手上，那荡功就体现在脚下。

说到弹在脚下，前面讲过，从太极起势到抱球势，我们说要假借弹簧，脚下涌泉踏着两个簧、两个压簧，脚下跟大地之间是意的相连，什么意？无而有、虚而实的簧之意，脚下涌泉有两个簧。所以我们在落地的时候，平松而落是落在了这个簧上。我们有形的身体会受到大地重力的作用，我们要用意不用力，把大地给我们的重力，再还给大地，平松而落的时候是落在这个簧上。簧有一个重要的性质，就是有反弹性，这是作用力和反作用力的关系，当簧受到重力作用，就会有一个反弹——只要一受到力，就会有一个恢复弹簧原状的弹性。在站桩的时候，脚下涌泉要有两个簧，要感受到簧的弹力。这是脚下。

脚要与手合。从起势到抱球势到四正手，没离开外三合，手与脚永远要相合。手和脚，一上一下是分着的，但是手和脚、上和下一定是分而合。也就是说，它们相互之间总是既分又合。它们之间怎么合？用簧合——手和脚、劳宫与涌泉有一个拉簧，把手和脚合在了一起。既然有一个簧——这个手牵着这个簧，当手要出的时候，就要把这个簧抻拉，当它抻拉的时候，这个簧由于下面连着脚，簧就要有一个回弹的作用，所以手和脚之间就产生了一个相互之间的弹性作用。正因为有这个簧，就把手和脚合成一个完整的状态。

其实手跟脚的合，是不以我们意志为转移的自然规律，每个人的手和脚，正常情况下都是相反相合的，当你往前走、往前迈步的时候，手和脚互相之间的簧就开始拉，然后再合起来，再一迈步又开了——手跟脚互相之间产生了一个相反相拉的作用。只是我们没有注意到它们内在的、无形的那个意。现在通过修为就知道了，手和脚之间是分而合的，谁也离不开谁。是什么把它们联系在一起呢？一个无形的意。这个无形的意怎么体会到真实呢？我们假借有一个簧，手牵着这个簧。所以我们在练弹簧之意的时候要体会到弹在脚下、簧在手牵。

我们很重要的一个修为是形于手，展指为掌，蜷指为捶。但是大家要记住，这些只是表象，根子在哪儿？前人说得很清楚，其根于脚。荡功是以身荡手，表现在手上，就是掌和捶的一去一回、一出一入的开合变化，但是它是形——形于手指。我们通过荡功，要荡出一个其根于脚，这是荡功修为很重要的一个要求。如果不能够荡出一个其根于脚，就失去了荡功的修为主旨。

所以，通过荡功的修为，我们要通过手体会到脚的“其根”作用。也就是说，手上的表现是指、掌、捶。手与脚合，其根于脚，手表现在掌和捶的变化，根子在脚——手之意根于脚的变化，才产生了指、掌、捶相互之间的作用。

意在脚下怎么求呢？形于手是掌、捶的变化，在求脚下之意的时候，同样要有指、掌、捶的变化。在荡的时候，以身荡手，其根在脚，大家要体会到脚趾展趾为掌，蜷趾为捶。由于有了脚趾、脚掌、脚捶的开合屈伸的作用变化，才体现在了手的掌和捶的变化当中。所以前人说“其根于脚”，这不是一句空话。在荡的过程当中，“上下一条线，虚实脚下变，全凭两手转”，两手的手指是表象，要凭着它转，但是还有一个根在脚下的变化，脚下同样产生了一个屈伸开合，产生了一个出入，产生了一个脚掌和脚捶的变化。

有的老师讲，在站桩的时候，五趾要抓地，他理解为五趾用力往回抠，抓着大地。大地是抓不住的，你的脚趾能抓住大地吗？我们只有用意，用什么意？展趾、蜷趾，展趾脚掌开，蜷趾是回、是合，脚下同样有开合的变化。大家在做荡功的时候，意通过形于手指体会脚下，脚下随着手指的捶掌，同样也在展趾、蜷趾。

当然，要想形于手，其根于脚，很关键的一点要明确，拳论上讲，谁把手和脚联系起来、主宰起来的呢？腰，主宰在腰。当表现在手上的时候，脚下之意在根的曲伸展蜷的过程当中，是腰顶在主宰着它。我们通过功法的学习，就是把前人所提炼、总结出来的拳理、拳义做出来，在我们的身上真正体悟出来。

4. 晃荡之意：晃在脚下，荡在单重

前面我们说转功是拧转之意，搓功是挤搓之意，拍功是拍打之意，荡功要求什么意呢？我们所说的荡是结果，那是什么因就产生了一个荡的结果呢？我们要抓因结这个果，我所传承的太极内功八法很明确地告诉我们，荡功要荡出一个晃荡之意。

首先从词意上说，怎么理解晃荡这个词？晃荡，北京话叫逛荡。晃荡，一晃就荡，所以荡是晃的结果。什么是晃荡呢？在《辞海》里面的解释是，慢慢地、有节奏地来回摆动。晃荡里面有几个含义：一个是慢慢，第二是有节奏，第三是来回——来回来去摆动。也就是说，我们所求的晃荡之意同样是要慢慢地、有节奏地、来回地摆动。晃荡这个词是这么解释的。

什么是晃、什么是荡呢？它们是因果关系，晃是因、荡是果，因晃而有荡，一因一果；晃是内、荡是外，一内一外；晃是开，荡是合，有来有回，一晃合出一个荡来。所以晃荡是一因一果、一内一外、一分一合、一动一静。

大家看到的荡，是动是静？它是静的，它是虽动犹静——虽然动但它是静的，它自己不动。所以，通过荡功，最终要把晃荡之意体现出来，要抓因结果，要以内晃外，以分找合。

晃荡之意要体会什么呢？也是两条，一个是内外相应，一个是一出一入——一晃一荡、一出一入。内外相应，晃是内、荡是外，我们是以内来荡外。但是晃和荡为什么叫内外相应？太极内功修为是以拳证道，通过拳修，修的是道，修道就是修内外相应。古人说："内外相应，方名修道。"修道就是内外相应、内外双修。太极内功的修为就是遵照古人告诉我们的，一内一外相应合一，把"道"由理论，通过具体功法，体现在我们的身上。

具体到荡功功法，怎么练晃荡？前面讲了几个意的要求，通过意，最后要在我们身上修为出一个真正得意的结果。也就是说，晃荡之意要怎么晃、怎么荡、怎么练？

太极拳是中国传统文化的产物，也是太极阴阳学说的产物。太极阴阳学说从根本上讲，就是道家思想。道家不只是理论，不是坐而论道，它还有具体的修为功法，荡功就是道家的内功修为法。只是道家不叫荡功，而叫晃功——道家晃功。其实太极内功八法和道家功法在理上是一样的。只是涉及具体功法，太极拳内功有它自身的特点。

具体到荡功，荡功也叫晃荡功，怎么练这个晃？全凭脚下变。所以我们在练以身荡手的过程当中，首先要练一下晃功，晃功从哪儿练？脚下练，它是荡功的初级功法，是基础。

也就是说，前后荡的时候，身体向前，脚尖扣地，脚跟随势上抬；身体向后时，脚尖随势抬起，脚跟落地，要体会脚尖与脚跟间的虚实变化。

道家的晃功就是练脚下。左右晃同样如此，脚两侧随着荡势，进行开合变化。这里强调一下，脚是以涌泉穴为中，分出了脚跟、脚掌、脚尖、脚的左右两侧，围绕着涌泉晃出了一个守中、得中、用中。晃体现的是一个平衡的能力。就像不倒翁，根在脚下，所以扳不倒。

在求晃荡之意的时候，还要体会到什么？从练法上要把握住，一个是晃在脚下，一个是荡在单重（重锤）。当晃起来的时候，要注意，意要吊着这个重锤。正因为荡在重锤上了，我们才能够以身荡手，因为这个重锤就是我们身体完全松通、不用力用意以后和大地合出来的那个单重。所以我们必须要把重锤荡起来，它荡起来，有形的身体就随着它荡起来了；身荡起来后，再以身荡手，这就是身、手、脚三者之间的关系。在具体练的时候，晃是晃在脚下，荡是荡在单重，这是荡功很重要的一个意的要领。

第二个是晃在身内，荡在水中。对于荡，前人说过，要如水荡舟，就像小船在水里面飘荡。所以我们在做荡功的时候，不管是合手荡，还是分手荡，不管是上下荡还是左右荡，最后要表现出一个无形的、身外的意。身外的意是什么？意如水，像在茫茫的大海当中飘荡的一艘小船，水使得小船随波荡漾，起起伏伏。所以要把没有的身外之意荡出有，虚的要荡出真实。

这也是太极文化的一个核心理念，写意。中国诗词、绘画、书法都是写意，意是什么？虚的，虚的要写出真实来。比如中国的诗词，它展示的是一个情景交融，通过文字展示出一种意境，你能感受出那种意境的真实。比如齐白石，画虾从来不画水，但是画出的虾，会让人感觉到它在水中活灵活现。齐白石的画不是写实，他不把水画出来，但虾之意就把水无而有、虚而实了。因此，太极内功所有功法，都要通过形求意，都要把虚的、无的要实出来——要虚而真实。特别是荡功，是不是荡出了身外的水，这很关键。

当年我在练荡功的时候，我父亲让我做三种假借，第一个就是前面已讲过的如水荡舟。第二个是如木撞钟。大钟边悬吊一根撞木，我要撞钟。在撞的时候，人和撞木要合一。手和撞木合一以后，以脚荡手，以腰为主宰，手不能乱动，手只是跟木合，手一乱动，撞木就不稳了，钟就撞不响。我们在练荡功的时候，特别是练左右荡的时候，就像手扶撞木撞钟，最后要撞响这口虚而实的钟。在撞的过程中，得能听见响，当然是用意把钟撞响了。第三个是荡秋千。人和秋千合起来以后，合出来一个单重、一个重心，当我把重锤荡起来以后，人和秋千就被荡起来了。大家可以用上面三个假借来体悟晃荡之意。

荡功从形的要领、意的要领就介绍这些，希望大家在修习工法中消化理解。

第十一章　太极内功八法之提功

一说中国功夫就是拳脚功夫，为什么太极拳内功也是拳脚功夫呢？因为前人告诉我们，其根于脚形于手。也就是说，一个是根、一个是表象。根本在脚，表现出来的是手。

这一章讲内功八法的提功。关于提功还是分两部分，一个是形的要领，一个是意的要领。太极拳内功修为离不开形和意这两者之间的关系——修为的主旨、要解决的核心问题，就是形和意之间到底是什么样的关系，怎么把两个对立的——一个是实的形，一个是虚的意，能够最后统一成虚实合一，这是修为的一个核心主旨。所有的功法都围绕着它。

一、提功形的要领

合手提腿、分手提腿

从拳修理法的角度来讲，无论内功八法，还是前面讲的静桩功、动桩功等具体功法，其核心就是要解决两件事，一个是手，一个是脚，也就是拳脚功夫。一说中国功夫就是拳脚功夫，为什么太极拳内功也是拳脚功夫呢？因为前人告诉我们，其根于脚形于手。讲的一个是根、一个是表象。根本在脚，表现出来的是手。所以说，只要把从根发出来的所有内在的东西，通过手表现、运用出来就是功夫。

大家回想一下前面讲的拍功、荡功等几个功法，都是解决这个问题。当时给大家讲，拍功可以叫拍手功。通过拍功的修为，我们清楚了什么是手。如果拍功是拍手功，那这提功可以称之为提腿功。提腿要解决什么问题呢？依然是解决手与脚的关系。可以说，提的是腿，最后落实在“其根于脚”。“其根于脚”怎么体现？“形于手指”。这是提功修为的一个核心主旨。

在讲提功形的要领之前，对于什么才是其根于脚的脚，它有几部分，到底跟手是什么关系？我先做一个简单讲解。

先说手，展指为掌，蜷指为捶。我们的脚呢？同样是展趾为掌、脚掌，蜷趾为捶。也就是说，我们提的是腿，要解决的问题是脚的屈伸开合变化。通过提腿，要把其根于脚的屈伸开合变化体现出来。所以这也是提功修为很重要的一个内容。

在这个基础上，下面进入到形的要领讲解。内功八法前三个要领是共用的要领，第一是四正手，这个四正也是从抱球势开始。

通过抱球势四正手开始进入提功。提功分有合手提腿和分手提腿。合手提和分手提又分有左右，合手右提、合手左提。刚才讲过，提的是腿，其根在脚，还是解决脚的问题。通过提功，要解决脚的什么问题？一个是左右分脚，一个是左右蹬脚。也就是说，提功具体的功法包括这样四个要领，一个是从抱球势到四正手，同时进入合手左右提、分手左右提，然后进入左右分脚、左右蹬脚。最后我们要解决一个分脚、一个蹬脚。

在我所传承的杨氏太极拳中，脚在拳架的招式动作当中有三势，一是分脚，二是二起脚，三是转身蹬脚。不管是我所传承的108式拳架，还是其他杨氏传授的拳架都是一致的，所以在拳架当中，脚就有分脚、起脚和蹬脚这三势。

通过内功八法的提功，通过提腿，要把脚的屈伸开合从其根于脚的角度上，有一个清楚的体悟和掌握。甚至我个人认为，不管是拳架还是推手，所有的修为，最难解决的就是脚的问题。

我个人把人类的解放划分为三个层次，第一个层次是解放双手，第二个层次是解放双脚，第三个层次是解放无形的心。

人类已经经过了第一层次，由动物进化到人，解放了前肢。原来是四肢着地，现在是直立行走，解放了前肢，前肢的完全独立，使人可以进行劳动，通过劳动产生了智慧，人类由此不断前进。

现在人的前肢解放了，可脚还要依赖我们的大地。人们试想当完全独立不改、独立自我、没有任何的依赖、彻底解放的时候，那是一种什么状态、什么滋味呢？常人只有离开地球，比如到国际空间站，这时人就飘起来了，手脚便得到彻底解放，大自由了。我把脚的解放定义为人类进化的第二个层次。

现在我们生活在地球上，不可能离开地球飞出去，怎么办？能不能在受到地球重力作用的情况下，也能够获得脚的解放这样一个结果呢？古人发明了太极拳，创生出来太极拳内功功法，核心就是通过内功修为让我们的脚不再依赖包括大地在内的任何外界条件。只要有依赖就受制于它，就不可能成为一个大自然、大自由的我。所以脚的解放非常关键。

在地球上，要解放我们这个人，根本在哪儿？其根于脚。其根于脚的“根”，既告诉我们作为“根”的大地是有生命力的，同时也告诉我们，要从根本上解决问题在于脚。内功八法的提功就是要解决脚的问题。脚的问题离不开提腿，通过提腿之功，我们要修为出一个“屈伸开合听自由”的、“其根于脚”的太极脚。

提功的具体功法形的要领始于抱球势，接着进入掤捋挤按四正手。提功的四正手有一个重要的变化，那就是要提腿。掤进捋退挤空，下面进入按，双掌下按时要提腿——提腿下按。我们先做合手提，掤进捋退挤空下按掌，当下按的时候，要按出来一个左提腿。也就是当一按以后，两个手按到我们的提，随按掌随起腿——两个手的劳宫穴相对而合，呈捧抱状，把我们的腿脚给抱起来。这第一个合手提是把腿抱起来了。这个时候大家要记住，有提有落，当合手抱提的时候，腿要自然垂落。在这里大家一定要注意，用意不用力，用力则不稳——周身是松通不用力的，提是用意提，落是用意自然而落，毫不用力，自然而落，这是太极内功思维一个很重要的要求，用意不用力。因此，当合手抱、腿提起来时，抱出一个完整的状态，这个状态有提有落，这是合手提。

大家要注意，在抱提时，提腿以后，脚就像挂在我们的腿上，自然向下垂，而且这个脚的涌泉穴是向里合，合抱。虽然是分，有上有下、有左有右、有提有落，但是这一抱是合的。这是通过四正手进入合手左右提。

接下来是分手提腿。四正手掤进捋退挤空同样下按，双掌按到下丹田的时候，大家要注意，一只手继续随着下落，一只手捧起提，提的是左、落的是右，左右分而合、上下分而合，最后合出来一个左右、上下、前后，合出来一个完整体。

以上是提功的合手左右提、分手左右提的动作要领。这里面一定要注意周身是松通的，完全是用意提。周身松通用意提以后，合抱出一个完整的、合一的状态，最后是抱合的。

接下来是左右分脚提。这个动作和太极拳架当中的左右分脚，如出一辙，但是内功八法的提功还是由抱球势开始，掤进捋退挤空，这个时候把腿掤起来以后开始分脚，大家注意，提了以后向斜侧方45°分脚。分脚的时候，脚形的要求一个是踢，一个是蹬。在拳架当中的左右分脚是踢，二起脚也是踢，二起脚是一脚跳起，另一脚向前踢出，此时人是整个腾空的。在这儿我提醒大家，提功当中的提腿，以及太极拳架当中的提腿架，年岁大的，以及腰脚腿有一些病痛的学员，练的时候一定是用意，不要追求形。现在外面表演的拳架把脚踢得越来越飘，完全是在形上高大上、迅猛快，我们不是，我们要用意，要保护好自己，意到气到，形是随我们的意、气，这就够了。

左分脚起，这个是踢。用什么踢？脚背踢。脚背踢是什么？脚背是捶。前面在讲手的时候，手背是捶，蜷指手背为捶，捶是打。脚踢是用捶，是捶打、踢打。这个时候大家对于脚要注意，既然是捶，就要蜷趾——脚趾是回收的、是蜷的，向涌泉穴蜷，往回收。这个时候，当左腿提、左脚踢的时候，手是分的、是分而合的，提腿一侧的手是随着提起的脚向前、向下与脚合，另一手跟它相反，要向上向后。

当踢的时候，我们做拳架和练功的时候是一样的，要用意——由脚背踢自己的手，用的是意。有人说："李老师，我踢不着手。"踢不着没关系，用意去做，不要强求，一定是意。左踢完成后，换腿为右踢，形的要领是一样的，抱球、掤捋挤按四正手，按的同时捧起右腿。这里面要掌握手与脚合，同时左右要合。当右腿踢的时候，左手向上向后，之所以如此，左手是为右腿配重的，目的是让自己保持住平衡。这是左右分脚。

蹬脚的动作前面与踢脚一样，不同的是分脚踢打是用脚背捶打，这蹬脚就是用脚掌蹬踹。脚掌分有趾、掌、捶，跟手一样。脚掌分有两个部分，前脚掌、后脚掌，后脚掌就是脚跟。在蹬的时候，意在后脚跟。这个蹬最后要蹬出一个什么结果呢？蹬出了一个"踹"。那分脚踢是踢出一个打，这蹬脚就是蹬出一个踹。

左蹬脚、右蹬脚跟我们前面分脚踢是一样的。先提左腿蹬，这时候一定要注意脚的屈伸开合。当左脚蹬的时候，是提着左腿，落了右腿。右脚是什么状况？大家记住其根于脚，当左脚蹬，或者是踢的时候，右脚跟左脚是合的，右脚的意也依然有趾掌的屈伸开合，右脚要五趾抓地。五趾抓地也是凡此皆是意，千万不要用力。但是趾也是回收的、回屈。右脚回屈成捶的同时，左脚蹬出。蹬的时候意在后脚掌、在脚跟。此时右脚脚后跟同样产生了屈伸的变化。脚跟蹬、踹时候，是先蹬再踹，蹬的是脚后跟，踹的时候是脚心。这里面是有所变化的。

在提功功法修为中，一定要遵循着刚才说的形的要领和规律，手跟脚虽然是合的，但是它们一定是分而合——手跟脚的动作是分而合，一上一下。当脚在动作的时候，手跟脚不能双重，它们一定是分而合，大家要体会它。

试手体验

现在这位学员拿住我，我准备用提腿来解决他的大力。这时候手跟脚一定是分着的，怎么分呢？凡此皆是意，不用力。当我把腿提起来的时候，手上没有消息，如果手脚不分就是双重，对方马上就知道了。当腿提起来以后，脚上的变化依然没有消息，一直到踹上了，对方感觉到我踹他了，他尽管知道了，但是已经来不及了。所以手跟脚的动作一定是分着的。

我还是要强调一下，因为学生里面有年岁大、身体不太好的，在练提功的时候，容易摔倒，所以需要慢慢练，慢慢练自己的平衡能力，这一点一定要注意。

提功形的要领就讲解这些，核心是要解放脚。其根于脚可不是脚上扎根，要解放脚。提腿就是要解决手与脚合，就是要解决脚下不自由、不解放的问题。脚的解放体现在什么地方？体现在合于一点。也就是说，提起来以后就一点，就像一个球，之所以扳不倒，是因为它是一点接触。也就是说，提功是一条腿、一只脚在起着支撑，两只脚平均就是双重。

当年我在跟我父亲学提功的时候，最后要通过什么检验？提腿推手。开始是两个人掤捋挤按四正推手，最后是提着一条腿推手。

试手体验

现在先做定步的四正推手。大家看到这是太极推手的四正手的定步推手。同样是四正手，我现在改为提腿推手。为什么我能把学员推开？因为我是一点着地，我是活的，只要两点落地就是死——双重。永远记住，太极就一个点，要能够把自己合到一个点上，这一个点是两个点相合，上一点、下一点，上面一点是接触点，下面一点是支撑点，这两点要合到一个点上。好，我现在没提腿和提腿是一样的，也是一个点，所以脚下老是活的。记住，落地为死，只要这两个脚一落地就死了。现在有一些功法专门练扎地，两个脚落地，我们不是，我们要解放它。这是提功形要领的主旨。

二、提功意的要领

1. 提功意的要领总述

下面进入提功意的要领的讲解。意的要领首先是四正之意。通过四正之意要让大家从理上理解为什么要练提功，提的是什么，提功要解决什么问题。前面已经给大家讲了，提功提的是腿，解决的是其根于脚。但是为什么通过提腿来解决脚的问题呢？大家都知道，《太极拳经》是太极内功修为的一个重要的经典。《太极拳经》讲，“一举动周身俱要轻灵，尤须贯串。气宜鼓荡，神宜内敛，无使有缺陷处，无使有凸凹处，无使有断续处。……由脚而腿而腰，总须完整一气”。这篇拳论告诉我们，“其根于脚，发于腿，主宰于腰，形于手指”。这句话说的，脚、腿、腰、手是四君子，四君子虽然各司其责，但是最终要合在一上，合成一气，“总须完整一气”。做到这一点，就能够“向前退后，乃能得机得势”。太极内功的修为，最终要让我们在面对各种复杂变化时，能做到“因敌变化示神奇”。要想做到这一点，就得能够“得机得势”。

李亦畲在《走架打手行工要言》当中告诉我们，“欲要引进落空，四两拨千斤”，必须要“舍己从人”；要舍己从人，必须要“得机得势”。现在我们所有的问题，都是不能“得机得势”，不能通过“得机得势”产生一个“因敌变化”。问题摆在这儿，怎么解决？《太极拳经》说：“有不得机得势处，身便散乱。”现在身体散乱的原因是不“得机得势”，不是丢，就是顶，一定是被动挨打。下面接着讲到，“其病必于腰腿求之”。要想解决散乱的问题，关键在腰和腿。恰恰我们的提功就是要让你达到得机得势、身不散乱。从哪儿入手？腰腿入手。所以说，四正之意，作为太极内功来说，要用意不用力、凡此皆是意。我们提腿分合的时候，一定是意，周身一定是松通的、静心凝神、呼吸自然，不求动作有多么高大上，求的是意是否到位，所以关键在意。

《太极拳经》讲：“上下前后左右皆然。凡此皆是意。不在外面，有上即有下，有前则有后，有左则有右。”前人不但把问题指出来——病根告诉你，解决的药方也开出来了，就看你是不是遵循前人指明的修为方向，严格地修为、改造自己。

与前面一样，我先把四个意的修为主旨给大家列出来，然后进行系统地讲解。第一个意是四正之意。提功四正之意要解决的问题是什么？要解决的是上下相随，提腿落足，这是四正之意修为的核心。前人有一个《打手歌》，其中有“掤捋挤按须认真，上下相随人难进。”掤捋挤按解决的是上下相随，只有上下能做到相随了，“任他巨力来打我”，很大的外力来打我，我才能够做到“牵动四两拨千斤”。所以四正之意解决的是上下相随，提腿落足。

第二个意是腰顶之意。内功八法离不开意的要求，离不开腰顶之意，腰顶之意解决的是什么呢？实际上，太极修为要解决的就是体和用，用在什么地方？用在能够懂劲。劲是什么？一蓄一发、一出一入。提功所做的一提一落、一上一下，是完全对立的，但要把两者合起来。大家在练习的时候，如果一合的时候身便散乱了，那问题就出在没有腰顶。

腰顶起什么作用？《十三势行工心解》告诉我们，所有动作无非一出一入、一进一退、一开一合，这两者之间发生的开合屈伸其关键在腰顶。前面说了，发于腿，主宰于腰。腰主宰了，就使得“上下前后左右皆然”，皆然在什么地方？《十三势行工心解》讲，“往复须有折叠”，所以腰顶之意要解决的是往复要有“折叠”。怎么能够做到往复折叠？顶在命门，主宰于腰。命门这一点，就是这个折的中心点、主宰点，意就在这儿。要“往复须有折叠”，关键是命门腰顶，离开腰顶就没有折叠，没有折叠就没有上下之间的屈伸开合。

第三个意是弹簧之意。弹簧之意在提功修为过程当中要解决的问题是重锤提落，弹在涌泉。在提功修为过程中，我们要抓住两个核心问题，一个是我们的重锤，能不能够遍体似弹簧，能不能“蓄劲如开弓，发劲如放箭”，能不能恢复整个人的弹性，重锤的提落是关键。弹性是从哪儿出来的？脚下，其根于脚。这也是弹簧之意要解决的。

第四个意是提功特有之意，即提落之意。提落之意要解决的问题是重里现轻，提轻落重。也就是说，通过提功练习解决轻和重的问题。

实际上，这四个意有各自意的主旨，在提功修习的过程中，要通过形去体悟以上四个意。通过提功，我们要把形和意，虚的实了、实的虚了，形意合一，合出一个虚实阴阳合一的完整的太极体。

2. 四正之意：上下相随，提腿落足

四正之意刚才已经讲了，《打手歌》讲“掤捋挤按须认真，上下相随人难进”，此歌诀讲的就是通过掤捋挤按解决上下相随的问题。提功当中，提的是腿，落的是足——提腿落足。一提一落，此两者分而合，是同出的，提中要有落、落中要有提，这叫上下相随。提如果是上的话，落就是下。什么叫相随呢？提腿和落足，这两个是一回事，提腿就要落，提落是一。在这个过程当中，要牢牢地把握住提落之意，动之则分，是两个意，提是向上、落是向下，上下相随，提落合一以后，提和落此两者同出，

一定要在“同”上下功夫。在“同”的过程中，要掌握住凡此皆是意，不在外，而在内；不在形，而在意。在意的话，就一定不要用力，用力则滞，用力就不稳。用意时，身体完全是松通的。所以大家通过四正之意，要体会上下相随、提腿落足。

3. 腰顶之意：顶在命门，主宰于腰

腰顶之意前面也跟大家说了，“往复须有折叠，进退须有转换”。太极内劲就两种形式：一种是折叠，一种是转换。当然只要是有折叠和转换，就可以折叠中转换、转换中折叠，可以组合出各种变化。我们现在提腿就是在折叠当中去求转换。

关于腰顶之意，在修为过程中，首先要牢牢抓住折叠。一提一落，往复折叠，这个意在修为当中要解决的是腰顶的问题。腰、命门这个地方是支撑点，所以这个地方很重要。第二，腰顶之意要把握住的是层层分，“尤须贯串”。身体各部是各司其责的，其根于脚，发于腿，主宰于腰，形于手指。也就是说，它是一层一层的，我们在折叠的时候，以腰顶为主宰，要层层折、层层迭、层层分，练的时候要用意。

怎么练？首先在腰顶的基础上，命门后顶——折命门、折腰，然后迭胯——折腰—迭胯，所以腰和胯的折叠，是在腰的主宰下产生的胯带动腿的迭。折是因，迭是果、迭是合，这是一层。第二层是折胯迭膝，当然膝就连带着小腿。也就是说，折腰迭胯、折胯迭膝，大小腿这两个产生一个相互分合的作用。第三层是折膝迭踝（脚脖子），然后折踝迭足，如此层层分。所以“往复须有折叠”，大家在练的时候，就要用意，一层一层地折叠。这是腰顶之意在具体修为的时候要掌握的一个很重要的法门，不要囫囵吞枣，要仔细用意去体悟层层折、层层迭。这是我们要把握的腰顶之意。

4. 弹簧之意：重锤提落，弹在涌泉

第三个意是弹簧之意。弹簧之意解决的是提落在重锤，弹在涌泉，这是弹簧之意要把握住的核心。“蓄劲如开弓，发劲如放箭”，这种弹性的变化离不开重锤的提落和弹在脚下。也就是说，重锤提落要把握住虚中线这根拉簧，弹在脚下指在脚下要踏簧——压簧。一个拉簧、一个压簧。拉簧上提着、下吊着这个重锤，脚下是踏着压簧。

我们提重锤，重锤提起后，与中相合——一提就跟中合了。中重一开，重锤下落，重锤下落产生了脚下弹簧的受力。我们都知道，压簧受到径向压力的时候，会产生弹性的变形，也就是收缩、压缩。簧在压缩过程中，外面来的压力就变成了一种能量储存到这个簧上。同时簧还产生了反作用力——受到一个压力以后，同时产生一个反向的作用力，它要把这个力给排除。当外力、压力压到极限，物极必反，这时候弹簧能量就要释放、反弹，这就是簧的作用，弹性作用产生了。

这里要注意两问题，第一，脚下的簧是假修真，前面的功法已经把脚下的簧由假修真、虚而实了，脚如踏簧。现在的问题是这个簧要受力才能够储能，才能够有一个反弹的作用，力从哪儿来是关键。谁给簧这个压力，才把这个力又反作用回去产生了弹性？这个外力不是我自己身体用力，是自然之重力，是身体受到了大地的重力作用，是地球给我们的重力，我们把它提起来以后再落回去，就作用在脚下这个簧上了。我们要记住，除了大地的重力以外，不加一丝一毫的外力，不再加一点自己的肌体之力。地球给有形身体的重力就体现在重锤上，所以提落重锤就是在把地球给我们的重力提起来以后，再落到脚下的簧上。在落到簧上以后，产生了一个反作用力——产生一个弹性的作用。

重锤的提落是由天地之间这个拉簧的作用结果。下面是大地重力牵着它，上面是上天吊着它，一吊一牵就产生了重锤的提落变化。当我们把大地重力作用全部释放到弹簧上，完全松通以后，这时候弹簧就会产生一个反向的作用。这是关键。

所以在做提功的时候，大家要注意脚下这个簧的弹性作用。也就是提落重锤，弹在脚下。这里很重要的一点就是用意不用力。

试手体验

现在，这位学员有外力给我了，我怎么办？我要把他这个外力引进落空。要想落空，我就得周身松通不用力，“掤捋挤按须认真，上下相随人难进，任他巨力来打我，牵动四两拨千斤”，为什么？“引进落空合即出”，引进落空，就是把对方的力化没有了，我的力也没有了，对手与我全都回无，无出来一个真有、虚而实的地球的重力，这个重力作用到我脚下虚而实的压簧上，它就产生了一个弹性的作用。所以把人发于丈外，不是用力把人推出去，是弹出去。力从哪儿来？大地的自然之力，不是用自己的肌肉之力。对方的力进来，我把这个力引进落空，然后用重力把对方之力送回去，这个送回的力就是簧的弹性在发挥作用，我是不用力的。这样我们就找到了太极内功的劲——弹性劲。我引进落空以后，一点弹出，不加一点力，是弹空。只有一身松通，这个弹性劲才能出来。

这是我们人，头上是拉簧，脚下有一个压簧。也就是说，脚的涌泉和压簧重叠。所谓平松而落是完全不用力，是自然松落下来，不管你有 100 斤、120 斤、180 斤，完全是自然松落，落到压簧上。此时要腰顶、手顶、头顶、脚顶。中间这条直的虚中线是不存在、不真实的、是假的、是意的，人没有直，都是曲，是S形。但是我们要曲出来一个直，因为形曲力要直。也就是重力永远是直的，重力永远是垂直向地心的。在我们的身体当中要找到这个力，这个力的作用是取之不尽、用之不竭的，是大地的能量。要想用大地的能量，我们就不能够再用肌肉之力。用自己的肌肉之力，就会把自然的重力阻断。

5. 提落之意：重里现轻，提轻落重

在以上三个意的要领基础上，提功的意要合出来一个提落之意。从一开始形的要领就讲，提功提的是腿、落的是足。大家要记住，提和落不是用力提、用力落，是自然而落而提，凡此皆是意。落是因地球的自然之力而落，不是用力。

太极内功最后就是要解决一个轻重的问题。太极内功修为一个重要的分水岭是懂劲。懂劲了就进入了太极内功之门，"由着熟而渐悟懂劲，由懂劲而阶及神明"。什么是懂劲呢？前人说阴阳相济，方为懂劲。阴阳是哲学概念，阴阳相济要在我们的身体上得到实修实证，并且加以把握和运用。

杨班侯传有一篇《阴阳诀》，清楚地告诉我们："太极阴阳少人修，吞吐开合问刚柔。正隅收放任君走，动静变化何须愁。生克二法随着用，闪进全在动中求。轻重虚实怎的是？重里现轻勿稍留。"《阴阳诀》论述的是内功修为最终要解决"轻"和"重"的问题，提腿功就是解决这个问题的功法之一。

轻与重是什么关系呢？分而合的关系。《老谱》中有一篇叫《太极轻重浮沉解》，讲的就是轻重的关系。明确指出什么是病，即"双重为病"。"双重为病，失于填实，与沉不同也；双沉不为病，自尔腾虚，与重不一也"。它论述了双重与沉的区别。那沉是什么？太极内功修为懂劲的一个重要标志是出沉。前面给大家讲过，重和轻这两个合起来才是沉。也就是说，把重提起来就是沉，提着重就是沉。虽然是重，但只要能够提起来，它就灵了，重而不滞。如果不提，它就是重，就是滞。提起来的重、提着的重就是沉。

因此，沉是重而不滞。重还要灵——灵是轻灵，它很轻。什么是轻呢？轻而不浮。重而不滞是沉，轻而不浮依然还是沉。所以要得内劲，关键是要出沉。要想出沉，就得从轻重入手。也就是说，我们要做到重而不滞、轻而不浮。怎么做到这一点？在修为当中，轻重这一对阴阳，阴不离阳、阳不离阴，阴阳相济，方为懂劲。通过提腿功做到轻不离重、重不离轻——很厚重，但是非常轻灵。重，一滞就是病；轻，一浮就是病。比如人们常说某个人太轻浮，没有根基了，浮在上面了，没有沉了。所以我们要不要轻？要轻，但要轻而不浮，因此轻是很灵动的，非常的轻灵，但是又很厚重。轻和重能够轻不离重、重不离轻，轻中有重、重中含轻，把对立的两个要素合起来，就叫阴阳相济，方为懂劲，进入了懂劲之门。

因此在做提功的时候，要提出一个重而不滞，轻而不浮。提的是轻，落的是重，一提一落，提中要有落，落中要有提。也就是说，提起来的是轻，落的是重，轻重这两个经过提和落永远要合起来。也就是说，提功通过提腿，提的是腿，落的是足；提的是轻，落的是重。这样通过提功的修为，通过理法、心法、功法，经过形的要领把握，意的要领遵循，最后就是“由着熟而渐悟懂劲”，迈入了懂劲之门。

提功给大家做了一个讲解，希望大家慢慢消化。

第十二章　太极内功八法之揉功

内功八法是太极桩功的总功法，通常将内功八法称为终极功法，而揉功又是内功八法的终极功法。

现在进入最后一个功法揉功的学习。内功八法起于抻功，终于揉功，而揉功可以说是内功八法的终极功法。

一、揉功形的要领

1. 太极内功的终极目标

太极桩功分有静桩功和动桩功。静桩功修为的主旨是静出动势，包含两个具体功法：无极桩功和浑圆桩功。在静桩功基础上，太极桩功进入动桩功的修习，动桩功的修为主旨是虽动犹静。动桩功当中包括有开合动桩功和内法八法。内功八法是太极桩功的总功法，或者叫作终极功法，而内功八法当中的揉功又是内功八法的终极功法。揉功的重要性就在这里。

为什么说揉功是内功八法的终极功法呢？因为揉功是八法合一法。前面的抻、搓、转、抖、拍、荡、提，都是为了最后这一揉。也就是说，八法就在这一揉。我经常以建造大厦为例，前期要备各种各样的材料，最后通过组合建成一座大厦。太极内功八法前面的七个功法都是为揉功做前期准备，最后把前面功法一总合，就合到了揉功上。

内功八法是为了修为内功，是修内功的终极功法。什么是内功的内、什么是功呢？我明确告诉大家，功在八法，内在一揉。八法是功——具体的功法为了求这个内，内的关键在一揉。

牵涉到揉，要问三个问题，一个是为什么揉，一个是揉什么，最后是要揉出一个什么样的结果。我先把结果告诉大家，前面为什么、怎么揉的问题，在下面的讲授中，大家通过学习自己找答案。

揉功最后要揉出一个什么样的结果？揉出一个浑然一气、浑圆一体这样一个无缺陷、无凸凹、无断续的、总须完整一气的太极球。我们修为的目的，就是要修为出这样一个球来。宇宙万物能够永恒的一个状态，就是球。我们脚下是人类赖以生存的、广袤无垠的一个大基地，我们管它叫地球。我们生存的这个宇宙空间，无处不是球，如月球、各个星球等，球是最终的、圆满的状态，它无缺陷、无凸凹、无断续。球的形状和状态是人类的一个理想，因为它圆满。它有没有？有，但它是无。所以它是一个无出来的有、有出来的一个无，它是道的具体展示。

什么是道？“一阴一阳之谓道”，“万物负阴而抱阳，冲气以为和”，合出来这么一个状态。阴阳是一种哲学的、理性的概念。在对道的理解当中，老子让我们从“有”和“无”的角度去理解阴阳之道，他说，“有”和“无”是对立的，属性是一个阴一个阳，是两个完全相反的要素。常无、常有，“此两者同出而异名，同谓之玄”。也就是说，什么是同呢？就是“有”“无”同出同在，谁也离不开谁。这是一种什么状态？古人揭示出来，只有球这个状态才是有无相生，才是“此两者同出而异名”，它们合到一起，合出来一个圆满的状态。

在这个理论指导下，我们不但要从理上理解它、遵守它，还要把它从理论高坛上请下来，让它为我们所用，我们要证道、修道、悟道，就要遵循、认识宇宙万物的本原规律。从哪儿入手？就从自身入手。古人根据太极阴阳学说创造了一个修为太极球的有为之法，这就是太极拳内功修为。

在内功修为当中，阴阳是本、是基础，有无是修为的一个主旨，我们要牢牢抓住这个根本。具体到修为法门，一个是虚实、一个是动静、一个是刚柔。在这个基础上，我们的太极拳就是要修为出一个浑圆一体、浑然一气的完整状态的球。当然，球和圆是我们追求理想的、圆满的状态，但不是在形上把自己修成一个圆形，而是用形来求意，用球的特性来修为自己，以达到这样一个圆满的状态，这是修为的关键。从这个角度讲，内功八法最后就是要修为出这样一个浑圆一体、浑然一气的球体。

作为太极桩功的总功法，内功八法是修为这个球的关键。所谓的太极桩功就是要把我们修为成一个球，不管是静桩功、动桩功，不管是哪一个功法，最终都是为了实现这样一个结果。我们怎么把这个球修出来？在理论的指导下，具体的功法就是揉功。也就是说，这个球是揉出来的。

为什么说这个球是揉出来的？刚才讲，道是一阴一阳，此两者同出，一个有一个无，它们怎么就分而合了呢？当年我父亲给我讲这个理和这个功法的时候，让我看我母亲揉面。怎么揉？原料一个是水，一个是面。要加一点盐，或者加一点糖，增加蓬松性和筋劲，同时用碱发面。然后水和面，一个液体、一个固态，分得很清楚，但是要把它们合，水和面是分的，最后要把它们合，合出来一个既有水又有面，但是水和面分不开了。和出来以后是不是就行了？不行，要揉，要揉成一体。原来是异，通过揉让它们变成同。在这个面团基础上，继续揉，每个馒头还得揉，到最后是搓功，馒头还得搓一下。所以生活当中就告诉我们，两个对立的东西，只要把它揉合到一起，由分而合，就合成了一个完整的状态，这个状态里面既有水又有面，既有阴又有阳，但是成一体了。成为一体是什么？我父亲指着馒头告诉我，这就是太极。

因为面粉是散的、水是软的，揉出来是什么？我父亲告诉我，最后揉出来一个劲，就是这个面团有劲了、带劲了。也就是说，它有弹性了，拿手按一下，它又恢复到原状。生活当中的经验告诉我们，要分阴阳、合太极。我们现在的修为就是要把两个对立的要素分而合，像揉馒头一样，把它们合成一个既分又合，也就是王宗岳《太极拳论》所说的“由着熟而渐悟懂劲，由懂劲而阶及神明”。如何懂劲？阴不离阳，阳不离阴，阴阳相济，方为懂劲。阴阳怎么相济？揉，揉成一个浑圆状态——既是阴又是阳，既不是阴也不是阳，它是合太极。修为太极，最后就得这样分而合，通过揉，揉出一个完整一气的状态。

我们所有修为的功法，不是闲的时候练拳，忙的时候不练，也不是哪位大师一拍脑袋想出来的，它一定遵循着宇宙万物的规律、遵循着道，它是道的产物。从这个角度我再次强调，揉功是内功八法的总功法。通过学习，把这一内功八法的总功法完全掌握，最后把自己揉成一个合太极的、“总须完整一气”的、浑然一体的圆满的球。这是我们内功修为的终极目标。

前面讲了揉功的重要作用。揉功不但是内功八法的总功法，也是太极桩功当中具有终极性质的功法。

为什么通过揉功能够把我们自己揉成这样一个球？这个答案就在我下面的讲解中，希望大家通过学习，自己找到你理解的答案，并揉出一个圆满的结果。

2. 抱球势的势

下面开始揉功具体功法的学习。虽然它是终极功法，但是它依然沿袭着前面所有功法修为的次第，首先从形的要领开始。

揉功形的要领分有两个部分：分手揉和合手揉。分手揉指两个手是分别揉，合手揉指两个手同揉。除了分手揉和合手揉以外，具体在形的要领当中又有所不同。分手揉很重要的一个要求是分手按揉，合手揉很重要的一个要求是合手抱揉。

刚才讲到，太极内功修炼就是要修为出一个球来。我们从抱球势开始，抱的就是球，所以我们的修为始终是在修这个球。不管功法有什么样的不同，其理唯一，我们修为的终极目标就是要修炼成一个球。

揉功形的要领始于抱球势，抱球势从预备势开始，经过起势，然后是四正手，再进入具体功法。

进入揉功，我们要进一步把球的概念加以贯彻。从预备势开始，两手自然下垂，两脚基本与肩同宽，根据自己的情况，找到中正安舒、静心凝神、呼吸自然、周身松通、身心俱静的状态。预备势就是从这儿开始。预备势预备什么？我曾问过学员：“你往那儿一站，预备势预备什么呢？”学员讲：“预备不是就是要开始吗？”我说：“到底你预备什么呢？预备出什么呢？”他讲：“没想过。”

我们说，所有的修炼不外乎一个形、一个意，这两个在讲内功八法时是分开讲的，实际上，形和意二者是分不开的。我们最终要求的是“意”，但离开形就求不出真意来。我们不是为了求这个形，而是通过形来求意，所以预备势是预备什么？要预备出一个虚而实、无而有的球。如果不能预备出这个球，那所做的预备势就没有真正的预备好，没有预备出这个势。所以从预备势开始，虽然形没有动——形是静的，身心俱静，但是我们要预备出身前有一个无的、虚的、看不见摸不着，但是要虚而实、无而有的、真实的球。因为预备势在预备出这个球的基础上，才进入起势。

起势是起什么？起的是这个势。通过预备势要起势，这是很关键的一个问题。我和这个球是什么关系？我们要把我和这个球分而合。也就是说，我要去拥抱这个球，我要把我和这个球合二而一。下面的起势就是要抱这个球，把这个球抱起来。起势不是练一个形的动作，是通过形把这个无而有、虚而实的球真的抱起来。

我经常问学员：“你打太极拳，都是由预备势到起势开始，起势起什么？起势时，手徐徐抬起来，干吗要抬这个手？”起势起的是什么？起势是一个起、一个势，两个合起来叫起势。起的是无而有、虚而实的球。势在哪儿？起在球，势在抱，有抱球之势，一个起一个势、一个球一个抱，才成抱球势。虽然一个简简单单的起势，但是这里面一定要把起什么、抱什么，一个形一个意，有一个清晰的认知和把握，这样的起势才是真正的太极起势。

太极是什么？太极就是球。所以起的是什么？起的是分阴阳、合太极，一个虚的、无的球，一个实的、有的身体（我），实的我和虚的球、有的我和无的球，这两个如果能够合起来，合出一个势的话，那就是太极。

揉功从预备势开始，始终不离这个球。起势把这个球抱着、捧在胸前，这个形是抱球，但是一定要把这个势抱出来——抱之势。也就是说，把这个球抱出真实的觉知——不是做一个手环抱的动作，而是这个动作要抱出那个球的真实之意。因此，在抱的过程当中，形没有变化，每一次起势，从形的动作来说都很简单，就是抱球。但是要抱出一个什么？在起的时候，起中要有落。球受到大地重力的作用，它永远是向下垂落的，如果不能抱出落的感觉，说明这个势没有出来，说明球没有真实、没有虚而实。

看似一个简单的起势动作，里面却涵盖着很深的太极阴阳之理——虽变化万端，其理唯一。起势的形很简单，就是一个动作，我们在一个动作当中要练出来不一样的起势——势的变化，变化的势。怎么变呢？这个球变。实的不变，虚的变。实就是抬手抱起，虚的球要变。球是没有、无，但要无出来一个真实的球。比如意想手上无出来一个木球，大家一抱，它是实心的、死的，要把这个球抱起来。

进一步想，木的球意又变化了，还是这一个动作，意变成了一个石头的球，木头到石头，密度变了，受到地球重力的作用变了，同样是抱球，身体抱球的这个势也要产生相应的变化，这样就有了不同的感觉。所以这一个动作当中出现了不同意的变化。

现在，意由石球变到了铁球，我们还是抱球这一个动作，但里面的意在变化。意可以变化万端，想变成什么就是什么，因此，同样一个动作，可以练多少个变化呢？可以说是无数的变化。包括一个木头球都不一样了，有松木的、有橡木的、有黄花梨的，各种各样，变化无穷。

当年我父亲带着我去看不同的场子，不是看这个人的动作，而是看他一个动作当中有没有意的变化。大师与普通练习者的区别就在这里，同样一个起势，里面会有很多变化，这个变化是肉眼看不到的，只可意会的。

太极内功的修为讲求看、听、摸、悟，看什么？行家看门道。练拳也好，练功也好，我父亲讲“拳不在拳场”，功就在日常生活当中，不是在拳场练功就是练功，出去一看你就看门道，“看”本身就是练功的入门关键。我们要学会看，看什么？看里面的变化，看肉眼看不见的变化。用什么看？用心看，就是用意看，用意的觉知看，这本身就是对你的意的觉知和反应的一个修为。

同样一个起势、一个起的动作，要产生无穷的变化。不管木球还是铁球，都是死的、实心的，我们是用这个球，让我们对意的变化有一个觉知，但是我们所修为的这个球不是木球、铁球，也不是石头球，而是一个充满了气的皮球。这样一个球，随着意的变化，身体能产生各种各样的、随意而为的反应，我们就可以在那个意的基础上调控我们的身体，随意产生一个自然的变化。不是我的身体想怎么变，而是随着意的变化，身体随之产生一个自然的调整、变化。你会感知这个球，它虽然是皮球，但是它是有分量的。在抱这个皮球的时候，我们会深深地感知到它里面的“气宜鼓荡”，产生了一个弹性的变化。

在这个过程当中，如果我用一个抱石球和铁球的意，来抱这个轻的而且有弹性的皮球的话，觉知是不一样的。我抱出一个什么呢？抱出了一个轻和重的合一，合出的这个“一”才是我们所说的抱球势的“势”。也就是说，这个球很轻，但是在我的感觉当中它极沉，非常的有分量。我们能够把轻和重这两个合二而一了，把对立的两个要素能够统一到一个意上来，才是我们要求得的那个真意。有意无意是真意，真意就在有无之间，在轻重之间合出来一个真意。既然我能够举轻若重，我的意就可以调控，把轻和重两个合二而一。

这样做的另外一个结果是什么？我能做到举轻若重，就能够做到举重若轻。如果能够轻重合一意，我们进行颠倒颠，有形身体就可以随着这个意产生相应的变化，就能够把重的举出一个轻来。这就是杨澄甫大师告诉我们的，太极内功不惧牛力。我能把你来的重在我这儿变得极轻。怎么练呢？我在练的时候，把极轻的已经练成了一个极重，极重和极轻是一回事——在别人看来是两个，在我这儿由于是一意主宰，所以轻重是合二而一的。我们不经过这个修为，就会出现轻就是轻、重就是重，要举重的时候，就得用大于这个重的力去举它，就做不到“任他巨力来打我，牵动四两拨千斤”。所以关键问题是要把轻和重合起来，合到“一”上，这是修为的关键。一个起势，这里面的变化很多，不是简单地做一个动作。我反复给大家强调，我们能够举出一个举轻若重的、充了气的皮球，就能够在应敌的时候做到举重若轻。

比如，我现在要抱一个一两百斤的铁球，要想抱它，就得用很大的力气才能把它抱起来——抱的力量要大于铁球的重力。当我们练了太极内功以后，感觉到能够把这个铁球抱起来，这个时候，这个意对于我的身体来说，出现了一个觉知、反应。

现在我要举轻若重，面前是一个充了气的皮球，我要像举铁球一样把它举起来。如果我只是这么轻轻一举，这就是举轻若轻。它是一个充满了气的皮球，本身很轻，我要让它很重，在这个过程当中，我要把重的意体会出来。这个球里面充了气，随着意的轻重分合的变化，球又产生了弹性变化。这时候我抱一个举轻若重的、具有铁球之意的皮球，感觉又不一样了，抱铁球没有弹性的鼓荡变化，而抱这个球的过程当中，产生了内里弹性的鼓荡变化。

试手体验

现在我做起势。我起的不是对手，如果起对手的话，就不是我们的起势，我要做到有他没他都是一样的。我要起的是我胸前的一个球，对手就是球。如果不把对手放下，意放在球上，就是我与对手比力量大小。现在对手就是球，我把他放在球上，我要举这个球。如果对手是铁球的话，我要举这个铁球，要用很大的力，这是举重若重。现在我把对手放下来，我用刚才这个举铁球的力来举这个气球的话，这是举重若轻。这是我们要找的起势的真意。

关于起势，当年我父亲说："你别的招式都可以不练，每天做50个起势。"50个起势里面，因不同的时间、不同的状态、不同的环境，起码变换出100～200个意的变化。

这是抱球势其中的起势。下面是四正手。在起势的基础上，进入四正手——起势合成抱球势，抱球势要做掤捋挤按四正手。揉功的四正手有一个重要形的要领，就是抱球要贯彻始终。也就是说，掤是抱球掤，捋是抱球捋，挤是抱球挤，按是抱球按，抱球的状态始终如一，不管是掤捋挤按，都不离所抱的这个球。

我们现在经常出现的问题是，由抱球势开始进入四正手，掤捋挤按，球呢？没了。我们不是为了做掤捋挤按这四个变化，而是为了做到在进退开合的变化过程当中，始终如一地抱着这个球。人不离球、球不离人，这是做揉功四正手很关键的一个要求，它既是形的要求，又是意的要求，通过形要求出一个不变的球之意。预备势是球、起势是球、抱球势是球，到四正手还是球，始终不离开这个球。这个意不在形的变化而在球——在一个球的掤捋挤按，是行于手——表现在手上，产生了掤捋挤按四个动作。

3. 分手按揉和合手抱揉

形的要领从抱球势、起势到四正手，下面进入具体功法的修炼当中，也就是分手按揉和合手抱揉。

首先说分手按揉。当我们由抱球势掤捋挤，到下按时，依然是转掌旋指成按之势，下按到哪儿？两手劳宫穴朝下，向下探按，按到下丹田。这一步从形的要求上，产生了一个下按的动作，表现出来的是下按。掌下按的关键问题是手不空，就是手下要按出两个球来。也就是说，按出两个球的意。两手是分的，左手一个球，右手一个球。所以分手按揉第一个步骤是通过四正手下按，要按出来两个球。我们按住这两个球，大家注意，这里面既是形的要求，又是意的要求。也就是说，在按这个球的时候，我们是以劳宫穴为点，进行下按。为什么？球对外永远是一点接触，这是规律。所以在按的时候，看似是全手掌，但是从意的层面上，一定是一点接触。一点接触是球的一个重要性质。很多修习者做按的时候，总以为是全手掌按，不是的。表现为全手掌，而意要聚合到一点，这个是非常关键的。

试手体验

我现在要按，看似是全手掌按，但我的意在一个点上。大家记住，聚集的一点是分而合，合出来的一个点——力点。虽然是一个手的动作，这里面就有分合，分合到了这一点上。任何时候我们都是一点接触，这一点非常重要。

双掌下成一左一右各按一个球，以劳宫穴的一点和球相接，下面开始揉球——分手揉球，按揉。

分手按揉有几个基本的动作要领。一、同按同揉。什么叫同揉？两个掌中是两个球，这是分。同就是两个手一起揉——同揉。两个手同时揉两个球，是分了，但是左右同揉两个球，要揉出一个完整的“一”的状态，这两个球被我同揉，同出来一个合的状态。同揉里面又分了同顺揉、同逆揉。我们将顺时针叫同顺揉，逆时针叫同逆揉。

在这个过程当中，大家要注意，从形的要领讲，形是分手按揉球，但是我们一定要守住无极桩功对身形的要求，提、落、挂、垂等，所有这些要求要揉出一个形变，但这十八个部位的意始终要守住规矩。这些规矩要在揉的过程中去检查。我们每一个变化都是对无极桩功、浑圆桩功的检验，离开了规矩就没有现在的功法，所以规矩是基础的基础。

具体要求这里不再重复，但是大家一定要高度重视。不管是同逆揉还是同顺揉，要时时检查十八个部位意的要领是不是都能够符合。这是分手顺逆同揉。

分手揉中，第二个动作要领是顺逆相反揉，左顺右逆，右顺左逆，左右手一个顺揉一个逆揉，一左一右，一顺一逆，还是同揉这两个球。左手顺时针揉时，右手就逆时针揉；右手顺时针揉的时候，左手就逆时针揉，一个是出，一个是入，两手总是相反的，但是相反而同。这是分手揉第二个动作要领。

第三个动作要领是不同而揉。我把不同而揉叫作分手八字揉，两手像画“8”字一样。分手按揉包括同顺同逆揉、一顺一逆揉、八字揉三种形式——一个是同，一个是一顺一逆，一个是八字揉。在揉的过程中，意的核心要领就是揉的是球——一个虚而实、无而有的球，左右手各一个，手和球之间是相互按合，按合在了一起。但是揉是从哪儿揉出来的呢？以身揉手、以手揉球，要把握好身、手、球的关系。这个要领大家要牢牢地遵循和把握——以身揉手、以手揉球，身手是合一的。手不自动——手不是自己揉，而是被身把手揉起来，手又要去揉到这个球。

以身揉手，同样其根于脚。前面我们讲了脚的要领，手在揉的过程当中，不是跟脚没关系，为什么身能揉手？因为其根于脚。手与脚合，手在揉的过程当中，脚也在揉。我们讲了劳宫穴按着两个球，脚下的涌泉穴也有两个球，看得见的是手在揉球，同时手与脚合，脚也在揉球。大家从意上就会分出来，同时要体会手与脚合的真义内涵。与此同时，也要体会上下相随——身随脚、手随身，手与脚合，一上一下。不是手脚各干各的，虽然分了一上一下，意是同出同在，手揉的时候，脚也在揉，脚不揉，手也不揉，所以其根于脚。什么叫其根于脚？脚下涌泉的两个球一揉起来，手上两个球也被揉起来，上下相随，全身合一，手脚相合。这一点很关键。

分手按揉的三个关键要领给大家做了介绍，下面进入下一个揉功的形的要领，合手抱揉。分手揉是按揉两个球，合手呢？从抱球势开始，我们就抱住一个球。从无极预备势到起势到抱球势，进入四正手，掤进捋退，注意，这个时候是按、挤，然后又回到了抱。

掤捋按挤，挤住了一个球——挤的是虚空，从虚空处抱出来一个球。我们要合手抱着这个球，把球揉起来。具体到合手抱球功法的动作，又分有同顺同逆揉、一顺一逆揉、合手八字揉。两只手合手，同揉的是一个球。

上面给大家讲了揉功的动作要领，这是揉功的基础，要把它做熟。从这儿开始，要把球揉起来，把虚的球要揉实——分手同顺同逆、一顺一逆、八字揉。然后掤捋按挤，开始合手揉。这几个要领是揉功形的要领的基本要领，在这个要领的基础上，我们可以进入揉功的组合变化。当然这是最基本的，先得把它从形到意，能有一个真实的体悟以后，再由有形有象到有而回无。

在这儿顺便给大家介绍一下，动作组合是随意的，“功夫无息法自修”，具体的修为路径和方法，可以根据自己的情况而定。比如说，我们现在是分手八字揉，做熟了以后，就可以进行变化。这个变化有规矩，但是脱规矩，不管怎么变，始终守住了刚才讲的基本要领。虽然动作形态变化了，但是要体会出手下两个球的变化，要一直不离开这两个球，揉的就是这两个球。合手揉也是如此。

虽然大家看到的是手的外形变化，实际上不是形变，是球在变，是形随球变。不是我抱着球变，是这个球变了，是意变了，我随着这个球变，不但有进退的变化，“掤进捋退自然理”，还有开合的变化、大小的变化，虽变化万端，其理唯一。

揉功形的要领——分手揉、合手揉，给大家介绍完了。下面还有更关键的，在形的要领基础上要进入意的要领的学习。

二、揉功意的要领

1. 四正之意：定之方中

在学习揉功意的要领之前，大家对揉功修为的成果和意义要有一个认知。因为揉功是太极内功八法的终极功法，揉功所揉出的结果，就是内功八法要修为的成果，也是太极内功修为最终所求的成果。

揉功所求的结果是什么？我告诉大家，就是揉出一个浑然一气、浑圆一体的，“一举动周身俱要轻灵，尤须贯串。气宜鼓荡，神宜内敛，无使有缺陷处、无使有凸凹处，无使有断续处”“总须完整一气”的太极球体。太极内功的修为，最后是修炼出这样一个球体。怎么修炼出这样一个球体？要抓住两个关键，一个是形，一个是意。

这里要给大家强调，我们是练形求意，最后是修出一个球之意，不是球之形，不是把自己修成一个圆球形状，而是求得它的意。求的什么意呢？

这个球之意包含三个内容：一是球的性质，二是球的特征，三是球的用处。只要是具备了球的性质、特征，就能够实现球的用处。这就是揉功修为要得到的结果。要修出这样一个符合球的性质、特征、用处的完整的球，就要由形求意，借助形来求出球之意。

揉功最后揉出的球其特征就是“三无”——无缺陷、无凸凹、无断续，而且“总须完整一气”。具体修为方法就是借形求意，就是从形入手，就是熟练掌握形的要领，但又不是为了练这个形、练那个动作，而是通过练形求出球的性质、特征和具体用处。所以说意在球，不在形。

揉功意的要领依然要把握住四个要求。首先是四正之意。前面已经讲过，内功八法三个共性意的要领，就是四正之意、腰顶之意、弹簧之意。其中四正之意是首要之意，为什么？刚才讲了，揉功意的要领处处不离开球这个主旨，而要求出这个球之意来，就要从四正之意开始。为什么是从四正之意开始？因为四正之意的主旨是“定之方中，先明四正”。在《对待用功法守中土》这篇论述当中，很明确地告诉我们：“定之方中足有根。”修为的根本在哪儿？就是要定之方中。离开“中”，我们就不可能修炼出一个无缺陷、无凹凸、无断续，总须完整一气的圆球。所以修为的根本就是“定中”。问题是，我们知道了要“定中”才能够得这个球，可怎么定呢？拳论不只是指明了“定中”的方向，还指明了“求中”的路径——直达目标的大道，“先明四正进退身”。

有人会问：“‘先明四正进退身’和‘定之方中’有什么必然

联系？为什么要‘定之方中’就要‘先明四正进退身’？”这就要从定之方中的方中说起，要明白怎么求这个方？从哪儿求方？一句话：由正来求方。这是我们修为很关键的一个主旨。《太极四隅解》明确告诉我们：“四正，即四方也。所谓掤、捋、挤、按也。”正就是方，要定这个方，就要从正当中去求，进而通过正就能够求得中。不管修哪一门的太极拳，都要修一个中心。什么中心呢？中正安舒——有了中正，才能够安舒。所以要先求得中正。这个“中”从哪儿求？“中”由“正”中求。为什么正能够得中？学过几何的人都知道，宇宙万物的形状、几何图形，只有一个形状才有中心，什么形状呢？正形——正方形、正三角形。只有符合正才有“中”，长方形没有，梯形也没有，正方形、正三角形有中，为什么这两种有“中”？因为正方四边相等，内角都是90°，相互垂直。也就是说，正方形才有中，中心在垂直交汇处，因为由这个中心到正方形的四个顶距离相等。长方形不相等，正三角形相等，所以正方形和正三角形，就是正，要想求中就得找正。作为具体的内功修为，要想得“中”就要从“正”中去求“中”，要想“正”就要从“方”中求。也就是说，我们所求的定之方中是正方。

前面讲，揉功最后要揉出一个球。有学员问：“既然内功修的是一个球，这个正跟球有什么关系吗？”答案是球与正两者密不可分。我们要通过正——四正即四方、正方形——求得这个“中”。《太极正功解》明确提出：“太极者圆也，无论内外、上下、左右，不离此圆也。太极者方也，无论内外、上下、左右，不离此方也。”也就是说，球是圆的，不管上下、左右、前后，都不离此球。同时告诉你，太极虽然是球，但是不离此方，无论上下、前后、左右，都不离此方。也就是说，一个方、一个圆，这个球外面能看得见的是圆，但是里面有一个看不见的方。要问这个圆是怎么做出来呢？答案是以方做圆，只有方才能做圆，内方外圆。那这方和圆两个到底是什么样的关系？我们说内方外圆，也就是说一个正方形的外是圆、内是方，方的中心就是圆的中心，中心到方的顶点的距离就是圆的半径，所以不离此方，也不离此圆。

《太极正功解》接下来说“方圆规矩之至”。我们修太极的这个圆——一个无缺陷、无凸凹、无断续的圆球，就要由方去做圆，因此就要先明四正，四正是什么？进退顾盼，前后左右，一动距离就要相等。就是说由方做圆，要有前就有后，有左就有右，有上就有下，而且前后、左右、上下距离一定是相等的，五阴五阳，这才是太极。为什么说四正之意是内功八法的首要之意呢？就在于“方圆规矩之至”。也就是要懂规矩。

在修为过程当中，一定要知规矩、合规矩，最后要用这个规矩。什么是规矩呢？没有方圆不成规矩。我们要懂修为的规矩怎么修呢？从方圆来修规矩，这是修为非常重要的要求。换句话说，要修太极球就从方圆入手。

方和圆这两个还是形——方形、四方形，圆形，正圆形。我们是由形求这个意，不是要把自己修为成一个有形的球，而是要修出方圆之意，要通过四正之意修出“方圆规矩之至”，而且“其孰能出此以外哉”，不管是修为太极内功，还是练拳、做事、成人，谁能出得了这个规矩之外呢！因此，没有方圆就没有规矩，没有规矩就不成方圆。

方圆之至的规矩到底体现了一个什么样的意境呢？拳论说得很清楚，我们是由方圆求出这样一个球，求出球之意。球之意动之则分，由两个意合成一个球意，哪两个意呢？一个内意、一个外意，一个方意、一个圆意。具体表现为，方为开展，圆为紧凑，圆之出入，方之进退。也就是说，在做掤捋挤按四正手过程当中，要能够做到开展和紧凑、出入与进退，此两者同出——在开展当中要有紧凑，紧凑当中不失开展。能够做到这个意的要求，我们就得到了圆球的球之意，这不是形能做到的。

《太极进退不已功》清楚地告诉我们：“掤进捋退自然理，阴阳水火相既济。先知四手得来真，採挒肘靠方可许。四隅从此演出来，十三势架永无已。任君开展与收敛，千万不可离太极。”就是一个开展一个收敛，这两个谁也不能离开谁，这就是太极。

所以，四正之意最后就是由方成圆、方圆之至形成了这样一个无缺陷、无凸凹、无断续，总须完整一气的，能够开展当中紧凑、紧凑当中开展的，合乎太极的球体。所以揉功的四正之意要抓住“定之方中”，通过有形的四正手来求球之意。

2. 腰顶之意：虚领顶劲

揉功在四正之意的基础上能定之方中了，能够找到中定了，也找到了球之意，下一个意的要求就是腰顶之意。揉功的腰顶之意与球之意之间内在的联系是什么？修为腰顶之意要抓住一个修为主旨，那就是“虚领顶劲，气沉丹田”。这是王宗岳《太极拳论》当中一个重要的论述。

有不少人认为，“虚领顶劲”就是百会、头顶之意；气沉丹田就是气沉在下丹田。头顶、丹田，一上一下。有问题吗？没有问题。但是，内功修为通过百会的顶，不是就求这个顶，而是求一个顶之意。这个顶之意就是头顶在顶吗？不是，这个顶可不局限于头顶百会，而是无处不顶、处处顶。为什么处处顶？因为顶的意顶出的结果是懂劲。太极修为形成一个球以后，最后的作用和结果就是懂劲、有劲了。从体用来说就是处处要用这个劲，而不是用力。比如人们经常说，某人通过修为以后，气力十足，浑身有使不完的劲。这个劲不是肌肉之力。劲是怎么出来的？就是顶出来的。劲的一个重要特性是顶。

虚领顶劲、气沉丹田，这是两件事，一个说的是顶劲，一个说的是气沉；一个说的是劲，一个说的是气。这个顶劲是结果，是靠顶顶出来一个劲，那怎么才能顶出这个劲呢？气沉。离开气沉就没有顶劲，顶劲是气沉的结果。腰顶之意关键不在腰，关键在顶。腰是实的形，顶是虚的意。腰顶这两个字是形与意合、实与虚合，这才是腰顶，是由这个腰的形来求出顶之意。这是我们说的通过气沉才能得到顶劲。

我们要求得一个无缺陷、无凸凹、无断续的球体，就要先明四正之理，做好四正方。四正方就是到顶点，由中到顶点距离相等。也就是说，通过四正方要做出一个外接圆，这外接圆就是顶出来的。以方做圆，就是通过顶而顶出来这样一个无缺陷、无凸凹、无断续的圆来。

拳论讲的是四正四隅，前面讲了四正，那四隅呢？隅是四斜。《老谱》告诉我们，只要先明了四正，四隅就得到了。不要管四隅，有了四正就有了四隅。因为四隅没有离开四正，只要四正一转就是四隅。因此，我们只要得到“中定”，就能够以方做出一个圆，就有了四正，同时四隅也在其中。

顶是四个顶，一直顶到圆，圆是由这四个顶做出的外接圆、顶出来的圆。为什么要腰顶呢？因为要把这个顶之意由虚的变实，使顶之意在自己的身心中能够真实体悟的、球的滋味。这个滋味是顶出来的。作为我们有形的身体要感悟到这个滋味，顶之意在哪儿体会？腰。只要有了腰顶，就能够把方跟圆、“方圆规矩之至”，顶出来这样一个完整的无缺陷、无凸凹、无断续的球（见图 12-1）。

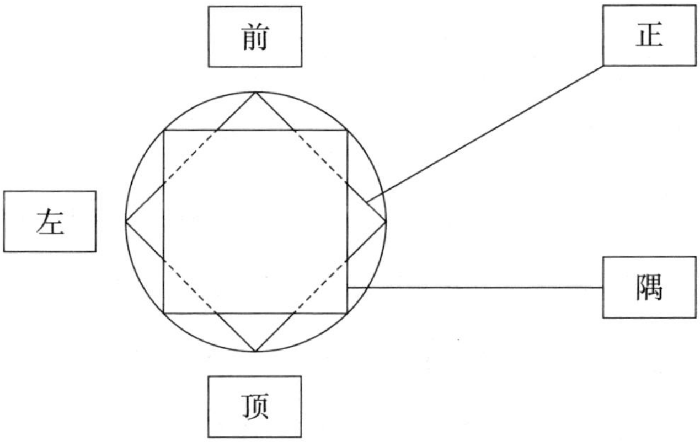

图 12-1　四正四隅示意图

前面给大家讲了，腰顶的关键在命门，《十三势歌诀》讲“十三总势莫轻视，命意源头在腰隙”，命门这个地方是人身的总门，从内功修为讲，腰是主宰，主宰着全身。而且中在丹田，定在腰顶。这个中是虚的，是中空，是虚空之性体。内功修为不能虚上加虚，我们要把这个中空的虚空性体，在有形的身体上得到实证，因此就得用腰顶。所以，离开了腰顶就没有中定。

3. 弹簧之意：气遍周身

离开腰顶就没有中定可言，也就不可能形成一个完整的太极球。因为修为的太极球要兼具体和用。体是一个完整的球，用是用球的特性，即顶劲。而劲的重要特征是有弹性。

通过腰顶，修为出这个球，最后用的就是球的弹性。前面其他功法所讲的弹簧之意，也都是借助弹簧来求它的个弹性。在揉功当中，要认真体会弹簧之意是怎样体现的，要认真体会球在运用的时候与腰顶是什么关系，要认真体会腰顶和球体的弹性劲是什么关系，这几个方面都涉及了体和用两者之间的关系。

揉功通过弹簧之意修为的这个球，一定是无凸凹、无断续、无缺陷，也一定是“总须完整一气”。《十三势歌诀》告诉我们“气遍周身不稍滞”，就是这一气把球撑圆了、撑起来了。没有气——内部不充盈，这个球是瘪的，没有用。足球、排球、篮球，如果气不足，不能把这个球顶圆，这个球就没有弹性了。所以它必须要完整一气——里面要充上气。

揉功以弹簧之意修为出一个充了气的太极球体，气宜鼓荡，弹性作用就在于气在里面是鼓荡的。就像充满气的足球，脚一踢它，球就飞了。球飞起来以后，位置发生了变化，但球的状态没变，还是充满气的球。为什么？因为它有弹性。如果不是这样一个充了气的球，换成木头球、铁球和石球，就没人踢着玩了，一脚踢在铁球上，球没动，脚折了。所以我们要修为出一个有弹性的球。

太极内功修的是体，但当对手要破坏和干扰我的时候，这个球要起作用。当球受力的时候，它反作用出一个弹力。所以，太极内功要用这个球，用的是球的弹性作用。也就是说，当对手来力的时候，它的力作用在我的球上，我的球不但保持总须完整一气，由于内气的开合鼓荡，还产生了一个反作用的弹性。也就是说，把对手发出丈外，不是别的力，是内里气的作用产生了一个劲、一个弹性劲，这个弹性劲把对手弹出去了。换言之，对手是用自己的力，经过我的球内气的转化，产生了一个反作用的弹性劲，把自己给弹了出去。对手不来力、不施力，我这个球始终保持完整一气。只要一按这个球，球的内里就发生了气的鼓荡，就产生了一个反作用。

球的反弹力跟腰顶有什么关系呢？刚才讲过，足球一踢，球就飞了。我们是要通过对手的来力，把对手的来力“引进落空合即出”，把它弹出去，要起到这个作用就必须得有腰顶。如果没有腰顶，一接触对手的来力，就会按照来力的方向走了。现在用的是腰顶顶出来的弹性劲，这个劲跟施力方向产生一个相反的弹性作用，这就是腰顶产生弹簧的重要作用。

前面讲过，我们做任何事都要找到一个根本，这个根本就是支撑。我们的生命要有支撑，做生意要有支撑，做任何事情都要有支撑。这个支撑就是一个点，要找到一个点，点对即成功。什么点呢？支点。给我一个支点，我就能撬动地球。所有的变化都不在于变，在于找到了支点没有。作为太极内功的修为，外界来了力，要做到“因敌变化示神奇”，不在于其他——不在于动作的快慢、力量的大小，关键在于找到了支点没有。在球充满气的同时，还要找到一个支撑点，从内功修为来说，这一点就是腰。

《老谱》中有几篇拳论都谈到腰顶的重要性，“身形腰顶皆可以，粘黏连随意气均”“身形腰顶岂可无，缺一何必费功夫。腰顶穷研生不已，身形顺我自伸舒。舍此真理终何极，十年数载亦糊涂”。太极拳修为离不开腰顶，若离开腰顶，那不要说练几年、练十年，就是练一辈子也是越练越糊涂。《老谱》讲得很明确，从哪儿入手？“不离腰顶后与前，所难中土不离位”，中土要不离位就体现在腰顶上。太极内劲就是顶劲，离开了顶就没有劲，就不可能有太极的内劲。所以我们要牢牢地把握住腰顶。弹簧之意就是在腰顶的基础上产生的。

前面讲的七个功法都是借助簧，从簧上找弹性，弹簧之意是借弹簧求弹性之意，那个意是在弹性上。我们不是就簧练簧，我们是通过腰顶来感受簧的弹性，这样就合成了一个完整的、充满气的球，有了充满气的球，弹性就在其中，同时也找到了腰顶之意，从而体用合一，这个球就有用了。

综合前面讲的内容，腰顶之顶是意顶，意顶就是气顶。弹簧之簧也是意，意产生气，气的属性同簧一样有弹性。拳论告诉我们，后发前至。是从哪儿发？力由脊发。所谓气沉丹田，大家一定要理解，这个气是意，不是那有形的气。这个气的意是什么？就是周身松通、呼吸自然，由此松出来的那个滋味、那个味道、那个意境就是气。这个气是往下沉的。身体只要一松，不用力，那沉就出来了——当身心俱静以后，就沉出来一个大地对人体的重力，也就是重锤。如果一用力的话，那重锤就出不来了。所以沉在重锤，气在周身松通，最后得到一个气沉丹田。拳论讲“尾闾中正神贯顶”，就是由虚中线气沉、实中线虚领，气往下沉、劲往上升——随着气的沉，劲就同时往上顶。顶由哪儿来？就在腰顶，关键在腰。所以说力由脊发，后发前至。就像弓一样，前面是弓弦，后面是弓背，“蓄劲如开弓，发劲如放箭”，指的都是弹簧的弹性作用，这个弹性作用来源于一气，所以要气遍周身。

弹簧之意的修为核心就是气遍身躯、气宜鼓荡，就产生了弹簧之意。太极内功发人是把人弹出去的，不是用力把对手推出去。只要对手一按在我的球上，我主宰于腰，就产生了一个弹性作用。

试手体验

这位学员拿住了我，如果我不能够成为一个球之体，就只能靠身体的力大打力小、靠身体的变化速度相对抗。现在，我将他和我一起合到了一个完整的球体上，这个球体里面充满了气，我通过腰顶，他就被弹出去了。他只要一来力就被弹出去了，我绝不是推他出去的。

所以没有“体”就没有“用”。“体”有两个方面，一个是充满了气的球体，一个是必须有一个腰顶之意，才能产生弹簧的弹性作用，才能发人于丈外。从里面发出去的内气鼓荡，顶住以后，顶出一个里面出来的弹性。不是用力，是内里的气顶出来的，弹性的作用就在这里。

4. 揉合之意：道、理、体、用

弹簧之意是要通过气遍身躯、内气鼓荡来求得弹性作用。揉功在四正之意、腰顶之意、弹簧之意的基础上，最终没有离开这个圆球，最后要揉出一个完整的无缺陷、无凸凹、无断续、总须完整一气的球。为什么揉功是内功八法的总功法？因为把前面所有功法的核心内容都在揉功得以全面体现，这样就能揉成一个动之则分、静之则合完整的球。这个球是动之则分、静之则合的结果。所以，揉功的第四个意是揉合之意，通过揉合之意要揉出一个合太极的完整球体。

揉合之意的要领是动之则分、静之则合。动分什么？分阴阳。静合什么？阴阳相合。阴阳一合就是太极。这个球是将分开的阴阳再合出一个完整的状态——里面是二、外面合二而一，这样合成一个完整的球。揉功就是要分这个阴阳，同时还得把这个阴阳合到一起，合到一个最完美的最完整的状态，这就是揉合之意的内涵真义。

为了在修习揉功中准确地把握揉合之意，就必须对阴阳之道有个基本的了解和认知。可以说中国太极文化是阴阳之道的图腾。中医有八纲：阴阳、表里、寒热、虚实。内功修为也有一个太极八纲：阴阳、动静、虚实、刚柔。阴阳是什么？阴阳是本、是根。本就是道，根也是道。宇宙万物只有一个根，就是道。何谓道？一阴一阳之谓道，也就是阴阳之道。道不可言说，说了就不是，道可道，非常道。

我们如何能够知道、证道、得道呢？这就涉及太极内功具体的修为了，道不可说，但是道下之理可讲，我们讲的是理。我所传承的太极内功八法，讲的就是动静之理——动静是阴阳之本、之根的理，我们要讲这个理。

这个理是什么呢？一动一静，动之则分、静之则合。也就是说，揉功通过揉合之意的修为，要成为一个动之则分、静之则合的完整体。怎么成？变转虚实，虚的实了、实的虚了，这个变转的虚实合二为一体了。这就是在阴阳之道的统领下，要遵从动静之理，将自己修为成虚实一体。

修为出一个虚实同在的球体最终目的在于用。用什么？刚柔为用，用内刚外柔、刚柔同体——内含坚刚而不施，外示柔软以应敌，这就是用。怎么修？知阴阳之道，明动静之理，修虚实之体，这就是内功修为的路径。“道、理、体、用”，这四个字是我们修为的“纲”。

在揉功的修习中，怎样把握揉合之意呢？要找到具体的、能够把握住的两个对立因素，比如上下相随，上和下就是两个对立的要素，就是一阴一阳，在修习揉功过程中，用上下来修，就是把上和下合二而一，这就是揉合之意。通过揉功，最后要把它揉合成一体。前面讲过，我们如同和面，一个面粉、一个水，但是揉在一起以后，揉出一个分不清的新状态——面团，这样它才有用。因此，我们要把上和下，通过揉合之意，揉出一个既是上又是下，上下分不开。凡此皆是意。拳论上讲，有上就有下，有下就有上。意欲向下的时候，意一定要上，所以上下这两个总是同出。此两者永远同时存在，“同谓之玄”，同了它们就合了。太极是合出来的，是把两个对立的要素合而为一。

揉功要牢牢地把握住内外之合。内是方，外是圆；一个开展，一个紧凑；一个出入，一个进退，要把它们揉出一个此两者同出的状态。在抻、搓、转、抖、拍、荡、提、揉的过程当中，都就要遵循内外三合，时刻检查是不是心与意合、意与气合、气与力合，做没做到手与脚合、肩与胯合、肘与膝合，最后通过揉功把它们揉合成一个完整的太极体——揉合之意就是要揉合出这样一个分阴阳、合太极的球体。这个球就是太极图腾，就是阴阳合一的、完整一气的，无凸凹、无断续、无缺陷的、最完满的一个太极球体。

5. 内功八法总结：内功八要

至此，我们把内功八法给大家做了系统讲解。下面要进行一个总结，这个总结既是对太极内功八法的总结，也是对太极静桩功和动桩功的总结，可以说是对太极内功的一个概括。

我把这个总结概括为内功八要。八要就是八个要素。太极内功修为只要从这八个方面入手，就能够修出一个完整有用的太极球体。需要说明的是，虽然将内功修为内容分为八个要素，但这八个要素之间有一条主线贯串其中，是这条主线把内功修为八个要素贯串成一个完整体，所以它们之间是密不可分的，是有内在联系的。

第一要素，变化万端理唯一。内功修为首要在明理。前面讲到阴阳之道，道不可讲，但一定要明理。王宗岳的《太极拳论》明确指出："虽变化万端，而理唯一贯。"尽管所有功法的变化是无穷的，但是里面却贯串着一个不变之理。

我所传承的太极内功不是练变化，而是注重练里面不变的理，以一理来应万变。如果不能够修为出这一理，练了半天的万变，那就是无根之木，就是盲目的乱变，最后必定与内功修为目标背道而驰，"差之毫厘，谬之千里"。到底什么是应万变的一理？太极内功只此一理。所谓一道一理，道是阴阳之道，理是颠倒之理。有的人练了十几年、二十几年了，问问自己明理了吗？只有明理，才能知道。

太极内功修为从现在开始，就要遵循着这一理去修为。其实《老谱》专门有一篇谈到了这一理，《太极阴阳颠倒解》告诉我们，"盖颠倒之理，'水''火'二字详之""明此阴阳颠倒之理，则可与言道"。你要想说这个道，道不可说，但是你能够明了"阴阳颠倒之理"，就是在说这个道，"知道不可须臾离，则可与言人"，你才可以说；"能以人弘道，知道不远人，则可与言天地同体。上天，下地，人与其中矣"，没有别的理，太极拳内功修为就这一个理，阴阳颠倒颠——阴阳颠倒之理。正是这个理告诉我们，如何才能形成一个完整合太极的状态，就是通过阴阳颠倒之理，形成一个崭新的、符合阴阳之道的太极思维去修为。

我一直强调“首要明理”，要建立太极思维。我们明的是阴阳颠倒之理。我们常人都是顺，顺则凡。我们修为不是不要顺，是要顺逆同体，要顺中逆、逆中顺。顺则凡，只要一逆过来就是仙——顺则凡、逆则仙。要想在逆当中去寻求这个顺，就要颠倒。

拳论讲：“掤进捋退自然理，阴阳水火相既济。”这个阴阳从哪儿体会？拳论讲从水火中体会。水火是生活当中、宇宙万物当中的两大要素，五行当中的水和火是一进一退。火是炎上，火焰总是往上的；水是润下，水是高下相倾，从高处向低处流的。内功修为是练颠倒，明明火是向上的，我们要把它放到下面；水是向下流的，则要把它放到火的上边，这就是阴阳颠倒、水火既济。就像一口锅，锅里有水，锅下有火，火烧水，水化气。内功练的就是气，太极即一气，既不是火也不是水，就是要水火相济以后合出的一气，一气即太极。天地犹如一大橐龠，万物的繁衍、生长、变化全靠这一气。我们的生命也一样，就在这一气上。

第二要素，拿住丹田练内功。我们要练习这样一气，就涉及第二个要素拿住丹田练内功。

要想得这个气，就要拿住丹田练，为什么？因为丹田是水火既济之地，在这个地方练就能得气，这丹田是气机所在。宇宙万物所有的变化和运动都离不开气的作用，人也一样，不管进退顾盼，动力从哪儿来？丹田之气。拳论告诉我们要“以气运身”。事物所有的变化，其本原的动力就是气，我们就要得这个气。

在丹田这个地方要拿住气机，具体的修炼方法是“在意不在气，在气则滞”。有的人练把它想成了呼吸，就往下深呼吸，练鼓肚子，不是这样的，气是一种能量的产生，是水火既济，阴阳相济的一个结果。

怎么得到这个气呢？别管气，在意，意守丹田。杨澄甫在《太极拳术十要》当中很清楚地告诉我们，“意之所至，气即至焉”，用意不用力，“如是气血流注……久久练习，则得真正内劲”。内劲就是气，刚才说顶出来的一个球，当充满了气以后，就有劲了——虚领顶劲。因此，当我们“在意不在气”、气遍周身的时候，就如一个充满了气的、有弹性的、含有内劲的球体。所以要想得气，就要拿住丹田练内功。

第三要素，十三总势莫轻视。要想把自己练成一个浑然一气、浑圆一体的完整球体，在练功法的时候，就要处处不离球。要得这个球，就涉及太极内功第三要素，“十三总势莫轻视”。《老谱》讲八门五步、八卦五行，八五十三势。我们不是为了练这十三势，而是练十三总势，通过十三势“总”出一个完整的状态——合一。“一”是什么？抱球势。因此，在拿住丹田练功的时候，从起势开始，起的是球，抱的是势——从预备势开始，球之意就要有了。预备势要预备出一个虚而实、无而有的球。起势是抱球而起，最后要形成一个抱球势。所有的修为都是从十三总势——抱球势开始。

第四要素，先明四正进退身。抱球势不是为了抱出一个不动的球，“此为动功非站定”，拳论告诉我们，不是抱着不动，要动。怎么动？“先明四正进退身”。在第三要素“十三总势莫轻视”的基础上，进入具体修为，就是这第四要素。四正是什么？掤捋挤按四正手。在修为当中，大家会发现，不论是抻功、搓功、转功、抖功、拍功、荡功等，都是从抱球势开始进入四正手，我们就要牢牢把握住掤捋挤按四正之意。在四正之意当中要求出“中定”。这个中定体现在哪儿？通过四正的掤捋挤按，不是只练四个动作，而是练出一个“方圆规矩之至”。掤捋挤按是四正，这是方，但要方出一个外接圆。也就是说，你的意一直在哪儿？意在内里，动之则分，分出了一内一外——一个是开展的方之意，一个是紧凑的圆之意。所以一动就要分，分了就要合。

试手体验

这位学员现在是掤出，这一动是动了，可是你分内外了吗？分内方外圆了吗？没有。太极内功是方顶着圆走，圆不动，方动，方有进退，圆才有出入，所以说要分出一内一外。如果内外不分的话，我与对手是比力量的大小。现在我分了内外，一个是内、动，一个是外、静，外柔内刚，以内运着外走。内和外，一个要开展，一个就要紧凑，这两个要合一，开展和紧凑这两个得同出，合出一来走。

所以“先明四正进退身”，才能把内和外合一，合出这么一个方圆之至、符合规矩的太极浑圆球。

“掤进捋退自然理”，无非一个进、一个退，也就是掤的时候是进，进不离退，进当中要有退，同时这个进是看得见的、是表象、是以退为进。也就是说，以后走前，前面是运出来的，后面才是产生这个变化的那个根源。

第五要素，不离腰顶后与前。一进一退，它的根在哪儿？“不离腰顶后与前”。掤也好、捋也好、进也好、退也好，关键要“不离腰顶”，离开了腰顶就没有了前和后、没有了后发前至。大家所有看得见的、表现出来的都是外，真正的动力在内，是以内主外。外是表象，本质在内。我曾听过一名歌唱家讲唱歌，他的话对我有启发，他讲唱歌有四个要求，第一是收着唱。这个放是收出来的，收着唱。第二是哼着唱。我们说“拿住丹田练内功，哼哈二气妙无穷”，一哼一哈，人们缺的是哼。第三是说着唱。唱歌就像说话一样，不是唱是唱、说是说，说唱是一个理，说就是唱，唱就是说。第四是颤着唱。曾经有老师讲唱歌是狗喘气，要颤着唱。结合太极内功来说，我们是收在后，所以后发前至——往前发的时候，问问自己往后收了吗？收在内，提在上，沉在下，顶在前，这几个方面都有了，最后合出来一个完整的状态。你要想向上提，就一定要在落当中去提；你要想有往前顶，就一定要从后收来出的前顶。所以说有上就有下、有前就有后、有左就有右，凡此皆是意，上下左右皆然，这是前人告诉我们的。

第六要素，形于手指根于脚。其根于脚，形于手指。太极内功修为表现在手上。人不管做什么，写字、拿东西，做任何事情都离不开手。但是手是形，其根是脚。所以拳论上讲“手脚齐进横竖找”，手和脚这两个要合、要齐、要齐进。大家一定要记住，形于手，是形于手指。我们说其根于脚形于手指——气一直要到指，到梢节，“气遍身躯不稍滞”。气到不了梢，说明气没有遍周身，这个球就不能够“气宜鼓荡”。

所以意要到梢节。为什么说指哪儿打哪儿？意就在这个指上，所有的变化在一指。这一指代表你的意是不是到了全身，是不是气遍全身。意到气到，劲就到了。

第七要素，气遍身躯不稍滞。刚才说了意到气就要到，要形成这样一个完整的球。这个球是不是“气宜鼓荡，神宜内敛，无使有缺陷处、无使有凸凹处、无使有断续处”“总须完整一气”，从哪儿检验？“气遍周身不稍滞”，一直要到梢节。这种内气的鼓荡产生了一个球的弹性变化。所以第七要素就是要气遍周身，气在我们这个球体当中产生了一个鼓荡的作用。

第八要素，体似悬球合太极。我多次给大家强调过，只有我的传承当中有“体似悬球”这四个字的拳诀，这是当年健侯爷作为一个秘诀告诉白师爷的，他说：“小子记住，两句话：一是吊起来打，二是体似悬球。”也就是说，要形成一个悬起来的球体，用的时候是吊着用。当年健侯爷用“体似悬球”“吊着打”这两句话，就把太极内功修为的体和用都揭示出来了。所以白师爷牢牢地记了一辈子，把它告诉了我父亲，我父亲一直也遵循着一体一用——“体似悬球”“吊着打”。我父亲又把它告诉我，我也一直把它牢牢记在心上，在修为当中始终把它作为修为的境界和目标。

宇宙间只有球体是永恒的，不管是银河系，还是九大行星。永恒的原因是它们独立不改，它们没有任何的依赖、不倚不靠而悬浮着。我们要想让自己能够体味到生命的真谛，就要以悬球作为修为的一个核心目标。在具体修为过程当中，通过内功八法要揉出一个“体似悬球”。

我把对悬球的理解一分为三，一是悬球，悬起来的球。二是旋球，旋转的球，也就是说这个球不但悬着，而且触之即旋——这个球你别触它，只要一触它、一用力，它就转。所以它不但是一个悬着的球，还是一个旋转的球。在前两点的基础上，第三点是要修出一个玄球，玄之又玄，同谓之玄——就是把阴和阳“同”起来以后，合出来的一个球。这个球就是“玄”，这个玄就是合。老子告诉我们，“此两者同出而异名，同谓之玄，玄之又玄，众妙之门”，修为最后目标就是要“玄”出这样一个球。

我们经常说“玄关一窍”。玄关的作用是什么？玄关是把内和外合二而一的一个点，这个点是分的，由这个点就可从外面进入里面，离开这个点就是外。所以这一点把内和外、出和入合二而一了。合出这个“玄”就合出来一个“一”的球。在具体修为过程当中，不但要悬起来，能触之即旋，还要能合出来这么一个“玄之又玄，众妙之门”的太极球体。

内功八法这八个要素是层层递进的，是拾阶而上的。首先，“变化万端理唯一”，从明理入手，然后“拿住丹田练内功”才能得这一气；你要想得这一气，就要“十三总势莫轻视”——“总须完整一气”；要想在这个总势变化当中形成一个内方外圆，无凸凹、无断续、无缺陷的球体，就要“先明四正进退身”；在修“先明四正进退身”过程当中，形成这么一个球，这个球要找到一个强大的、有力的支撑点——腰顶，“不离腰顶后与前”；在腰顶的基础上，我们要一步一步地去体会，形成这一气以后，其根在哪儿？其根于脚。最后一定是气遍周身梢节，形于手指。在修为过程当中，手的作用很重要，《太极指掌捶手解》当中告诉我们，在形于手的时候，它的虚实开合变化，其根于脚，形在手上。同时你要把握住手脚齐进——“手到脚不到，功夫不为妙；手脚一齐到，打人如搂草”。所以手与脚是一回事，但是一个是根、一个是梢，用的是手——表现在手，但是根在脚，“形于手指根于脚”。这是在修为过程当中要把握住的。

我们要修为成一个充满了气的球，不是修为形。当气遍周身的时候，气宜鼓荡过程当中，就产生了弹性作用，“所遍身躯不稍滞”。最后，这个充满了气的球，是悬浮在宇宙空间中的，是独立守神、独立不改的，是不倚不靠的一个完整的球体。这样一个球体，才能够触之即旋，才能够把阴和阳、虚和实、动和静、上和下、左和右、前和后——凡是两个对立的要素，最后合出一个“玄之又玄”同出的完整状态，“体似悬球合太极”。

截止到现在，我们把自己打造成了一个符合太极阴阳之理、浑圆一体的太极圆球体。在整个修为过程中，大家会发现，大家是从点开始，点对即成功。无极桩功分十八个部位是找点；浑圆桩功是由点到线——虚实中线、横竖；再由线到面，形成了一个圆，最后由圆形成球体。所以点、线、面、体是我们修为当中内在的一个个台阶，大家要清楚内功修为的这条路径，明白功法与功法之间是密不可分的，最终修成的是浑圆一体。

这个面必须要成体。前人告诉我们，“要点不要面，要面两不变”。现在对手来推我，如果我与他面对面地角力，那就是以面推面两不变，这样不是顶就是丢。如果这个面围绕着中轴一转，体就出来了。面是体的基础，有了面才能成圆球之体。我们的修为不是单练一个动作、一个功法，而是功法与功法之间由点到线、由线到面、由面到体，最终修为出一个球体。修为这个球体目的是什么呢？就是要把自己打造成一个完整的状态。这个状态使我们在面对复杂的外界变化的时候，能够做到“因敌变化示神奇”，能够随势而为、随意而变，能够立于不败之地。这个不败之地，不是以打败别人为目的，而是保证我自己不被打败。我不被打败的关键，在于我要形成一个平衡的、立如平准的、完整的状态。当我的完整状态、平衡状态对手破坏不了的时候，对方想打败我是不可能的。如果对方打败不了我，那他自然就败了。因为他老想打败我，我却不去想打败他，只想保持自己的平衡，这样对手就无计可施，这是不战而屈人之兵，这样才是真正的太极。因此我们的内功修为不练怎样打败别人，而练自己怎样不被打败。

前几年我在美国讲课时，美国人感觉很神奇，世界上居然还有这么一个功夫，不以打败别人为目标，而是以对方打不败我为目的。能够做到这一点的，世界上只有中国的太极文化和内功传承。

杨澄甫在《论太极推手》中非常清楚地告诉我们，“世间练太极者，亦不在少数。宜知分别纯杂，以其味不同也。纯粹太极，其臂如绵裹铁，柔软沉重。推手之时，可以分辨。其拿人之时，手极轻而人不能过。其放人之时，如脱弹丸，迅疾干脆，毫不费力。被跌出者，但觉一动，而并不觉痛，已跌丈余外矣。其黏人之时，并不抓擒，轻轻黏住，即如胶而不能脱，使人两臂屈麻不可耐。此乃真太极拳也。”前人讲得很清楚，把人发出去对方又不觉得疼就是内功，而用力把人打疼了，甚至打得稀里哗啦，那是外家拳打人的功夫。你要想练出有内功的真太极，怎么练？杨澄甫明确指出，“纯粹太极”，练一个体一个用，只有练成一个“气宜鼓荡，神宜内敛，无使有断续处、无使有凸凹处、无使有缺陷处”“总须完整一气”的弹性体，那才是太极内功修为的唯一目标。

好的。太极内功八法至此全部解说完毕。

后记

“太极十年不出门”，针对这句话我曾问父亲，为什么“十年不出门”？记得父亲语重心长地说：“你连太极门都没入，还谈什么出门！”杨澄浦在《太极拳之练习谈》中明确指出：“谈论终日，思慕经年，一朝交手，空洞无物，依然是门外汉”。我终于明白了，出门与入门是一对阴阳，是互为因果。不入门哪有出门，出入本是一个门！

父亲再次强调说：“出了内功八法这个门，就入进了太极内功的大门！不入内功八法这个门，迈入太极内功之门就是痴心妄想！”

自此以后，我始终遵循父亲的教诲，把内功八法作为太极桩功的终极功法，在内功八法的修炼过程中，严格贯彻并检验无极桩、浑圆桩、开合动桩的理念及要领。温故而知新，几十年如一日，功夫不负有心人！我终于找到了一个门——太极门。习练内功八法使我懂得了一个道理：一出一入一个门。太极内功的修为归根结底是修出一个“屈伸开合听自由”的灵动之门！

今天我把自己内功八法多年的修炼心得和体悟，整理成册。奉献给广大的读者朋友！奉献给有需要的同道同仁！在分享交流的同时，诚恳地聆听大家的批评指正！

光昭太极拳道系列丛书第一部共七本，《内功八法》是第一部的最后一本。《内功八法》的正式出版，宣告丛书第一部顺利完成。系列丛书的第二部分《内功心法》《盘拳走架》及《太极无手》等作品也将陆续与读者见面。

最后衷心地感谢所有为丛书的完成，付出了辛勤汗水的各位老师、编辑、同好及学生们！让我们携手并进，为弘扬中华民族太极拳文化做出新的贡献！